Zukunftsmanagement für den Mittelstand

Heino Hilbig

Zukunftsmanagement für den Mittelstand

So bereiten Sie sich auf Marktveränderungen vor – ein Leitfaden für Krisenzeiten

2., überarbeitete und erweiterte Auflage

Heino Hilbig
Mayflower Concepts
Hamburg, Deutschland

ISBN 978-3-658-31245-9   ISBN 978-3-658-31246-6   (eBook)
https://doi.org/10.1007/978-3-658-31246-6

Die Deutsche Nationalbibliothek verzeichnet diese Publikation in der Deutschen Nationalbiblio-
grafie; detaillierte bibliografische Daten sind im Internet über http://dnb.d-nb.de abrufbar.

Einbandabbildung: Heino Hilbig/© Blickfang und HQUALITY – stock.adobe.com

Planung/Lektorat: Manuela Eckstein
Springer Gabler ist ein Imprint der eingetragenen Gesellschaft Springer Fachmedien Wiesbaden
GmbH und ist ein Teil von Springer Nature.
Die Anschrift der Gesellschaft ist: Abraham-Lincoln-Str. 46, 65189 Wiesbaden, Germany

The Day after Corona – Gedanken zur 2. Auflage

Als ich anfing, die zweite Auflage dieses Buches zu planen, war Corona ein Begriff, der irgendetwas mit einer Provinz in China zu tun hatte. Die Updates, die ich für die Neuauflage vorgesehen hatte, waren fast ausschließlich Aktualisierungen – denn die Welt dreht sich so schnell, dass Beispiele in einem Buch über Zukunft nach drei Jahren schon veraltet wirken. So hielt der damalige VW Vorstand Müller „autonomes Fahren für einen Hype, der durch nichts zu rechtfertigen" sei (Spiegel Online 2015). Auch Matthias Horx, der sich selbst als Zukunftsforscher bezeichnet, erklärte mit Überzeugung, dass autonome Fahrzeuge frühestens in 20 Jahren marktreif würden (Bauer 2016). Ich bin sicher, dass beide diese Aussagen heute schon bedauern.

Heute, im Mai 2020, während ich dieses Vorwort schreibe, sind wir mitten in der ersten Phase der Pandemie und es deutet sich eine weltweite menschliche Tragödie unermesslichen Ausmaßes an. Wie schlimm es tatsächlich werden wird, weiß heute noch keiner. Auch ich nicht. Ich beschäftige mich beruflich zwar mit Zukunftsszenarien und passenden Unternehmensstrategien, bin aber aus gutem Grund sehr zurückhaltend mit Prognosen – wie Sie später in diesem Buch erfahren werden. Zum Zeitpunkt des Erscheinens dieses Buches werden wir hoffentlich das Schlimmste – zumindest in Westeuropa – überstanden haben. Sofern uns keine zweite Welle erwischt. Das Virus ist schon Geschichte, Unternehmen sind wieder angefahren und die Wirtschaft bewegt sich wieder steil bergauf. Soweit die Hoffnung aus heutiger Sicht. Also wieder Business as usual?

Besser nicht. Eines wird sich hoffentlich gründlich geändert haben: Firmenlenker, Geschäftsführer und Manager sollten aus dieser Krise mitgenommen haben, dass man ein Unternehmen nicht langfristig führen kann, ohne sich fundiert Gedanken über zukünftige Entwicklungen zu machen: im Negativen durch ein durchdekliniertes Krisenmanagement-System wie auch im Positiven, was klassischem Zukunftsmanagement entspricht.

In diesem Moment – mitten in der Pandemie – muss man den Eindruck bekommen, dass trotz gegenteiliger Beteuerungen in der Vergangenheit nichts davon in Unternehmen etabliert war: Lobbyisten und Branchenexperten erhalten viel öffentliche Aufmerksamkeit dafür, dass sie beteuern, die jeweils vertretene Branche habe unter den wirtschaftlichen Folgen des Virus besonders zu leiden. Weltkonzerne wie Boing (Tageschau.de 2020) oder die großen Airlines stellen sich unter staatliche Aufsicht (Otley 2020). Worüber hingegen – Stand Mai 2020 – nie berichtet wurde, ist, wie viele Unternehmen sich mit Krisenszenarien beschäftigt haben und daher den ein oder anderen fertigen Plan aus der Tasche ziehen konnten. Warum nicht? Könnte es sein, dass sich eben kaum ein mittelständisches Unternehmen auf eine Krise diesen Ausmaßes vorbereitet hat? Ein Klassiker in der abwehrenden Kommunikation ist dann immer das Argument „Auf so etwas kann man sich nicht vorbereiten."

Falsch! Natürlich kann man. Vielleicht kann man sich nicht darauf vorbereiten, dass die Welt stillsteht. Aber dass das eigene Unternehmen aufgrund widriger Umstände über einen undefinierten Zeitraum komplett ausfallen könnte, das ist ein unangenehmes, aber für mehrere Tausend Unternehmen jährlich leider ein realistisches Szenario: Obwohl es dazu keine akkuraten Zahlen gibt, geht man allein in Deutschland von 100.000 polizeilichen Hausdurchsuchungen pro Jahr aus – wie viele mögen das dann wohl europa- oder weltweit sein? Hausdurchsuchungen, bei denen auch gerne mal die zentrale IT als Beweismittel vorläufig beschlagnahmt wird. Wie aktiv könnte Ihr Unternehmen bleiben, wenn Ihrem Computersystem morgen früh um 6 Uhr der Stecker gezogen würde?

Kann man sich darauf vorbereiten? Nein, man muss! Dieses Buch behandelt nicht die Corona-Krise. Es geht hier vielmehr darum, frühzeitig Optionen wie drastische Veränderungen Ihres Marktes oder der Gesellschaft in Ihre Unternehmensstrategie einzuplanen und sich auf mögliche, zukünftig herrschende Rahmenbedingungen einzustellen. Die Tools, die ich Ihnen in Kap. 5 dieses Buches vorstelle, sind ideal geeignet für diese Zukunftsplanung. Aber insbesondere die Szenariotechnik (Abschn. 5.3) und das Business Wargame (Abschn. 5.4) lassen sich hervorragend auch für das Krisenmanagement einsetzen.

Für die „Nach-Virus-Zeit" möchte ich Ihnen als Entscheider innerhalb Ihres Unternehmens besonders ans Herz legen, auf verräterische Gedanken zu achten wie „das passiert nur alle 100 Jahre". Nur wenn es Ihnen gelingt, solche Gedanken zu vermeiden und die scheinbare Sicherheit über das, was geschehen wird, abzulegen – nur wenn Sie sich wieder dauerhaft auf die Suche nach kommenden Veränderungen machen, bereiten Sie Ihr Unternehmen optimal auf die Zukunft vor. Bleiben Sie neugierig und hinterfragend!

Ich wünsche Ihnen, Ihren Mitarbeitern und Angehörigen für die (aus heutiger Sicht) kommenden Monate Glück und Gesundheit und hoffe, dass Sie die Chance ergreifen werden, die sich aus dieser Krise ergibt: Bereiten Sie Ihr Unternehmen auf Veränderungen vor. Jetzt wäre die richtige Zeit dafür!

Hamburg   Heino Hilbig
im Juni 2020

Literatur

Bauer W (2016) Das Ende von „Ich bin mein Auto". https://www.automotive.at/kfz-wirt-schaft/das-ende-von-ich-bin-mein-auto-124019. Zugegriffen: 11. Mai 2020

Otley T (2020) These airlines have received a bailout. https://www.Businesstraveller.com/features/these-airlines-have-received-a-bailout/. Zugegriffen: 11. Mai 2020

Spiegel Online (2015) Porsche-Chef bezeichnet selbstfahrende Autos als „Hype". http://www.spiegel.de/auto/aktuell/porsche-chef-matthias-mueller-bezeichnet-autonomes-fahren-als-hype-a-1052688.html. Zugegriffen: 18. Mai 2020

Tageschau.de (2020) Boing fordert Staatshilfe. https://www.tagesschau.de/wirtschaft/boeing-251.html. Zugegriffen: 11. Mai 2020

Vorwort zur 1. Auflage

Unser Unternehmen existiert, weil ein anderes einen Fehler gemacht und seine Zukunft falsch eingeschätzt hat. So einfach könnte man die Geschichte der Microplex Printware AG auf den Punkt bringen. Natürlich ist es nicht ganz so simpel, aber ein Körnchen Wahrheit steckt in diesem Satz schon drin: Als unser Gründer das Unternehmen 1987 aus der Taufe hob, waren die meisten Mitglieder unseres Teams hoch qualifizierte Mitarbeiter der Olympia Büromaschinen AG, die vier Jahre danach aufgelöst wurde. Wir verfolgten eine Technologie, deren Wert bei Olympia unterschätzt worden war.

Für uns ist die Beschäftigung mit Zukunftsentwicklungen nicht nur technologisch unabdingbar, sondern sie ist uns irgendwie auch schon in die Wiege gelegt worden.

Anders als Olympia sind wir jedoch kein Konzern, sondern eher ein international agierendes, mittelständisches Unternehmen. Würden wir versuchen, bei uns klassisches, für Großunternehmen entwickeltes Innovationsmanagement zu etablieren, würde das unsere Ressourcen überfordern. Wir haben weder die Mitarbeiter noch die Zeit, solch aufwendige Strukturen bei uns zu implementieren.

Aber soll man als Mittelständler deshalb den Erfolg ausschließlich auf die aktuellen vier P beschränken und den Umgang mit der Zukunft dem Zufall überlassen? Oder soll man sich darauf verlassen, dass den Mitarbeitern und Führungskräften schon rechtzeitig etwas einfallen wird, wenn die Zukunft vor der Tür steht? Abwarten, das ist ganz klar, ist keine Lösung.

Ebenso, wie der Umgang mit Marketing, Vertrieb oder Produktion bei einem mittelständischen Unternehmen eigenen Regeln folgt, müssen auch für die Beschäftigung mit der Zukunft bestimmte Grundsätze gelten. Dafür braucht man eigene Methoden, die den Entscheidungsprozessen eines Mittelständlers ebenso Rechnung tragen, wie sie pragmatisch sind. Methoden, die auf handwerklich saubere Erfolge zielen statt auf Hokuspokus, der den ganz großen Wurf, das visionäre Produkt oder das revolutionäre Geschäftsmodell verspricht.

Denn darüber darf man sich nicht täuschen: Den vielleicht 100 deutschen Unternehmen, denen pro Jahr so ein ganz großer Wurf für die Zukunft gelingt, stehen über 3,5 Mio. Unternehmen gegenüber, die nicht in die Schlagzeilen geraten, davon allein 75.000 mittelständische Unternehmen.

Dennoch: Auch ohne spektakuläre Produktneuheiten kann und muss man sich als Unternehmen auf den Wandel einlassen, den zukünftige Märkte und Technologien erfordern. Die oft dämonisierte Digitalisierung oder auch die Globalisierung beispielsweise sind hier Fluch und Chance zugleich. Die Entscheidung, ob es dabei mit dem Daumen rauf oder runter geht, hängt also allein von der Einstellung des Managements und der Vorbereitung des Unternehmens ab.

Für diese Vorbereitung bietet der vorliegende Ratgeber sowohl viele hinführende Informationen, die in leicht lesbarer Form die wichtigsten Grundlagen der Zukunftsplanung zusammenfassen, als auch konkrete Vorschläge zur Umsetzung im Unternehmen. Ergänzt wird das Ganze durch viele Fallbeispiele, an denen man Gewinner- und Verliererstrategien studieren kann. Wer sich einmal entschieden hat, konkret zu handeln, wird nach der Lektüre dieses Buches den richtigen Weg für das eigene Unternehmen sicher finden.

Und da Zukunftsmanagement für den Mittelstand auch noch den Spagat zwischen seriöser Information und unterhaltsamen Schreibstil schafft, wünsche ich Ihnen als Leser viel Spaß bei der Lektüre.

November 2017   Olaf Mergili
            Vorstandsvorsitzender der Microplex Printware AG, Varel
                                                      www.microplex.de

Inhaltsverzeichnis

Über den Autor

Heino Hilbig, Jahrgang 1958, war seit 1985 als Marketingverantwortlicher bekannter Marken wie Casio, Time/system und Olympus tätig. Bedingt durch die Produkte dieser Unternehmen standen technologische Veränderungen, Innovationsmanagement und die langfristige strategische Ausrichtung schon immer im Fokus seiner Arbeit.

Im Jahr 2011 gründete er die Unternehmensberatung Mayflower Concepts in Hamburg, die sich vorrangig um Wachstums- und Innovationskonzepte für mittelständische Unternehmen kümmert. Er ist zudem als Keynote-Sprecher zu Zukunftsthemen tätig.

Von Heino Hilbig sind bei Springer Gabler außerdem erschienen:

Marketing ist eine Wissenschaft ... und die Erde eine Scheibe (2013): Eine amüsante Systemkritik über die kleinen und großen Irrtümer des Marketings.

Marketing sucht Zielgruppe ... oder: Was macht der Gorilla am POS? (2015): Eine wissenschaftliche und dennoch unterhaltende Abhandlung über die Dinge, die unter Marketers normalerweise tabu sind.

Kontakt:
E-Mail: hilbig@zukunftsmanagement.online
www.zukunftsmanagement.online

Über die Unfähigkeit, die Zukunft vorhersagen zu können

Zusammenfassung

Nichts scheint sich hartnäckiger in Unternehmen zu halten als der Glaube daran, die Zukunft des eigenen Marktes ungefähr zu kennen. Besonders lange und erfolgreiche Branchenzugehörigkeit scheint einer der Faktoren zu sein, die diese Überzeugung besonders stützen. Wie unsagbar falsch man damit liegen kann, weshalb Zukunft mit menschlichen Fähigkeiten unmöglich vorhergesagt werden kann und weshalb Excel-Zahlenspiele nichts mit Zukunft zu tun haben, zeigt dieses erste Kapitel.

Ich gestehe, eine nicht unerhebliche Zeit nach meiner Unternehmensgründung habe ich mich damit beschäftigt, welche griffige Beschreibung ich für das nutzen könnte, was ich tue: Ich erstelle gemeinsam mit unseren Kunden Zukunftsszenarien, erarbeite Strategien und implementiere Maßnahmen, mit denen sich diese Unternehmen zukunftsfit aufstellen können. Das funktioniert zwar gut, klingt aber zu sperrig, als dass es sich als „sprechende Berufsbezeichnung" eignen würde. Also habe ich mich auf die Suche nach Begriffen begeben, die bei potenziellen Interessenten Bilder im Kopf erzeugen könnten.

Einer dieser Begriffe war der „Zukunftsforscher". Gibt man diesen Begriff in der Google-Suche ein, erhält man sofort eine Reihe von Ergebnissen und Google-Anzeigen von Menschen, die sich als Redner mit zukunftsorientierten Inhalten zu gerne mal fünfstelligen Honoraren anbieten. Dagegen ist an sich noch nichts einzuwenden – auch ich halte Vorträge zur Zukunft. Schwierig wird es aber dann, wenn solche „motivierenden Keynotes" Aussagen über die Zukunft machen, die durch nichts zu rechtfertigen sind. Ein recht bekannter Kollege verstieg sich zum Beispiel 2016 in die Aussage, dass wir die nächsten 20 Jahre nicht in autonom fahrenden Fahrzeugen unterwegs wären – eine Behauptung, die merk-

© Springer Fachmedien Wiesbaden GmbH, ein Teil von Springer Nature 2020
H. Hilbig, *Zukunftsmanagement für den Mittelstand*,
https://doi.org/10.1007/978-3-658-31246-6_1

würdig anmutet, wenn man die autonomen Systeme ansieht, die heute schon überall in der Welt und auch in meiner Heimatstadt Hamburg getestet werden (z. B. Hamburger Hochbahn 2020; VW 2019). Derselbe Kollege vertrat dann in 2020 auch noch die Ansicht, dass es kein Leben auf anderen Planeten gäbe (Poppe 2020). Ein weiteres Feld, zu dem vielleicht Mathematiker, Biologen oder Physiker mit entsprechendem Forschungsschwerpunkt eine fundierte Meinung haben können. Zukunftsforscher mit Soziologie-Studium jedoch besitzen dazu sehr wahrscheinlich keinerlei Informationen, die nicht auch Ihnen oder mir zugänglich wären. Was genau macht ihn also zum „Forscher"?

Ist „Zukunftsforscher" somit ein Beruf, den es eigentlich nicht gibt? Zukunft kann man per Definition nicht erforschen – sie ist ja noch nicht geschehen! Es gibt schließlich auch keine Lotto- oder Roulette-Forscher: Versuchen Sie doch spaßeshalber einmal, die kommende Zahl einer sich bereits drehenden Roulette-Scheibe zu erforschen – oder die Lottozahlen des kommenden Wochenendes. Allein dieses Ansinnen klingt schräg, oder?

Nun könnte man einwerfen, dass es sich bei diesen genannten Spielen ja um reine Zufallsprozesse handele, wohingegen die Zukunft, z. B. die Ihres Marktes, keineswegs nur zufällig daherkommt, sondern auch von kalkulierbaren Faktoren wie z. B. technischen oder soziologischen Entwicklungen bestimmt wird. Tut mir leid: Das macht das Ganze leider nicht berechenbarer, sondern eher komplexer. Das iPhone beispielsweise ist so ein typisches Produkt aus Verfügbarkeit der Technik und soziologischer Akzeptanz durch die Menschen – einfacher ausgedrückt: Die Zeit war einfach reif dafür. Und nun addieren Sie einen zusätzlichen Zufallsfaktor: Steve Jobs hätte sich einige Jahre vor der iPhone-Vorstellung 2007 unsterblich in eine hawaiianische Prinzessin verliebt, mit der er für den Rest seines Lebens glücklich als Zuckerrohrbauer auf einer kleinen Insel gelebt hätte (für die eher prosaisch denkenden Leser evtl. als Alternative: er hätte vor 2007 einen tödlichen Autounfall gehabt). Hätte es dann so etwas wie das iPhone trotzdem gegeben? Und, falls ja, hätte dieses Produkt den gleichen Siegeszug durchlaufen können?

Zukunft lässt sich nicht erforschen oder vorhersagen. Jedenfalls nicht wesentlich weiter als die nächsten drei Jahre, wie der US-Forscher Philip Tetlock nachgewiesen hat (auf dieses Forschungsergebnis werden wir in Abschn. 2.7 näher eingehen). Welchen praktischen Nutzen aber haben dann Unternehmen oder Kongressveranstalter davon, wenn Zukunftsredner unterhaltsam, aber gerne auch mal faktenfrei, von blühenden Landschaften oder Weltuntergängen erzählen?

Mein Ziel war es schon bei der ersten Auflage dieses Buches, ein methodisches Konzept zu entwickeln und dieses in Buchform zur Verfügung zu stellen, mit dem sich kommende Marktentwicklungen abschätzen und Zukunftsstrategien auch mit überschaubarem Aufwand erarbeiten lassen. Erkenntnisse aus vielen Jahren der Strategieentwicklung haben mir gezeigt, dass es hierbei weniger um ein möglichst präzises Vorhersagen kommender Entwicklungen gehen darf, sondern um eine gute Balance zwischen Zukunftsabschätzungen und Flexibilität im strategischen Handeln. Deshalb habe ich bewusst auf digitale Simulationen etc. verzichtet. Zum einen, weil ich nach Jahrzehnten der Konzernplanung zutiefst davon überzeugt bin, dass solche Simulationen am Ende nur eine gefährliche Scheingenauigkeit liefern. Zum anderen lässt sich mit dem hier vorgestellten Konzept Zukunftsmanagement auch ohne teure Simulationssoftware für mittelständische Unternehmen mit überschaubaren Ressourcen implementieren.

In der aktuellen Version dieses Buches habe ich auf Elemente und Methoden verzichten können, die sich in der Praxis als nicht zwingend notwendig erwiesen haben – wie z. B. der „Google-Day", der in der letzten Ausgabe noch Teil des Prozesses war. Der Zukunftsprozess ist dadurch stringenter und somit hoffentlich leichter als interner Workshop implementierbar. Da solche Methoden aber durchaus einen Wert im Unternehmensalltag haben können, wenn es zum Beispiel darum geht, Kreativprozesse in Gang setzen zu müssen, finden sich solche Werkzeuge jetzt im neuen Kap. 5 „Toolbox für die Zukunft" zusammengefasst. Zukunftsmanagement ist weder Zauberei noch das überaus geheime Insiderwissen weniger Zukunftsforscher, sondern ganz reale, bodenständige Strategiearbeit. Alles, was Sie an Informationen dazu brauchen, finden Sie in der Tagespresse und im Internet. Alles, was Sie an Methodik benötigen, finden Sie hier. Das verspreche ich Ihnen!

1.1   Ein Zukunftskonzept speziell für den Mittelstand?

Spätestens seit der Sache mit der Titanic wissen wir, dass große Ozeanriesen es mit der Flexibilität nicht so haben. Sie sind zwar höchst effizient, wenn es um Leistungswerte wie Kosten pro gefahrene Passagierkilometer geht, haben aber auch wenig Chancen bei plötzlichen Kursänderungen – ja, und sie überschätzen sich selbst gerne mal, wenn es um Größenverhältnisse zu vorbeiziehenden Eisbergen geht.

Wer mehr Wert auf flexible Einheiten legt, die auch mal kurzfristig und zukunftsorientiert um einen unerwarteten Eisberg herumfahren können, der greift eher zu kleineren Schiffen, bezahlt das aber mit mehr gefühltem Seegang. Was übrigens jeder bestätigen kann, der mal an der Reling einer Helgoland-Fähre über die Doppeldeutigkeit des Wortes „Vorbeugen" gegrübelt hat.

Beide Schiffstypen haben nicht nur sehr eigene Eigenschaften – sie funktionieren auch als „Unternehmen" anders. Um Konzerne – die Unternehmens-Brüder und Schwestern der Titanic – erfolgreich durch die Märkte zu steuern, ist eine große Zahl an sehr spezialisierten Funktionsträgern notwendig, die nach genau festgelegten Arbeitsplänen zusammenarbeiten und mit ebenso detailreichen Kommunikationsplänen dafür sorgen, dass zur richtigen Zeit die richtigen Entscheidungen getroffen werden können. Ganz anders beim Mittelstand, den kleinen und mittleren Booten, wo der Ingenieur auch gleich mal erster Maschinist ist und der zweite Steuermann den Smutje vertreten können muss.

Kaum ein Vergleich zeigt für mich besser den Unterschied zwischen internationalen Konzernen einerseits und mittelständischen Unternehmen andererseits. Beide Systeme funktionieren offensichtlich prächtig, aber eben völlig unterschiedlich – was übrigens einer der Gründe dafür ist, dass der Aufstieg eines Mittelständlers zum Konzern nur selten gelingt und, wenn doch, es dann häufig ein recht schmerzhafter Prozess ist.

Wer als Mittelständler unreflektiert Methoden einsetzt, die für ein Konzernmanagement erdacht wurden, läuft deshalb Gefahr, damit gnadenlos zu scheitern. Besonders gilt das aber für das Zukunftsmanagement. Dort, wo Konzerne mittels der eigenen Masse Eisberge überfahren können (was ja auch nicht immer klappt!) oder aufgrund der vielen Mitarbeiter und ausgeklügelter Organisationsformen frühzeitig in strategische Zukunftsplanung einsteigen, braucht ein typisches mittelständisches Unternehmen andere Methoden, die weniger personalintensiv und ressourcenfressend funktionieren. Allerdings liegt die Hauptursache für fehlendes Zukunftsmanagement im Mittelstand häufig ganz woanders, denn es gibt ein wirklich massives Hindernis, das es erst zu überwinden gilt: die meist enorme Kenntnis (Achtung, bitte richtig lesen: Kenntnis – nicht Unkenntnis!) des Unternehmers, Geschäftsführers oder Entscheiders über seine Branche und seinen Markt. Das mag widersprüchlich klingen, ist aber bei näherem Hinsehen durchaus schnell erklärbar: Manchmal hat diese Führungskraft viele Stufen seines Karriereweges alles daran gesetzt, in seinem Markt zum Spezialisten zu werden – und jede Regung eines Kunden nachvollziehen und jeden Launch eines Wettbewerbsprodukts qualitativ einordnen zu können. Und dann hinterfragt doch jemand tatsächlich, ob dieses hervorragend aufgestellte Unternehmen für die Zukunft gerüstet sei. Was für eine Frage! Welche andere Antwort als „Ja, selbstverständlich, wenn nicht ich, wer dann?", kann da schon kommen? Schließlich hat man sich über Jahre für einen zumeist harten Wettbewerb in der jeweiligen Branche gerüstet, hat sich durchgekämpft und spielt möglicherweise sogar eine führende Rolle im eigenen Markt. Und dann kommt so ein Berater und stellt diese scheinbar absurde Frage …

Nun hat die Beraterbranche tatsächlich nicht ganz zu Unrecht ein bestenfalls eingeschränkt positives Image in Unternehmen – ich darf das sagen, denn ich habe auf beiden Seiten gespielt. Wenn es jedoch um Zukunft geht, dann hat ein Berater einen unschlagbaren Vorteil gegenüber jeder internen Führungskraft: Er betrachtet einen Markt und die Aktivitäten darin von außen und die internen Strukturen aus einer übergeordneten Perspektive, quasi als qualitativer Helikopter. Was man von dort oben zu sehen bekommt, sind nicht selten Branchen, die über Jahrzehnte einen Modus Operandi erarbeitet und eine fast schon verschworene Gemeinschaft von Insidern gebildet haben. Hersteller, Distributoren und Handel haben so feste Regeln, wie man mit Neuprodukten, Marketingbudgets und Kundenservice umgeht, dass es Außenseitern normalerweise eher schwerfällt, in dieses Geschäft einzusteigen.

Prüfen Sie doch einmal, wie viele Top-Positionen Ihrer Branche in letzter Zeit an Brancheninsider vergeben worden sind. Viele? Fast alle? Das könnte ein Indiz sein! Und so stellt sich die Frage, ob Unternehmer, Geschäftsführer, Vorstände, Bereichs- und Abteilungsleiter mit ihrem Fachwissen wirklich gut auf Marktveränderungen vorbereitet sind. Denn tatsächlich gelingt es Unternehmen einer Branche kaum, selbst die Impulse zu setzen, sich radikal zu erneuern, wenn diese Erneuerung ansteht. Es sind, wenn man sich die Geschichte der großen Innovationen ansieht, häufig die schon erwähnten Außenseiter – branchenfremde Unternehmen –, die diese Impulse setzen.

Das fing schon in der Bibel an, als ein Hobby-Heimwerker ein Schiff zur Rettung des Lebens baute, während die sonst dafür zuständigen Brancheninsider noch auf einfaches Götzenanbeten setzten, es ging über die Erneuerung des Transportwesens, das ein Ingenieur (statt der bis dahin zuständigen Pferdezüchter) in die Hand nahm, und reicht leider bis in die Gegenwart. Denken Sie nur an

- die Erneuerung des Musikgeschäfts, welche ein Computerunternehmen (Apple) statt der Musikindustrie vornahm,
- den Durchbruch der digitalen Fotografie, der durch ein Produkt eines Elektronikanbieters (Casio) statt der traditionellen Kamerahersteller erfolgte,
- die radikale Veränderung des Softgetränkemarktes (Einführung der Energydrinks) durch ein bis dato unbekanntes Unternehmen aus Österreich (Red Bull) statt des damals teuersten Unternehmens der Welt (Coca-Cola),
- den kompletten Umbruch im deutschen Bekleidungsmarkt (online statt offline) durch das Start-up-Unternehmen Zalando,

- die Meinungs- und Technologieführerschaft im E-Mobilitäts-Markt durch einen absoluten Außenseiter (Tesla),

um nur einige zu nennen.

Nicht immer haben solche Innovatoren auch langfristig und nachhaltig von ihrer Innovation profitieren können – und nicht immer sahen die traditionellen Branchenunternehmen langfristig unbeholfen aus. Die Automobilbranche beispielsweise scheint aktuell, gerade noch rechtzeitig, den Markt für sich entscheiden zu können: Ob Tesla langfristig eine Rolle außerhalb der Nische spielen wird, ist höchst ungewiss. Auch die Kamerahersteller haben 1996 mit einer Verspätung von zwei Jahren diesen ersten Kampf aufgenommen und für sich entscheiden können – Casio bot Kameras nur wenige Jahre lang an.

Aber gerade an diesem letzten Beispiel kann man erkennen, dass auch so ein Nachrudern keineswegs bedeutet, dass Unternehmen damit besser für die Zukunft gerüstet wären: Gut zehn Jahre später kam wieder ein Seitenangriff auf die klassische Fotografie – diesmal von der Kavallerie der Smartphone-Hersteller, der die Branche abermals völlig unvorbereitet traf. Heute produziert dieser Industriezweig auf das Jahr hochgerechnet weltweit noch gerademal 9 Mio. Kameras jährlich – gegenüber über 120 Mio. Kameras in 2011 (CIPA 2020). Tendenz auch ohne Corona stark fallend. Dieser hochemotionale Markt ist inzwischen zur Mini-Nische verkommen.

Wie aber kann es sein, dass ein erfahrenes, marktbeherrschendes Unternehmen wie Coca-Cola Anfang der 2000er-Jahre mit seiner Einführung des Energydrinks KMX scheitert, während ein unbekanntes, (damals) regionales und mittelständisches Unternehmen wie Red Bull den Weltmarkt für Softdrinks aufmischt? Wie kann es sein, dass alle großen Musiklabel mit ihrer gesamten Erfahrung im Umgang mit Musikern und Fans die Änderung des Musikmarktes nicht voraussahen – und sich darauf vorbereiteten –, während ein fast bankrottes, kleines Computerunternehmen (Apple) und sein spleeniger Interims-CEO (Steve Jobs) genau diesen Umbruch durch die Einführung von iPod und iTunes zum Laufen brachte?

Die Antwort ist so einfach wie erschreckend: Führungskräfte (und damit Unternehmen an sich) *unter*schätzen die Veränderungsbereitschaft im eigenen Markt und *über*schätzen die eigene Fähigkeit zur Helikopterperspektive. Das ist keineswegs abwertend gemeint, denn jede der Führungskräfte, mit denen ich in der Vergangenheit gesprochen habe, hat sich über lange Jahre so viel Wissen und Erfahrung angeeignet, dass er/sie damit erfolgreich werden konnte.

Tatsächlich aber gibt es eine Reihe von wissenschaftlich erklärbaren Effekten, die die Fähigkeit zur kritischen Wahrnehmung und, daraus folgend, zur

Vorbereitung auf die Zukunft einschränken. Damit werden wir uns noch intensiver beschäftigen.

Wer diese Ursachen kennt, sollte in der Lage sein, Fehler, wie sie einige der ganz Großen gemacht und andere wiederum sehr gut vermieden haben, zu umgehen. Beispiele aus dem schier unendlichen Katalog der Pleiten und Gewinner finden Sie dann in Kap. 3.

Obwohl sich dieses Buch qua Titel an Führungskräfte der mittelständischen Wirtschaft richtet, greife ich bei vielen Inhalten, Methoden und Geschichten auf Beispiele zurück, die für Konzerne erdacht sind bzw. dort geschehen sind. Dies hat damit zu tun, dass ich Sie auf der Reise in die Zukunft auch unterhalten möchte und sich Fallbeispiele großer Unternehmen einfach leichter und mit weniger Erläuterungen in interessante Geschichten packen lassen als Erfolgsstorys kaum öffentlich bekannter Firmen. Sie können aber versichert sein, dass es sowohl traurige wie auch wirklich gute Beispiele ebenso aus dem Mittelstand gibt. Ein paar davon habe ich immer mal wieder eingestreut. Auch KonzernMethoden, wie zum Beispiel die Szenariotechnik von Shell, werden Sie hier finden – allerdings sind diese hier an die Möglichkeiten eines mittelständischen Unternehmens angepasst.

1.2 Zukunftsvorbereitung braucht vor allem Fantasie

Eigentlich ist die Sache mit der Strategie ja einfach: Wer sein Unternehmen auf die Zukunft vorbereiten will, muss sich überlegen, wie diese Zukunft wohl aussehen wird und dann die richtigen Pläne dafür schmieden. Leider leichter gesagt als getan, denn am Anfang steht die gedankliche Reise in eine Welt, die unserer scheinbar ähnlich ist, die sich aber doch niemand wirklich vorstellen kann – oder jemals einer unserer Vorfahren auch nur ähnlich vorgestellt hätte.

Versuchen Sie bitte einmal, sich in die Generation der Mitte des letzten Jahrhunderts – sagen wir um 1955 – hineinzuversetzen. Wie hat sie sich ihre Zukunft – unsere heutige Gegenwart – vorgestellt? Da waren einerseits die düsteren BigBrother-Szenarien, die George Orwell sich im Nachklang des Dritten Reichs ausgedacht hat, andererseits aber auch die schöne Technik, derer sich Captain James T. Kirk auf seinem Raumschiff Enterprise bedienen konnte. Wie weit die Vorstellung der damaligen Generation von der Wirklichkeit entfernt war, lässt sich an einer Analyse einiger US-Wissenschaftler erkennen, die in den 70er-Jahren die Technologien der TV-Serie Star Trek auf Realisierung hin geprüft haben und unter anderem zu dem Schluss gekommen sein sollen, dass Captain Kirks mobile Kommunikation, die rund um den Globus funktioniere, durchaus realisierbar wäre, allerdings erst in 50 Jahren. Freuen wir uns drauf … die Erfindung des Handys muss jetzt unmittelbar bevorstehen!

Wir haben jetzt gut lachen. Aber hat von uns noch vor wenigen Jahren wirklich jemand vorhergesehen, dass die EU kleiner statt größer wird? Hat jemand geahnt, dass Menschen, die aus Tierschutzgründen sogar auf Milch verzichten, eine massive Zielgruppe werden könnten? War es vorstellbar, dass wir mit einer kleinen Blackbox eines Buchhändlers (Amazon Alexa) sprechen würden, um zu Hause das Licht einzuschalten? Für die Generation vor 50 Jahren hätte das doch alles nach Science Fiction geklungen!

Das größte Problem bei der rechtzeitigen Strategievorbereitung ist unsere Vorstellungskraft. Genauer gesagt, unsere manchmal nicht genügend ausgeprägte Vorstellungskraft. So erzähle ich am Anfang eines Workshops oder Vortrags gerne eine Geschichte über die Zukunft. Eine Geschichte, die von autonom fahrenden E-Autos handelt, die auf Zuruf kommen, von dadurch entstandenen ruhigen, grünen Innenstadtkernen, von Kleidern, die aus 3-D-Druckern stammen, von mobilen Systemen, die Anhand von Sprache erkennen, ob das Gegenüber die Wahrheit sagt oder (bewusst) lügt, von Restaurants, die (nur noch) im Labor entstandene Steaks ohne jedes Tierleid servieren und von Menschen, die regelmäßig über 100 Jahre alt werden.

Gerne lasse ich dann meine Zuhörer Schätzungen abgeben, wie weit diese Geschichte wohl in der Zukunft spielt. Dabei erhalte ich in der Regel Zeitspannen von 30 bis max. 50 Jahren genannt. Ein Zeitraum, der deutlich zu lang ist, bedenkt man die heute bereits realisierte Entwicklung. Werfen wir doch mal einen Blick darauf:

Das elektrisch betriebene Automobil
Die kritischen Erfolgsfaktoren dieser Technologie sind die Reichweite der Batterien, die Lade-Infrastruktur und die Kosten.

- Bereits heute kommt man bei Tesla mit einer Batterieladung unter günstigen Umständen 600 km weit. Im März 2020 hat Samsung den Prototyp einer neuen Feststoffbatterie vorgestellt (Samsung 2020), die nicht nur kleiner und leichter als bisherige Autobatterien sein wird, sondern auch noch 800 km mit einer Batterieladung wird fahren können und zudem 1000 Ladezyklen vertragen kann – E-Autos kämen damit weiter als mit Verbrennungsmotoren heute.
- Im Jahr 2017 standen 6000 Ladesäulen in Deutschland noch 16.000 Tankstellen gegenüber. Im Jahr 2020 lautet das Verhältnis schon 19.500 Ladesäulen zu 14.500 Tankstellen (Statista 2020)

- Ein Elektromobil zu bauen ist technisch gesehen weit weniger anspruchsvoll, als ein Auto mit Verbrennungsmotor zu konstruieren: So muss man einen 8-Zylindermotor aus insgesamt 1200 Teilen konstruieren und diese miteinander montieren. Bei der Montage eines Elektromotors werden nur siebzehn Teile zusammengesetzt (Focus Online 2016). Weil der Bau eines Elektrofahrzeugs also durchaus einfacher ist, gibt es weit mehr Start-ups, die sich mit diesem Thema beschäftigen, als es Neueinsteiger in die Technik der Fahrzeuge mit Verbrennungsmotoren gegeben hat. Denken Sie an die StreetScooter GmbH, die DHL marktreife Fahrzeuge anbieten und bauen konnte. Dieser konstruktive Vorteil der E-Mobilität führt dazu, dass man für 2025 damit rechnet, dass Elektrofahrzeuge günstiger angeboten werden als Fahrzeuge mit Verbrennungsmotor.
- Dieser Umstieg wird durch erstes Handeln zusätzlich beschleunigt: In den vergangenen Jahren sind die Stimmen stetig lauter geworden, die die Zukunft des Automobils anders als in der traditionellen Bauweise sehen. Und mit jeder Stimme wuchs der Druck auf die Zurückbleibenden, endlich selbst aktiv werden zu müssen. Als Ergebnis baut heute praktisch jeder traditionelle Autobauer auf irgendeiner Form von Elektro-Mobilität.
- Sobald der Umstieg in den wichtigen Industrieländern ernsthaft beginnt, wird die Infrastruktur plötzlich zum größten Helfer: Durch nachlassende Nachfrage werden in wenigen Jahren herkömmliche Tankstellen oder Werkstätten mehr und mehr umrüsten oder sogar schließen. Diese ausgedünnten Versorgungsnetze wieder unterstützen die Entscheidung der Verbraucher, bei Neukäufen doch umzudenken. Und so weiter und so weiter …

Ab 2025 könnte der Wechsel vom Verbrennungsmotor zum E-Auto also drastisch beschleunigt stattfinden.

Fahrzeuge werden selbstfahrend sein
Schon vor über zehn Jahren, im Jahr 2007, fand die letzte DARPA Urban Challenge (DARPA 2007) statt. Dabei handelte es sich um einen vom US-Verteidigungsministerium ausgeschriebenen Wettbewerb, bei dem selbstfahrende Autos einen knapp 100 km langen Parcours mit unterschiedlichsten Verkehrs- und Straßensituationen, auch innerstädtischen, vollständig selbstständig meistern mussten. Von den 55 zugelassenen Fahrzeugen kamen elf in das Halbfinale und die meisten davon sicher ins Ziel. Damit war bewiesen, dass diese Technik zwar noch nicht hübsch aussah, aber grundsätzlich einsatzreif war – mission accomplished.

Am 23.06.2017 trat mit der Änderung des Straßenverkehrsgesetzes in Deutschland als einem der ersten Länder der Welt ein Gesetz in Kraft, welches die Benutzung selbstfahrender Fahrzeuge – noch sehr vorsichtig – regelt (Bundesministerium der Justiz und für Verbraucherschutz 2017). Weil man sich beim Gesetzgeber aber klar darüber war, dass diese Technik sich rasend schnell entwickeln würde, baute man in das Gesetz eine Überprüfungspflicht für die Regelungen schon für das Jahr 2019 ein.

Fast jedes neue Fahrzeug heute besitzt die notwendigen Elemente zum autonomen Fahren: Sensoren, die die Umwelt wahrnehmen, sowie Steuerungselemente für Gas, Lenkung und Bremse. Wie diese Tools heute eingesetzt werden, hängt aktuell vom Hersteller ab: Manche nutzen diese Systeme nur als Bremshilfen, andere verwenden die Steuerungsmöglichkeiten auch als Einparkhilfe oder abstandskontrollierende Tempomaten. Tesla, der Pionier auf dem Gebiet der E-Mobilität, lässt seine Fahrzeuge auf Wunsch heute schon alleine in die Garage ein- und ausparken und liefert seit 2016 alle Modelle mit einer Hardware aus, die für Autonomiestufen 4 und 5[1] ausreichen soll.

Seit April 2019 fährt in meiner Heimatstadt Hamburg das Konzept VW Moia durch die Straßen – eine Art *shared taxi on demand*. 500 Elektro-Fahrzeuge, die vom VW Konzern schon im Ansatz als selbstfahrendes E-Mobil konzipiert wurden, auch wenn sie aktuell noch einen Fahrer benötigen. Parallel dazu lässt derselbe Konzern eine Reihe von vollautomatischen Testfahrzeugen im regulären Straßenverkehr rund um die Alster cruisen. Zugegeben, das ist ein nur ein Feldversuch mit Notfallfahrer – aber hey: Diese Autos fahren im dicksten Hamburger Berufsverkehr vollautomatisch im Innenstadtbereich mit. Und einen Unfall hat es bis heute auch noch nicht gegeben.

Sobald das Level der völlig autonom fahrenden Fahrzeuge (Stufe 5) erreicht wird, verlagert sich das Hauptinteresse von der Frage „wie das Auto fährt" (es fährt dann ja immer gesetzeskonform, sicher und automatisch!) dahin, was man während der Fahrt tun kann. Je nach Zweck der Fahrt könnte ein selbstfahrendes Auto dann innen als Büro-, Unterhaltungs- oder Entspannungsfahrzeug mit Schlafmöglichkeit für Langstrecken ausgestattet sein. Daher könnte

---

[1]Level 4: Vollautomatisierung. Die Führung des Fahrzeugs wird dauerhaft vom System übernommen. Werden die Fahraufgaben vom System nicht mehr bewältigt, kann der Fahrer aufgefordert werden, die Führung zu übernehmen. Höchste Stufe, Level 5: Kein Fahrer erforderlich. Mit Ausnahme der Festlegung des Ziels und dem Starten des Systems ist kein menschliches Eingreifen erforderlich.

der Trend recht schnell dazu gehen, solche Autos – auch nach Innenausstattung gewählt – zu mieten, statt sich ein eigenes Fahrzeug anzuschaffen – so, wie man heute schon ein Großraumtaxi ruft, wenn man mit mehr als vier Personen fahren möchte.

Der zukünftige Individualverkehr könnte also eine Mischung aus vollautomatischem Taxi und einem Carsharing-Modell sein. Ein Gedanke, den VW aktuell schon in einem konkreten Projekt erkundet: Ab 2021 will man mit autonom fahrendem Carsharing den Markt beglücken (Stehle 2017).

Dadurch entsteht ein weiterer Vorteil für den Nutzer: Er muss sich um Batterie-Ladezeiten keine Gedanken mehr machen, denn solche Carsharing-Fahrzeuge laden einfach automatisch, wenn sie gerade von keinem Kunden gebucht sind. E-Fahrzeuge würden damit nicht zwangsläufig lange Fahrzeiten benötigen: Die aktuellen batteriebetriebenen Auslieferfahrzeuge bei DHL beispielsweise schaffen gerademal eine Distanz von 80 km mit einer Batterieladung (bis 180 km für andere Kunden) (DPD 2019) und benötigen mehrere Stunden Ladezeit. Da diese Autos zur Paketlieferung in Städten aber auch nicht weiter fahren müssen und eine Nacht an einer normalen Steckdose zum Laden reicht, erfüllen sie schon heute ihren Zweck.

Sobald das autonome Fahren zur Regel wird, werden mit zunehmender Perfektion weniger Unfälle passieren – bis zu 90 % sollen diese zurückgehen, rechnet der Leiter der VW-Konzernforschung vor (Becker 2017). Damit werden sowohl Versicherungen aus finanziellen wie Gesetzgeber aus politischen Gründen auf den Plan treten und das „manuelle" Fahren erst deutlich teurer und später sogar durch entsprechende einschränkende Regelungen fast unmöglich machen. Übrigens aus gutem Grund: Inmitten einer Kolonne autonomer Fahrzeuge, die z. B. auf der Autobahn nur einem Meter Abstand staufrei hintereinander herfahren, wäre ein menschlich gesteuertes Fahrzeug sogar eine tödliche Falle.

Die Innenstädte werden ruhig und grün
Dieser Schritt meines Zukunftsszenarios ergibt sich als logische Konsequenz aus dem vorherigen: Autonome, miteinander vernetzte Autos benötigen wesentlich weniger Platz zum Fahren, weil alle gleichzeitig anfahren und bremsen und somit wesentlich enger gepackt fahren können – das sog. „Platooning". Wo heute vierspurige Straßen in den Städten benötigt werden, könnten zukünftig – bei gleichem Transportaufkommen – zwei Spuren reichen. Wenn es dann zudem kaum noch private Fahrzeuge gibt, die heute durchschnittlich zwischen 20 und 22 h täglich nur geparkt herumstehen, hätten wir statt 290 Mio. Pkw (Stand 2020) in Europa möglicherweise nur 100 Mio. Autos – oder auch noch weniger. Und statt 500 Mio. Straßenparkplätzen brauchen wir nur 60 Mio. In so einer Situation

könnte es geschehen, dass Städte beginnen, die Straßen innerorts zurückzu-
bauen: Einen Quadratmeter Straße, den es nicht mehr gibt, muss man schließlich
auch nicht mehr unterhalten und jährlich von Schlaglöchern befreien. Da die
verbleibenden Fahrzeuge – entweder auf Batteriebasis oder als Wasserstoff
betriebenes Auto – weder Motorenlärm erzeugen noch Abgase ausstoßen, ist die
Chance zu einer grünen Stadt nicht mehr so weit entfernt …

Maßgeschneiderte Kleidung aus dem 3-D-Drucker
3D-Drucker klingen zugegebenermaßen für viele Menschen noch immer nach
Science-Fiction. Tatsächlich haben sie aber heute schon eine durchaus wichtige
kommerzielle Bedeutung in allen Bereichen der Forschung sowie der Produktion
spezialisierter Kleinstserien. Seit 2014 gibt es schon erste kommerziell verwertete
Schuhe aus dem 3-D-Drucker. 2016 lief die amerikanische Sprinterin Allyson
Felix als erste Sportlerin bei den olympischen Spielen in Rio mit 3D gedruckten
Schuhen von Nike. Ob es dieser Vorgang war, der Adidas dazu gebracht hat,
alle anderen olympischen Medaillengewinner mit 3D gedruckten Schuhen von
Adidas zu beglücken, ist nicht überliefert. Aber dass das Unternehmen Scannen
und Maßschneidern von Sportschuhen schon 2015 als Standard anbot, ist sicher
(Adidas 2015).

Fleisch genießen, ohne Tiere zu töten
Das ist einer der schwächeren Teile der Zukunftsvision. Nicht, weil es
unwahrscheinlich wäre, sondern weil es für diesen Teil unterschiedliche Varianten
gibt, die jedoch nicht alle ohne tote Tiere auskommen.

Zum einen ist da das Ergebnis des niederländischen Wissenschaftlers Mark
Post, In-Vitro-Forscher am Physiologischen Institut der Universität Maastricht, der bereits 2013 seine erste Frikadelle aus künstlich erzeugtem Fleisch
präsentierte (Schalk 2016). Alles, was er dazu brauchte, waren einige Teile aus
dem Muskelfleisch einer Kuh. Gut, der Burger kostete umgerechnet 250.000 EUR
und war wohl auch nur mäßig schmackhaft. Aber wenn ich an meine Koch-
anfänge zurückdenke, war das auch so – nur billiger. Geben wir ihm also noch
ein wenig Zeit zum Üben. Start-ups wie Mosa Meat (s. Maastricht University
2017), Memphis Meats (Memphis Meats 2017) oder SuperMeat (SuperMeat
2017) haben jedenfalls darauf aufbauend begonnen, sich dem kommerziellen
Aspekt zu widmen und hoffen, solches, in der Petrischale erzeugte Fleisch, ab
2021 industriell fertigen und günstiger als reguläres Fleisch anbieten zu können.

Einen ganz anderen Weg geht ja ein Unternehmen namens Rügenwalder
Mühle mit dem Ansatz, nach Fleisch schmeckendes, ebenso aussehendes und sich
anfühlendes Essen aus vegetarischen Grundstoffen herzustellen. Der Burger und

die Mortadella erfüllen diese Kriterien in Blindtests schon. Stellen Sie sich nur einmal vor, was in den kommenden Jahren da erreichbar ist, wenn ein deutsches mittelständisches Unternehmen in nur zweieinhalb Jahren Entwicklungszeit schon so weit kommen kann!

Und dann gibt es noch die gewöhnungsbedürftigste Variante: Auch aus Insekten lassen sich heute schon ganz hervorragende Fleischersatzstoffe erzeugen – wenn man beim Essen nur diese Bilder aus dem Kopf bekäme!

Gesund uralt werden

Die durchschnittliche Lebenserwartung für Männer liegt in Deutschland knapp unter, für Frauen knapp über 80 Jahren – mit steigender Tendenz: Laut dem Planck-Institut für demografische Forschung können 2019 in Deutschland geborene Mädchen mit einem durchschnittlichen Lebensalter von 95 Jahren rechnen (Spiegel 2019). Die Vorhersage, dass wir eine Lebenserwartung von über 100 Jahren erreichen, könnte also durchaus noch in diesem Jahrhundert Realität werden.

Die Wahrheits-App

Schon 2017 gab es in beiden Smartphone-Welten eine App, die versprach, basierend auf 18 Jahren wissenschaftlicher Forschung, Gefühle erkennen zu können. Wer sich die App Moodies auf seinem Smartphone installierte und 15 s mit der App sprach, wurde auf seine emotionale Situation hin analysiert. Oder sollte man besser sagen: seziert? Nach eigenen Tests kann ich sagen, dass diese App akzeptabel zuverlässig zu funktionieren schien.

Der nächste Schritt wird die optische Erkennung sein: Lügen und Wahrheit auseinanderhalten zu können verspricht die Technik der Erkennung von Micro-Expressions, also den winzig kleinen Regungen unserer Gesichtsmuskeln, die alles über uns verraten sollen – sofern man sie denn lesen könnte. Auch daran arbeiten Wissenschaftler aktuell schon.

Werden diese Visionen tatsächlich genau so kommen? Ehrlich gesagt, weiß ich es natürlich nicht. Aber die Chance, dass diese Entwicklungen unser Leben radikal verändern, ist groß. Genau genommen sogar deutlich radikaler, als ich es hier beschrieben habe. Nehmen wir nur das Auto-Beispiel: Eine Vielzahl Jobs werden entfallen (Fahrlehrer werden wollen ist z. B. eine ganz dumme Idee), Infrastruktur werden obsolet (Parkhäuser und private Garagen werden unnütz) und sicher geglaubte Umsätze werden nicht mehr fließen (Kfz-Versicherungen machen 40 % aller Versicherungsbeträge aus). Andererseits wird es viele neue Entwicklungen geben (neuer Beruf: Umbauspezialist für Altgaragen). Wer einmal tiefer in diese Themen einsteigen möchte, dem empfehle ich den wirklich sehr

Abb. 1.1 Wann sieht eine typische Rushhour in Paris wohl völlig anders aus? (Quelle: Adobe Stock, Mathieu Degrange, stock.adobe.com)

logisch klingenden Aufsatz des amerikanischen Zukunftsredners Thomas Frey (Frey 2017) oder – sehr ausführlich mit allen Quellen – das Buch zum letzten Führerscheinneuling von Mario Herger (Herger 2018).

Fast jede der in meiner Zukunftsgeschichte vorkommenden Techniken gibt es im Ansatz also schon. Aber wie lange wird es dauern, bis aus diesen Ideen Produkte entstehen, die wir alle nutzen werden?

Machen wir wieder mal einen Versuch: Schauen Sie bitte einmal auf die Abb. 1.1 – wann rechnen Sie damit, dass Bilder wie dieses völlig anders aussehen werden? Komplett anders aussehende Fahrzeuge – elektrisch, autonom, fliegend? Vielleicht deutlich weniger Einheiten auf der Straße. Kurz: Welche Zeit geben Sie dem aktuellen Verkehrskonzept Pkw, bevor es gänzlich durch etwas anderes ersetzt sein wird? Bitte schätzen Sie jetzt einmal. 30 Jahre? Oder sogar kürzer – 20? Noch kürzer vermutlich doch auf keinen Fall, oder?

Vorsichtig – ich führe Sie wieder aufs Glatteis! Tatsächlich hat es schon einmal eine solche massive Wende im Individualverkehr gegeben: Abb. 1.2 zeigt

Abb. 1.2 Ostersonntag in New York 1900 (links) und 1913 (rechts). (Quelle: US Library of Congress (links), US-Nationalarchiv (rechts)

die sogenannte *Easter Parade*, einer alljährlichen Parade am Ostersonntag in der 5th Avenue in New York. Links, am 15. April 1900, fahren mit einer Ausnahme ausschließlich Kutschen in dieser Parade mit. Rechts, am 23. März 1913, sind es – von einem Pferd abgesehen – ausschließlich die Ahnen unserer heutigen Autos. Ganze 13 Jahre hat es gebraucht für einen völligen Wechsel der Verkehrsinfrastruktur. Welchen Zeitraum hatten Sie für die aktuelle Verkehrswende getippt?

Wer einen Blick in die Zukunft werfen will, braucht also eine gehörige Portion Fantasie. Und vor allem die Freiheit im Denken, gänzlich andere Optionen anzunehmen, als die, die wir heute kennen. Warum uns dieser Schritt (meistens) sehr schwerfällt, werden wir uns in Kap. 2 genauer ansehen.

▶ **Bitte bedenken Sie** Der Weg in die Zukunft beginnt meist mit einer Frage – niemals jedoch mit einer Antwort!

1.3 Die Realität: Prognosen ohne Fantasie

Wenn wir über die Ausrichtung mittelständischer Unternehmen für die Zukunft sprechen und sinnvolle Strategien vorbereiten wollen, also darüber, wie viel Geld, Zeit und Manpower Sie in solche Zukunftsszenarien stecken sollten, dann brauchen Sie zunächst einmal eine Menge Fantasie. Leider jedoch tendieren viele Menschen dazu, nach einem „Wird" zu suchen, statt einem „könnte" zunächst einmal freien Lauf zu lassen. Es werden Prognosen abgegeben – meist fast schon betonierte Voraussagen, wie die Zukunft sein wird. Aber was sind solche Prognosen wert? Wo liegen die Grenzen und wie erkennt man Fehleinschätzungen – am besten vorher?

Wer sich heute Managementliteratur ansieht, die sich mit der Zukunftsvorbereitung der Unternehmen beschäftigt, findet schnell all die endlosen Beispiele des Versagens großer Marken und marktbeherrschender Unternehmen. Und je länger man auf solche Beispiele schaut, desto fassungsloser scheinen Autoren darüber zu sein, dass so große Unternehmen und mächtige Unternehmenslenker dermaßen danebenliegen konnten.

- Wie konnte Charles Duell, der Leiter des US-Patentamts, 1899 allen Ernstes glauben, dass „alles, was erfunden werden kann, …" bereits erfunden sei. Und schlimmer noch, wie konnte er das öffentlich sagen?
- Wie konnte das damals wertvollste und einflussreichste Unternehmen Amerikas, die Western Union Telegraf Company, 1876 ernsthaft ausschlagen, die Telefon-Patente von Alexander Graham Bell zu kaufen?
- Wie konnten Daimler-Benz und seine Tochter AEG sich Anfang der 1990er-Jahre so verschätzen und den gerade erwachenden Markt für Bürokommunikation einfach aufgeben?
- Und wie nur konnte der Nokia-Vorstand das Thema Touch-Display für seine komplexeren Handys – die damals noch nicht Smartphones hießen – einfach abblocken?

Keine Frage, all diese Fehleinschätzungen sind einfach als solche erkennbar, solange man aus dem Jetzt – also der damaligen Zukunft – heraus auf diese Themen schaut. Und genau da liegt das Problem solcher Betrachtungen, denn wir realisieren dabei nicht, dass wir selbst uns in der gleichen Situation befinden: Was werden unsere Nachfahren im Jahr 2120 über die Entscheidungen und Einschätzungen unserer Generation denken? Werden sie sich fragen, weshalb wir uns tatsächlich noch Erdöldestillate verbrennende Fahrzeuge angeschafft haben, obgleich doch klar war, dass wir in wenigen Jahren Elektromobile fahren – und nur noch dann dafür zahlen, wenn wir sie auch nutzen? Oder werden sie den Kopf schütteln, weil wir uns so viel Zeit gelassen haben, in einer hochvernetzten Welt eine vernünftige Gesundheitsprävention aufzubauen? Natürlich könnten unsere Nachfahren auch ganz andere Dinge hinterfragen – ich weiß nur einfach nicht, welche. Denn ich bin, wie Sie, Teil dieser Zeit und deshalb nicht objektiv: Ich habe schlicht keine Ahnung, welche Selbstverständlichkeiten des kommenden Jahrhunderts ich mir heute nicht vorstellen kann und welche vorstellbaren Ideen ich völlig falsch einschätze. Oder, wie es der Nobelpreisträger Wirtschaftswissenschaften Thomas Schelling einmal sagte: „The one thing you cannot do, no matter how rigorous your analysis or heroic your imagination, is to make a list of things you never thought of". (Johnson 2018). Man kann sich keine Liste von Dingen machen, an die man noch nie gedacht hat.

Spannend ist, dass Science-Fiction-Autoren diesbezüglich scheinbar ein besseres Gespür für solche Dinge haben: Schauen Sie nur einmal im Web nach Erfindungen der Star Trek-Serien, die zu realen Produkten geworden sind (Zitt 2013): das Handy, das Fax, das Headset, der 3D-Drucker … die Liste ist lang und wächst stetig.

Aber dieser Anschein trügt: Tatsächlich können Sie heute weder in einem Science-Fiction-Film noch in einer seriösen Zukunftsprognose etwas beschreiben, was erst noch erfunden werden muss. In der Sekunde, in der Sie es beschreiben, haben Sie die Grundidee ja schon formuliert. Stellen Sie sich nur einmal vor, vor Zehntausenden von Jahren saßen Ihr und mein Vorfahr in einer Höhle am kuscheligen Feuer und spekulierten darüber, wann denn wohl endlich das Rad erfunden würde … In der Sekunde, in der der Gedanke ausgesprochen war, war der wesentliche Teil der Idee geboren. Der Rest ist handwerkliches Geschick – na ja, meistens jedenfalls.

Science-Fiction-Autoren sind also nicht zuverlässiger darin, die Zukunft vorherzusagen – sie sind nur einfach besser darin, sich Dinge auszudenken, die man haben sollte. Und diese Ideen beflügeln andere dann, solche Produkte zu schaffen. Der Communicator von Star Trek, der Motorola und die ehemalige Siemens-Tochter Gigaset inspirierte, ist da nur ein Beispiel. Dieses Prinzip habe ich auf Vorträgen das erste Mal in den 90er-Jahren formuliert, als man mich immer wieder fragte, wie die Kameras der Zukunft aussehen würden. Umso erfreuter war ich, als ich jetzt von der Fantastischen Bibliothek Wetzlar gehört habe, welche sich seriös mit Analysen der Science-Fiction-Literatur beschäftigt, um im Auftrag von Regierungen und Konzernen Ideen für Zukunftskonzepte zusammenzustellen. Was für eine schöne Idee (Fantastische Bibliothek Wetzlar 2020)!

Die Zukunft wird also erst noch gebacken. Das Schöne ist: Mit jedem Gedanken, den Sie oder Ihr Unternehmen dafür generieren, tragen Sie dazu bei, diese Zukunft zu schaffen. Nehmen Sie zum Beispiel die Entwicklung hochleistungsfähiger Batterien. In den 1990er-Jahren zum Beispiel ist die Kapazität der wieder aufladbaren Mignon-Zellen (AA-Type) binnen kürzester Zeit von etwa 600mAh auf über 2700mAh gestiegen – die Laufzeit einer vollgeladenen Batterie hat sich kurzerhand vervierfacht. Warum so plötzlich? Die Technologie gab es doch schon sehr lange – theoretisch. Die Antwort ist einfach: Digitale Kameras wurden populär und brauchten in den ersten Jahren noch sehr viel Strom, um die Sensoren schussbereit zu halten und die ersten LCD-Displays mit Energie zu versorgen. Die ersten Generationen dieser Kameras konnten mit normalen Alkalibatterien gerademal 30 Aufnahmen machen. 30-mal abdrücken und dann vier teure Batterien austauschen? Da fühlte sich ja sogar die Sache mit dem Film noch ökologischer an! Sobald also der Gedanke an höhere Kapazitäten überhaupt erst einmal erkannt war, wurde die Technologie auch möglich.

Eigentlich ist das eine schöne Aussicht für Ihr Zukunftsszenario: Wer Innovation plant, verändert damit selbst die Zukunft. Und deshalb rate ich grundsätzlich von allem ab, was auf Abwarten – „mal sehen wie es werden wird" – hinausläuft, ganz gleich, wie gut Sie heute aufgestellt sind: Der Friedhof der untergegangenen Firmen ist voll von Unternehmen, die mal abwarten wollten, was so kommen wird.

1.4   Lineares Denken verhindert eine erfolgreiche Zukunft!

Versuchen Sie bitte probehalber mal, zwanglos mit Kollegen über die Zukunft Ihres Unternehmens zu sprechen – sagen wir über eine Zeit in fünf Jahren von heute an gerechnet. Ich wette mit Ihnen, zu jeder Idee, was sich wohl in Ihrem Markt verändern könnte, finden Sie mindestens einen Kollegen, der genau an diese Veränderung nicht glaubt.

Ein kleiner Test

Womit, glauben Sie, werden Sie in fünf Jahren telefonieren? Nun, die meisten von Ihnen werden unzweifelhaft glauben, dass auch in fünf Jahren das Smartphone das bestimmende Herzstück unserer kommunikativen Vernetzung ist. Habe ich richtig gelegen? Die meisten meiner Gesprächspartner, mit denen ich diesen Test gemacht habe, haben genauso reagiert.

Was aber, wenn ich Ihnen sage, dass das Smartphone 2022 bereits 15 Jahre alt wird? Was, wenn ich Sie und Ihre Kollegen jetzt darauf hinweisen würde, dass in diesen Zeiten keine Technologie so lange unverändert dominant geblieben ist? Schauen Sie sich den Desktop-PC an. Der hat es gerade mal auf läppische elf Jahre gebracht, bis er durch Laptops und Notebooks in die Ecke gedrängt wurde. Das klassische Handy? Zwölf Jahre. Der MP3 Player? Zehn Jahre. Und gerade das Smartphone soll die Ausnahme sein? Ein Produkt, das heute, wenn wir ehrlich sind, noch exakt so aussieht wie damals, als Steve Jobs es 2007 das erste Mal auf einer

Abb. 1.3 Womit telefonieren wir morgen? (Quelle: Adobe Stock,HiQuality, stock.adobe. com)

Bühne während der MacWorld in San Franzisco hochgehalten hat? Gut, die Kameras sind besser, die Kanten runder und die Displays größer geworden. Aber das Teil in Ihrer Tasche ist seinem Großvater von damals noch wie aus dem Gesicht geschnitten.

An dieser Stelle wird in Ihrer Diskussion mit den Kollegen meist ein lang gezogenes „Jaaaaaaa …" folgen (ich habe diese Diskussion bestimmt schon 100-mal geführt!): „Jaaaa, natürlich wird das Smartphone irgendwann abgelöst. Aber doch noch nicht in fünf Jahren!".

Wenn Sie nun auf Technologiesprünge, unerfüllte Wünsche zur Leistung eines Kommunikationsgeräts und das Alter des Smartphones in 2025 hinweisen, wird konzediert: „Ja, irgendwas Neues gibt es bestimmt – aber ich glaube, die meisten Leute benutzen dann noch ihr Smartphone." Erkennen Sie die Falle? (Abb. 1.3).

Genauso haben die Kollegen des Vorstands von Kodak in den 1990ern auch agiert, weil sie sich einfach nicht vorstellen konnten, dass die digitale Fotografie sooooo schnell kommen würde. Kodak. Sie erinnern sich? Gelbes Logo, rote Schrift ... Das war das marktbeherrschende Unternehmen mit Hundert-tausenden Mitarbeitern, den 80 % Marktanteil an Fotopapieren und einem ähnlich attraktiven Anteil am Filmgeschäft.

Oder die Kollegen in den Büros der schon zitierten Western Union Telegraf Company, die sich einfach nicht vorstellen konnten, dass Nachrichten quer durch den Kontinent anders als per TickTickTick übermittelt werden könnten. Der Präsident der Gesellschaft, William Orton, sprach in seiner Ablehnung an Bell tatsächlich von Spielzeug ohne kommerziellen Wert! (Santoso 2008).

Wir alle (und nein, ich schließe mich aus dieser Betrachtung keineswegs aus) haben einen ganz starken Drang dazu, dass wir die Umstände unseres Lebens und Arbeitens keineswegs verändert sehen möchten. Wir glauben, dass die nächsten fünf Jahre eigentlich genauso laufen werden wie die letzten fünf. Ein Effekt, der – ebenso wenig überraschend – irgendwie immer nur vorwärts zuschlägt. Rückwärts betrachtet ist der Umstieg vom eleganten Mini-Handy zum Smart-phone natürlich völlig (!) logisch für uns alle. Aber wenn 2006 – ein Jahr vor der Präsentation des iPhones – jemand gefragt hätte, ob man sich vorstellen könnte, dass fünf Jahre später die überwiegende Zahl der Menschen praktisch mit einem PC in der Tasche – kaum größer als eine Butterstulle – telefonieren würde, man hätte den armen Mann ausgelacht. Denn wer hätte damals das superkleine Klapp-Phone gegen so einen Ziegelstein tauschen wollen?

Und solche „völlig unmöglichen" Ausblicke hat es reichlich gegeben in der jüngeren Geschichte. Wenn Sie in den 1960er-Jahren jemandem erzählt hätten, dass Sie heute das Licht zu Hause mit dem Telefon ein- und ausschalten, kleine Alukapseln in einen Automaten stecken, um dann einen perfekt inszenierten Cappuccino zu trinken und in manchen Ländern mit Zügen reisen, die schneller fahren als Flugzeuge damals fliegen konnten, dann hätte man Sie garantiert für einen völlig abgedrehten Science-Fiction-Freak gehalten.

Die Menschen damals waren aber keineswegs Dummköpfe oder intellektuelle Steinzeitmenschen. Sie hatten alle Fähigkeiten, die wir heute auch haben. Sie waren nur eben nicht so bewandert in technischer und gesellschaftlicher Ent-wicklung des dritten Jahrtausends wie wir es heute sind. Sie haben es nicht geschafft, sich Zukunft halbwegs richtig vorzustellen, ebenso wie all die Generationen davor das nicht geschafft haben. Wir wissen, dass es so ist – und trotzdem scheint es uns nicht möglich, aus dieser Situation zu lernen und die Zukunft genauso offen zu betrachten, wie wir die Vergangenheit sehen. Im Gegenteil: Wir skalieren unsere Gegenwart linear hoch und halten das für die Zukunft.

Klar, ist es denkbar, dass wir in der Zukunft schnellere Mobilverbindungen haben werden. Das schon. Aber dass wir schon in naher Zukunft an jedem Ort der Welt und ohne Wartezeit auf jedes beliebige Datenvolumen zugreifen können, sodass unser Smartphone-Nachfolger schon in ein paar Jahren Dinge tun kann, die heute nur große Serverfarmen erledigen – nein, das in fünf Jahren …- völlig unmöglich!

Ja, wir werden in einigen Jahren in Autos mit Elektroantrieb sitzen, die ausgeklügelte Selbstfahrfunktionen haben. Aber dass wir Ende des nächsten Jahrzehnts vielleicht kaum noch privaten Individualverkehr haben, sondern uns ein E-Mobil rufen, wenn wir es benötigen – das kann einfach nicht sein! Völlig ausgeschlossen!

Eine derartige Limitierung der Gedanken ist die Folge des Hochskalierens und Extrapolierens der Gegenwart und geschieht bei uns Menschen praktisch automatisch. Die Ursachen dafür sollte man unbedingt kennen, bevor man sich an die Zukunft des eigenen Unternehmens oder der eigenen Branche machen will. Nur wenn man diese Ursachen kennt und stets im Auge behält, hat man eine Chance, Szenarien zu entwickeln, die irgendwie in der Nähe dessen liegen, was wirklich kommen wird.

Keinesfalls sollten Sie jedoch glauben, die Zukunft – auch die in fünf Jahren – sähe ungefähr so aus wie unsere Gegenwart. Wer Zukunft einfach nur als lineare Verlängerung von Vergangenheit und Gegenwart annimmt, könnte für sein Unternehmen einen tödlichen Fehler begehen.

1.5 Wer sich nicht vorbereitet, verliert – nicht nur in Zeiten von Pandemien

Nennen Sie mir doch ein paar Unternehmen, die es gefühlt schon immer gegeben hat … Danke! Ich sehe, das war leicht. Wie sieht es mit großen Unternehmen aus, die es gefühlt immer hätte geben müssen, von denen im besten Fall noch eine Marke geblieben ist, die von irgendeinem, meist asiatischem Unternehmen jetzt genutzt wird? Schon schwieriger? Wie wäre es mit dem Quelle Versand, American Online (AOL), Time/system, Grundig, CompuServe, Schlecker, Dual, Lux Filter …? Ein ultimativer Internet-Anbieter, einer der größten, sogar international tätigen Versandhändler und eine marktbeherrschende Drogeriekette: Wettbewerber, Kunden, Händler, Mitarbeiter – alle damaligen Stakeholder hätten sicher Stein auf Bein geschworen, dass diese Unternehmen immer am Markt bleiben würden. Und dann kam irgendwas dazwischen und alles war anders. Ein Ereignis, das völlig unvorhersehbar kommt und eine Branche, einen Markt oder auch eine ganze Gesellschaft massiv beeinflusst. Im Falle dieser Unternehmen haben der „kurzfristige Kapitalbedarf" (Schlecker) oder die „Technologie-Änderung" (AOL) hart und unerbittlich zugeschlagen.

Mal ehrlich, glauben Sie, dass Ihr Unternehmen oder Ihre Branche „sicher" ist? Dass es Ihren Arbeitgeber auch in 20 Jahren noch geben wird? Jeder hält sein eigenes Geschäft für unzerstörbar, für das *Keiunkan*[2] der eigenen Branche. Aber ist das so? Worauf basiert Ihre Annahme, Ihr Unternehmen würde es in zwei Jahrzehnten noch geben?

Anfang der 1990er-Jahre durchsuchte der US-Wissenschaftler Jim Collins mit seinem Team die historischen Daten von Hunderten amerikanischer Unternehmen, um dem Geheimnis des Erfolgs auf die Spur zu kommen. Dafür nahm er sich die Umsatzkurven von Unternehmen vor, die es schon sehr lange gab, unterteilte diese in solche, die entsprechend dem Markt gewachsen sind, und solche mit herausragendem Wachstum und verglich dann die Geschichte, die Aktionen und die handelnden Personen beider Gruppen. Die Kultur und die Arbeitsweise der hyper-erfolgreichen Unternehmen hätten diese Firmen eigentlich weitertragen müssen – so die Theorie. Es überrascht Sie jetzt vermutlich nicht, dass es etliche dieser außerordentlich erfolgreichen Unternehmen trotzdem geschafft haben, in die Mittelmäßigkeit abzurutschen. Die Gründe dafür waren bei IBM andere als bei Philip Morris oder American Express – aber viele der damaligen Superstar-Unternehmen sind heute nur noch Mittelmaß und werden in weiteren zehn oder 20 Jahren vielleicht gar nicht mehr existieren.

Auch Thomas J. Peters und Robert H. Waterman (1986) haben in ihrem Buch *Auf der Suche nach Spitzenleistungen* 62 Unternehmen untersucht, die sich hervorgetan hatten. Auch da derselbe Effekt: Die Hälfte dieser damals herausragenden Firmen ist inzwischen aufgekauft, mit anderen Unternehmen zusammengegangen oder schlicht pleite.

Und, um die Liste vollständig zu machen: In seinem Werk *The Halo-Effect* beschreibt Philip M. Rosenzweig (2014), dass von den 500 Unternehmen der 1957er-Spitzenliste von Standard & Poor vier Jahrzehnte später, also im Jahr 1997, noch ganze 74 auf der Top 500-Liste stehen. Einige der anderen haben mit anderen Unternehmen fusioniert, die meisten aber sind entweder unter die Bewertungsgrenze geschrumpft oder bevölkern den großen Friedhof der traurigen Unternehmen.

Warum nur glauben wir, dass dies der heutigen Gegenwart nicht passieren könnte? Warum hält es kaum jemand für möglich, dass auch Google, Facebook oder Amazon in zehn oder 20 Jahren nur noch mittelmäßig erfolgreiche Unter-

---

[2]Das Keiunkan ist ein Hotel in Japan und mit 1300 Jahren das älteste noch existierende Unternehmen der Welt. Siehe: http://www.keiunkan.co.jp/en/.

nehmen mit guter Chance zur Übernahme sein könnten? Warum halten wir uns für so viel weiser als jede Generation vor uns? Dabei – seien wir mal ehrlich – wissen wir ganz genau, dass wir selbst in fünf oder zehn Jahren zurückblicken und uns über unsere einfältige Sicht der Dinge heute genauso amüsieren werden wie über aktuelle Frisuren oder die Brillenmode. Nicht nur in den 1970ern gab es schräges Denken!

Spannend ist, dass Unternehmenslenker – gleich, ob geschäftsführender Inhaber, angestellter Vorstand oder Abteilungsleiter – überraschend häufig nur ein geringes Interesse an der Zukunft zu haben scheinen. Auf die Frage, ob sie sich mit möglichen Veränderungen ihres Marktes auseinandergesetzt haben, habe ich immer mal wieder ein „Man kann sich ja nicht auf alles vorbereiten", manchmal auch kombiniert mit „wenn es soweit ist, reagieren wir schon" erhalten.

Gerade durch die aktuelle Pandemie im Jahr 2020 wird deutlich, wie hochgefährlich dieser Glaube ist. Denn von den vielen Unternehmern, die es nicht geschafft haben, rechtzeitig die Weichen zu stellen, kann man nur noch die wenigsten befragen. Deren fahrlässiger Umgang mit der Zukunft hat meist nicht nur den eigenen Job gekostet, sondern viele andere dazu – und manchmal sogar das ganze Unternehmen zerstört: Ich bin sicher, die Kollegen von Kodak hätten damals eine Menge dafür gegeben, wenn deren Management anders agiert hätte!

1.6   Ein Selbstversuch: Schauen Sie 24 h in die Zukunft

Wir tendieren also dazu, unsere Zukunft am liebsten nur als lineare Fortschreibung der Gegenwart zu betrachten. Gleichzeitig investieren Regierungen, Verwaltungen, Konzerne und NGOs Milliarden, um sich die Zukunft vorhersagen zu lassen. Warum sind wir so arg dahinter her? Lohnen sich solche Investitionen? Kann man die Zukunft überhaupt vorhersagen? Bevor wir uns damit näher beschäftigen, bitte ich Sie um einen kleinen Selbstversuch.

Ein Selbstversuch

Nehmen Sie sich gedanklich einmal einen ganz normalen Tag vor. Einen in der Zukunft liegenden Tag. Am besten, Sie nehmen einen möglichst langweiligen Tag – einen, an dem Dinge bei Ihnen im Leben nach einem ganz festen Schema ablaufen werden. Morgen zum Beispiel. Oder übermorgen.

Oder kommende Woche Donnerstag, falls das ein so richtig berechenbarer Tag sein sollte.

Nun nehmen Sie einen Block, einen Stift und beginnen, Ihren Tag vorherzusagen und aufzuschreiben – sagen wir, da Sie als Prophet ja noch Berufsanfänger sind, für jede Viertelstunde eine Vorhersage. Für den Donnerstag brauchen Sie bei durchschnittlich 16 Wachstunden also ungefähr 64 solcher Einträge für Ihre ganz persönliche Prognose. Wohlgemerkt, das soll kein Plan werden, den Sie am Donnerstag dann Stück für Stück abarbeiten werden, sondern eine Einschätzung dessen, was tatsächlich geschehen wird.

Kommenden Freitag nehmen Sie diese Prognose und notieren – ebenfalls pro Viertelstunde – was tatsächlich passiert ist. Bitte tun Sie das.

<........>
  <........>
  <........>

So, wir sind einige Tage weiter und Sie haben also nun das Ergebnis. Es überrascht Sie vermutlich nicht sehr, oder? Sie lagen mit Ihren Prognosen höchstwahrscheinlich ziemlich weit daneben, oder?

Sie können diesen Versuch übrigens gerne noch einmal wiederholen. Statistik erfordert ja, dass Sie Versuche häufiger durchführen, um das Ergebnis abzusichern. Also, wiederholen Sie das Experiment gerne, so oft Sie mögen. Das Ergebnis wird nie anders ausfallen.

Wir halten fest: Auch an einem noch so langweiligen Tag Ihres Lebens sind Sie – als der definitiv größte und übrigens weltweit einzige Experte für Ihr eigenes Leben – nicht in der Lage, vorherzusagen, was Ihnen widerfahren wird! Oder – um ein wenig genauer zu sein: Sie waren nicht in der Lage, halbwegs präzise vorherzusagen, was geschehen würde.

„Halbwegs präzise" soll heißen: Wenn Sie sich immer um halb sieben morgens vom Wecker wecken lassen, gingen Sie wohl davon aus, dass er Sie an diesem Tag um halb sieben herausklingeln würde. Das war vermutlich auch so, außer der Zufall rauschte in Form eines Stromausfalls vorbei – oder die Nachbarin musste ein krankes Kind wegbringen und stand deshalb um sechs Uhr schon bei Ihnen vor der Tür. Oder Ihr Lebenspartner kam gestern gegen den Knopf des Weckers und hat ihn aus Versehen ausgestellt. Sie sehen, schon bei so etwas Einfachem wie einem Radiowecker gibt es genügend Unwägbarkeiten, die geschehen könnten.

Und so ging es den ganzen Tag weiter: Wenn Sie Ihren Tagesablauf für sich alleine planen konnten, haben Sie den Tag möglicherweise grob ganz gut getroffen. Aber dann sind Sie vermutlich keine Führungskraft, sondern Hilfs-bibliothekar eines Klosters – mit einem sehr, sehr ruhigen Arbeitsplatz im vierten Kellergeschoss.

Sobald Sie aber Außenkontakte haben, beginnt es schwierig zu werden. Nehmen wir an, Sie sind Bibliothekar in besagtem Kloster, haben aber einen Assistenten. Dann müssten Sie auch dessen Tagesplan komplett prognostizieren, um vorhersagen zu können, wann er Sie mit welchem Thema ansprechen könnte – um dann zu berechnen, wie dies wiederum Ihren Tag verändern würde.

Haben Sie nicht einen, sondern mehrere Ansprechpartner im Laufe des Tages (was bei Führungskräften ja gelegentlich vorkommen soll), dann müssen Sie nicht nur jeden der Tagespläne richtig prognostizieren, sondern auch die Interaktionen, die jeder dieser Menschen seinerseits wieder mit anderen haben könnte. Und dann stellen Sie sich nur einmal vor, Sie säßen nicht im Keller eines Klosters, sondern im vollverglasten Großraumbüro eines E-Commerce-Anbieters. Sie sehen schon, jetzt wird es arg komplex. So komplex, dass man den Umfang der Interaktionen und deren Auswirkungen nicht einmal mehr berechnen kann.

Falls Sie der Gedanke der immer komplizierteren Interaktionen irgendwie an Billard erinnert, liegen Sie nicht einmal so falsch. Für dieses Spiel hat sich der britische Physiker Sir Michael Berry schon in einer 1978 erschienenen Publikation mit der Frage auseinandergesetzt, welche Einflüsse man genau kennen und berechnen müsste, um nicht nur den Verlauf des ersten Stoßes, sondern auch die Bewegungen der anderen Kugeln nach zwei, drei, fünf oder zehn (theoretischen) Kollisionen vorhersagen zu können. Schon beim fünften oder sechsten Stoß kam er auf Werte, in denen die Masse der Zuschauer neben dem Tisch und deren genaue Position eine wesentliche, nicht zu ver-nachlässigende Rolle spielten. Ab der 15. Kollision müsse man schon die Position und die Bewegung eines jeden einzelnen Atoms im Universum kennen und ein-berechnen, um das Ergebnis halbwegs sicher vorhersagen zu können, so die Zusammenfassung seiner Untersuchung … (Berry 1978).

Sie sehen schon, da kommt einiges auf Sie zu, wenn Sie sich der Zukunft widmen wollen. Besser wird's nur, wenn Sie auf Präzision verzichten können: Wenn Ihre Prognose für den Tag beispielsweise nur lauten würde: „Projekt A abschließen, Mittagessen mit Aufsichtsrat B und Anruf bei Kunde C", dann könnte es sein, dass Ihre Vorhersage einigermaßen erfüllt wird (Zufälle und ungeplante Interaktionen mal ausgeschlossen). Wenn Sie jedoch präziser werden wollen, wird die Richtigkeit Ihrer Prognose immer unwahrscheinlicher:

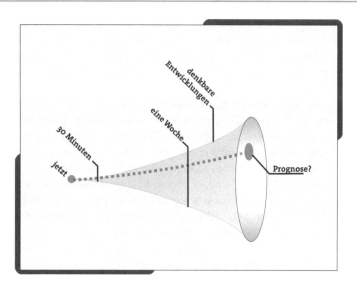

Abb. 1.4 Der Ereignistrichter: Je weiter der Blick in die Zukunft reichen soll, desto mehr
Möglichkeiten der Entwicklung gibt es und desto unsicherer werden Vorhersagen

„Ich werde Kunde C am Donnerstag anrufen" könnte noch eintreffen. „Ich
werde mit Kunde C am Donnerstag zwischen 13 und 14 Uhr telefonieren" ist
schon abhängig davon, ob Sie und Ihr Kunde C zu dem Zeitpunkt verfügbar sind,
Lust auf ein Schwätzchen haben, die Handys geladen sind und keiner von Ihnen
mit jemand anderem telefoniert. Wenn Sie dieses Telefonat jetzt aber auf die
Minute genau vorhersagen, dürften Sie kaum erfolgreich sein – es sei denn, Sie
wollen die kleine Wette mit mir unbedingt gewinnen und achten peinlichst genau
darauf, jede minutengenaue Vorhersage durch Ihr eigenes Tun auch geschehen zu
lassen.

Dann aber interagieren Sie selbst mit Ihrer Vorhersage (die dann eigentlich
keine Vorhersage mehr ist, sondern ein Plan) und hätten deshalb sogar den ewigen
Abgleich der Vorhersage mit der aktuellen Uhrzeit einplanen müssen. Sie sehen,
je genauer Sie den Tag vorhersagen wollen, desto mehr Hindernisse stellen sich
Ihnen in den Weg.

Diese Komplexität im Umgang mit zukünftigen Ereignissen wird gerne durch
eine Struktur dargestellt, die man sich wie eine Art dreidimensionalen Trichter
vorstellen muss – und die deshalb auch Zukunftstrichter oder Ereignistrichter
genannt wird.

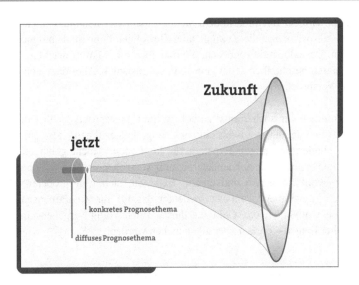

Abb. 1.5 Der erweiterte Ereignistrichter: Je diffuser das Thema wird, für das eine Vorhersage erfolgen soll, desto unsicherer werden Prognosen

In Abb. 1.4 links sehen Sie die Ausgangslage, von der aus Sie die Zukunftsvorhersage starten wollen. Je weiter Sie nach rechts wandern, desto weiter befinden Sie sich in der Zukunft. Der Trichter stellt nun die Zahl der möglichen Ereignisse – und damit die Vielzahl der möglichen Zukünfte – dar, die geschehen könnten. Aus diesem Trichter lassen sich nun zwei wesentliche Schlussfolgerungen für Ihre Karriere als Prophet ablesen:

- Je weiter Sie sich vom Jetzt, also der Gegenwart entfernen, desto vielfältiger sind die Möglichkeiten der Zukunft. Einfacher ausgedrückt: Für die nächste halbe Stunde sind Sie vielleicht ein guter Prophet, für nächsten Donnerstag können Sie Ihr Leben nur noch in groben Zügen vorhersagen und für den ersten Dienstag im Oktober übernächsten Jahres sind Sie als Prophet eher eine Fehlbesetzung. Sehen Sie mir die letzte Bemerkung bitte nach: Das geht mir und allen anderen Zukunftsplanern nämlich nicht anders!
- Je genauer Sie den Bereich bestimmen und abgrenzen können (die innere statt der äußeren Röhre in Abb. 1.5), für den Sie eine Prognose erstellen wollen, desto kleiner wird die Variabilität der Zukunft. Oder wieder einfacher ausgedrückt: Wenn Sie nur Voraussagen über Ihr persönliches Leben machen

wollen, wird der Korridor, in dem Sie die Zukunft suchen müssen, kleiner ausfallen, als wenn Sie die Zukunft aller Bewohner Ihrer Stadt prognostizieren
wollen. Deshalb sind Prognosen, die mal eben die Zukunft der Menschheit in
200 Jahren beschreiben sollen, ein echtes Kunststück. Aber dazu kommen wir
noch. Versprochen!

Vorher kommen wir noch einmal zurück zu Ihrer Tagesprognose für Donnerstag:
Es ist jetzt Freitag, und wir beide sind uns einig, dass es Ihnen – als dem weltweit
einzigen hundertprozentigen Experten für Ihr Leben – nicht gelungen ist, den
letzten Donnerstag auch nur annähernd präzise vorherzusagen. Welche Chance
haben da wohl Propheten und andere Experten, sich weit größeren Themen
erfolgreich zu widmen? Und was bedeutet das für Ihr Zukunftsmanagement?
Haben Sie womöglich das Geld für dieses Buch völlig vergebens investiert?
Fragen über Fragen – die wir aber alle angehen werden!

1.7   Was leistet Big Data wirklich? Und was nicht?

Nun gibt es trotz all der bisher besprochenen Probleme mit der Glaskugel eine
neue Fraktion, die Firmenlenkern wirklich vielversprechend zu sein scheint.
So vielversprechend, dass immer mehr Behörden, Regierungen und Konzerne
dafür inzwischen Millionenbudgets ausgeben, um mithilfe extremer Datenmengen so viel Wissen anzuhäufen, dass man eben doch voraussehen kann, wie
sich Individuen verhalten oder Gesellschaften verändern werden. Gefühlt trägt
inzwischen jedes zweite Strategieseminar heute *Big Data* im Titel. Wenn Sie
gerade vor einer Investition in dieses Thema stehen, lesen Sie diesen Abschnitt
doch vorher noch zu Ende.

Big Data bezeichnet keineswegs nur die extensive Sammlung unvorstell-
bar vieler Daten, sondern eben auch die dafür notwenige Hardware, die Ana-
lyse-Tools und nicht zuletzt den Analytiker vor dem Rechner. Die Hoffnung
vieler Anwender – und das Versprechen einiger Anbieter –, dass man Hardware
nur noch mit endlosen Datenmengen füllen müsse, um dann im Stile von
DeepThought (der legendäre Computer in *Per Anhalter durch die Galaxis*) eine
Antwort zu bekommen, wird wohl kaum geschehen: Auch DeepThought brachte
es schließlich nur auf ein mageres „42" als Antwort.

Kehren wir noch einmal zurück zu Ihrem Selbstversuch. Um die Aufgabe,
Ihren nächsten Standardtag zu prognostizieren, lösen zu können, werden Sie vermutlich überlegt haben, was an so einem Standardtag normalerweise passiert. Sie
haben also die Vergangenheit betrachtet und diese auf die Zukunft projiziert. Mit

leichten Abwandlungen vielleicht, weil Sie wissen, dass Ihr Assistent jetzt sein Kind morgens in die Schule fährt und deshalb eine Viertelstunde später kommt als sonst – oder weil der Kollege, mit dem Sie sonst donnerstags immer einen Jour fixe haben, nächste Woche im Urlaub ist. Aber grundsätzlich haben Sie Vergangenheitserfahrung einfach fortgeschrieben.

Und genau nach diesem Wirkprinzip arbeiten eigentlich alle mathematischen Prognose-Modelle – einschließlich Big Data: durch die Beobachtung der Vergangenheit Schlüsse ziehen, daraus mathematische Modelle erstellen, um so zu Aussagen über die Zukunft zu kommen. Das klappt ganz gut, wenn man einzelne, singuläre Vorgänge oder große, statistisch relevante Prozesse betrachtet:

Beispiel

Sir Isaak Newton soll durch einen herabfallenden Apfel so traumatisiert worden sein, dass er seine Gravitationstheorie aufstellte. Diese besagt, dass ein Apfel, der sich vom Ast löst, genau vorhersagbar später auf dem Boden landet. Und bei den meisten Äpfeln in Ihrem Garten stimmt diese Prognose auch.

Zudem wissen Sie möglicherweise aus den Beobachtungen der vergangenen Jahre auch, dass zwischen August und November alle Äpfel Ihres Gartens diesen Weg nach unten gehen werden, und können das also entsprechend auch für dieses Jahr prognostizieren. Ein statistisch erfassbarer Vorgang. Je mehr Sie über jeden einzelnen Apfel wissen – wie seine Aufhängung am Baum aussieht, was er wiegt, welche Oberfläche er einem starken Wind entgegensetzen wird – desto genauer können Sie sogar eingrenzen, wann der Apfel wohl fallen wird. Das ist die Grundidee von Big Data.

Ob er dann nach der von Newton berechneten Zeit unten ankommen wird, wissen Sie aber übrigens immer noch nicht – er könnte schließlich im Fallen von einem vorbeifliegenden schwarzen Schwan kunstvoll mit dem Schnabel aufgespießt und weggetragen werden! ◄

Keine Frage: Je mehr Daten einem Unternehmen zur Verfügung stehen, desto besser lässt sich die kurzfristige Zukunft prognostizieren: Wenn in einem Onlineshop eine bestimmte Kundengruppe nach dem Kauf einer grünen Hose sich häufig braune Schuhe angesehen hat, sollte man diese Information nutzen, um das Interesse an weiteren Käufen hoch zu halten. Und wenn statistisch kaum jemand die Kombination aus einer knallroten Bluse und einer quietschgelben Hose in den Warenkorb legt, kann man diese Kombination aus dem Angebotsvorschlag ruhig ausschließen. Genauso funktioniert Amazons „Kunden, die dies gekauft haben, schauten auch nach …".

Möglichst viele Details zu kennen, ist also das Grundprinzip bei Big Data. Physiker nennen diese Sehnsucht den Laplace'schen Dämon. Der französische Mathematiker und Physiker Pierre-Simon Laplace träumte im ausgehenden 18. Jahrhundert (Dale und Laplace 1995, S. 2; dt. Übers. d. Verf.):

> „Eine Intelligenz, die in einem gegebenen Moment, alle Kräfte kennt, mit denen die Welt begabt ist, und die die gegenwärtige Lage der Gebilde, die sie zusammensetzen und die überdies umfassend genug wäre, diese Kennnisse der Analyse zu unterwerfen, würde in der gleichen Formel die Bewegungen der größten Himmelskörper und die des leichtesten Atoms einbegreifen. Nichts wäre für sie ungewiss. Zukunft und Vergangenheit lägen klar vor ihren Augen."

Etwas weniger poetisch: Wenn man von jedem Teil im Universum genau seinen Ort, seinen Zustand und seine Bewegung kennen und alle diese Informationen zu einem Gesamtbild zusammensetzen könnte, dann könnte man das Universum jetzt und in alle Zukunft beschreiben.

Da die Sache mit den Computern im 18. Jahrhundert noch nicht ganz so verbreitet war, spricht Laplace von einer „Intelligenz" – was zu dem lustigen Begriff des Laplace'schen Dämons geführt hat. Das, was Laplace hier beschreibt, ist nun nichts anderes, als das (theoretische) ultimative Ziel für Big Data: Je kleinteiliger meine Informationen sind, desto bessere Schlüsse kann ich daraus ziehen. Kenne ich alle Details, kann ich alles vorhersagen ….

Vor dieses ultimative Ergebnis hat der Datengott aber drei große Hürden gesetzt, vor denen Big-Data-Experten landauf, landab warnen, soweit sie nicht unmittelbar in den Diensten der Hard- und Softwarehersteller stehen:

Hürde 1: Der Daten-Tsunami
Big Data braucht Daten – unendlich viele Daten –, um daraus erst Informationen zu machen. „Daten und Informationen, ist das nicht dasselbe?" mögen Sie jetzt vielleicht denken. Ist es nicht. Tatsächlich besteht sogar ein meilenweiter Unterschied! Wenn ich den Satz „Daten sind keine Informationen – sie müssen interpretiert werden" etwa 75.600-mal aufschreibe, ergibt das ein Buch von ungefähr 1500 Seiten voller Daten. Das wird ein echt schweres Buch mit sehr, sehr langweiligem Inhalt. Macht wenig Spaß, dieses in den Urlaub mitzunehmen. Nun könnte jemand auf den Gedanken kommen, das Ganze zu kürzen auf: „75.600-mal: Daten sind keine Informationen – sie müssen interpretiert werden." Dieser eine Satz hat also den gleichen Informationsgehalt wie das Buch, das dadurch zwar extrem viel leichter würde, aber vermutlich ebenso langweilig bliebe. Andererseits könnte man auf diese 1500 Seiten auch beide Bände des Hamburger Telefonbuchs aus dem Jahr 1972 drucken. Das sind dann nicht nur Daten,

sondern sogar Informationen in einem ganz sicher genauso langweiligen Buch –
aber kürzen können Sie es eben nicht.

Kommen wir wieder zurück zu Big Data. Sie brauchen für die Anwendung
also keine Daten, sondern aussagefähige Informationen. Und davon eine ganze
Menge.

Beispiel

Wenden wir diese Erkenntnis mal auf den Onlineverkauf von Brillen an, dann
hieße das, man bräuchte idealerweise für einen optimalen Vorschlagsalgorithmus

- das Geschlecht,
- das Alter,
- die modische Präferenz und den Stil,
- die Körper- und Kopfgröße,
- die Kopfform,
- die Frisur und
- die Haarfarbe

des Interessenten. Je genauer man all diese Daten kennt und sie durch die
richtigen Algorithmen zu einem Vorschlag zusammenfasst, desto präziser kann
man vorhersagen, ob der Kunde diese Brille in Zukunft tragen (heißt: ob er sie
kaufen) wird!

Fehlen Daten oder sind auch nur einzelne dieser Daten falsch, führt
das automatisch zu einer Prognose, die sogar extrem daneben liegen kann.
Nehmen wir nur einmal an, das Alter fehlte oder wäre falsch: 8 statt 38 Jahre.
Eine 38-jährige Anwältin würde vermutlich nicht besonders kauffreudig sein,
wenn sie aufgrund einer fehlerhaften Altersangabe beispielsweise Brillen
für 8-jährige Mädchen angeboten bekäme. Wenn Sie einmal die genannte
Liste durchgehen, fällt einem sofort zu jedem Datum ein skurriles Beispiel
ein, wenn dieses Datum falsch wäre: Männer, die Frauenbrillen angepasst
bekommen oder, bei fehlender Kopfgröße, Menschen mit kleinem Kopf, die
eine (dann) übergroße Brille tragen sollen. ◄

Diese notwendige Vollständigkeit der Daten ist übrigens das aktuelle Problem
vieler Wahlforscher, die trotz jahrelang ausgefeilter Big-Data-Techniken und nach
langen Zeiten des Erfolgs in den letzten Jahren überraschend häufig neben den
Wahlergebnissen lagen. Da vor der Wahl einige, zahlenmäßig durchaus relevante
Wählergruppen gesellschaftlich geächtet waren – wie zum Beispiel Brexit-

Gegner in UK oder Trump-Fans 2016/2017 in den USA – haben diese Gruppen bei Umfragen zur Wahlpräferenz schlicht falsche Antworten gegeben. Die entsprechenden Gruppen wurden in den Analysen dann deutlich unterbewertet und das vorhergesagte Ergebnis lag erschreckend neben der Realität. Solche Probleme werden Sie auch mit noch mehr Daten nicht in den Griff bekommen können, denn eine Gruppe, die sich eben nicht repräsentativ verhält, wird immer Voraussageprobleme bereiten.

▶   Big Data leidet nicht nur bei Geheimdiensten, sondern auch in vielen Unternehmen heute schon an der Masse der Daten, die die Beschaffer dieser Daten zu ersticken drohen.

Hürde 2: Das Muster im Rauschen
Um aus Daten Informationen zu machen, müssen also aus einer wirren Menge an Bits und Bytes – aus dem sogenannten Rauschen, was große Datensammlungen erst einmal nur sind – Zusammenhänge extrahiert und Schlüsse daraus gezogen werden. Auch trotz lernfähiger Systeme geht das maschinell nur sehr eingeschränkt. Wir können mathematisch zwar Korrelationen verschiedener Datenstränge (also die Ähnlichkeit der Wachstumskurven) leicht ermitteln, aber ob solche ähnlichen Wachstumskurven auch wirklich logisch voneinander abhängen oder nicht – ob sie also kausal sind –, dafür gibt es eben noch keine mathematische Lösung.

Beispiel

Es gibt klar erkennbare statistische Korrelationen zwischen

- dem wirtschaftlichen Wert eines Popstars und der Zahl seiner Facebook-Fans,
- der Häufigkeit von Mückenstichen und dem Verbrauch von Sonnencreme,
- der Zahl der Störche und der Geburtenrate in Europa (Matthews 2001),
- der Tageshöchsttemperatur eines Jahres und dem Verzehr von Eiscreme.

Ganz offensichtlich gibt es im zweiten und dritten Beispiel aber keinen kausalen Zusammenhang – die Wertepaare hängen gar nicht voneinander ab (und für die ganz jungen Leser unter uns: Nein, beim dritten Beispiel gibt es ganz bestimmt keinen Zusammenhang!).
Auch beim ersten Beispiel lässt sich aus der Korrelation nicht ableiten, welcher Teil denn ursächlich und welcher Folge ist: Haben Popstars viele Fans, weil sie erfolgreich sind – oder sind sie erfolgreich, weil sie so viele Fans haben?

Solche logischen Zusammenhänge, die über reine Ähnlichkeiten der Kurven hinausgehen, lassen sich aber nur sehr eingeschränkt maschinell ermitteln. Big-Data-Systeme brauchen deshalb zwingend die Arbeit höchst kompetenter Analysten, die versuchen, in Daten Muster zu erkennen, aus denen man anschließend Regeln für die maschinellen Auswertungen ableiten kann. Solche Systeme brauchen also jemanden vor der Maschine, der entscheidet, ob Störche und Babys nun etwas miteinander zu tun haben und ob die Fans eine Folge des Erfolgs sind. Das ist der Analyst – ein Mensch! ◄

Nun ist das mit dem Erkennen von Mustern bei uns Menschen ja so eine Sache, wie wir in Abschn. 2.2 noch genauer sehen werden. Gerade wir Nachkommen der Säbelzahntiger-Muster-fixierten Steinzeitmenschen haben gewisse Schwierigkeiten damit, nicht hinter jedem Busch ein Raubtier zu sehen. Wir sehen gerne Muster, wo gar keine sind.

Lesen Sie bitte einmal diesen Satz:

Übersicht

EIN SPATZ IN DER
  DER HAND IST BESSER
    ALS EINE TAUBE AUF DEM DACH

Wären Sie ein Big-Data-Analyst, hätten Sie diesen Satz vielleicht zunächst als sinnvolles Muster erkannt – Sie können den Buchstaben einen Sinn zuordnen. Allerdings müssten Sie in diesem scheinbaren Muster auch die Unstimmigkeit erkennen und entsprechende Daten dann aus einer Bewertung herausnehmen. Welche Unstimmigkeit? Ist Ihnen nichts aufgefallen? Vielleicht lesen Sie dieses Konstrukt noch einmal … [3]

▶ Muster sind gleichzeitig der größte Segen wie auch das größte Problem der Big-Data-Analysen: Wir brauchen sie für die Daten-Analysen – aber eben nur dann, wenn es wirklich sinnvolle Muster sind.

---

[3]Die Lösung: Das Muster – der Satz – hat einen Fehler und ist deshalb gar kein Muster: Ein DER muss abgezogen werden!

Hürde 3: Und wieder der Ereignis-Trichter

Wir sprachen schon darüber: Der Blick in die Zukunft ist durchaus mit dem Blick in die Ferne vergleichbar: Je näher etwas liegt, das Sie betrachten, desto genauer können Sie es erkennen – je weiter weg Sie schauen, desto unklarer wird es. Unter diesem Problem leidet auch Big Data: Je genauer Sie etwas vorhersagen möchten – und je länger Ihr gewünschter Zeithorizont ist –, desto mehr Daten müssen Sie sammeln, auswerten und verstehen.

Obgleich die Massendaten-Nutzung in den Online-Shopping-Systemen tatsächlich schon viel besser funktionieren als die Einschätzungen früherer Systeme, sind wir selbst auf ganz kurzem Zeithorizont von halbwegs sicherer Vorhersage noch meilenweit entfernt: Meine Tochter beispielsweise wohnt in Holland und ein einziges, als Geschenk versandtes Paket führt heute noch dazu, dass Amazon mir die holländische Startseite des Shops jedes Mal anbietet. Seit ich einmal über Google die Website eines Kunden besuchte, verfolgt mich der Suchmaschinen-Gigant mit dessen Onlinewerbung. Macht uns das wirklich sicher, dass diese Systeme uns wenigstens auf kurzer Distanz ausrechnen können?

Vor einigen Jahren brüstete sich Google, dank seiner Analysemethoden Grippewellen vorhersagen zu können. Bei einer Kontrolluntersuchung der Wissenschaftler David Lazer und Alessandro Vespignani von der Northeastern University ergab sich allerdings, dass eine Grippewelle 2009 übersehen und in den Folgejahren das Ausmaß der saisonalen Epidemien völlig überschätzt wurde: Zwischen 2011 und 2013 lieferte das Tool an 100 von 108 Wochen überhöhte Prognosen (Lazer et al. 2014). Das ist übrigens genau der Grund, weshalb Google arg schmallippig reagierte, als US-Präsident Trump in einer frühen Phase der Corona-Krise im März 2020 (Koetsier 2020) ankündigte, das Unternehmen würde mit einem Algorithmus den genauen Verlauf der Pandemie vorhersagen. Bis zur Drucklegung dieses Buches hat sich Google – obwohl sicher der größte Datensammler der Welt – nicht weiter dazu geäußert.

Wer es weniger aufwendig selbst prüfen möchte, schaue sich einfach die – ebenfalls von Google vorhergesagten – Ergebnisse des European Song Contest an: Während die Prognosen für die Wettbewerbe 2009 und 2010 (für die deutschen Leser: das Lena-Jahr!) noch stimmten, lag die Suchmaschine 2011 (das zweite Lena-Jahr) so daneben, dass es in den Folgejahren bis 2015 keine offiziellen Vorhersagen mehr gab: Google sah Lena erneut auf Platz 1 und den italienischen Beitrag von Raphael Guallazzi (den Namen müssen Sie sich nicht merken) auf Platz 25. Lena landete tatsächlich aber auf Platz 7 und der Italiener auf Platz 2.

Um einmal zu messen, wie sehr sich Google dabei irrte, hat der Betreiber der Webseite www.zeit-und-wahrheit.de die Vorhersage von 2011 mathematisch untersucht (Ehrhardt 2011). Dazu verglich er das Endergebnis der Veranstaltung mit der von Google vorgesagten Reihenfolge sowie fünf weiteren, rein zufällig erzeugten Listen. Dann errechnete er für jeden der Teilnehmer, wie weit die „Vorhersage" vom wirklichen Platz im Ranking abwich. Eine Katastrophe für die Suchmaschine: Vier der fünf zufällig erzeugten Listen lagen dichter am Endergebnis als das Google-Ergebnis (Abb. 1.6).

Damit muss man leider feststellen, dass Googles gutes Ergebnis in den beiden Jahren davor eigentlich nicht mehr als reiner Zufall war – erneute Versuche 2016 und 2017 gingen nämlich auch wieder daneben.

Um nicht falsch verstanden zu werden: Big-Data-Lösungen können – richtig angewendet – schon heute viele außerordentliche Ergebnisse liefern. Bild- und Gesichtserkennung, Körpersprache lesen und Wetterdaten interpretieren ist heute schon in einer Qualität möglich, um die uns unsere Vorfahren vor 20 Jahren noch beneidet hätten. Und definitiv sind auch kommerzielle Anwendungen im zeitlich sehr nahen Betrachtungsbereich heute schon an einigen Stellen gut einsetzbar. Aber von sinnvollen, glaubwürdigen Zukunftsprognosen ist Big Data selbst im kurzfristigen Betrachtungsbereich noch Lichtjahre entfernt.

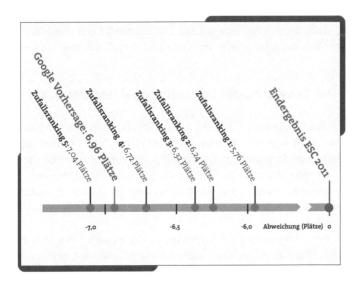

Abb. 1.6 Qualität der Google Vorhersage zum ESC 2011 im Vergleich zu zufällig erzeugten Rangreihen. (Datenquelle: www.zeit-und-wahrheit.de)

Wieweit kann man Prognosen also trauen?
Wirkliche Zukunftsprognosen gibt es aus unterschiedlichsten Gründen nicht und wird es – wie wir gesehen haben – auch in Zukunft niemals geben. Sofern Sie etwas anderes glauben, hier noch ein Zitat von Philip Tetlock – der die Experten-Prognosen über 20 Jahre analysiert hatte (Tetlock und Gardner 2016, S. 55):

> „Die Prognosen des 21 Jahrhunderts erinnern allzu oft an die Medizin des 19. Jahrhunderts. Es gibt Theorien, Behauptungen und Argumente im Überfluss. Es gibt berühmte Koryphäen, die in dem Maße Gewissheit vermitteln, indem sie dafür vergütet werden. Aber es gibt kaum Experimente oder irgendwas, was im weitesten Sinne an Wissenschaft erinnert, weshalb wir deutlich weniger über die Zukunft wissen, als die meisten Menschen ahnen."

Das heißt jedoch nicht, dass Sie untätig sein müssen.

- Wenn Sie zum Beispiel ein Modeanbieter wären, können Sie mit viel Aufwand Ihr Angebot optimieren und Kunden zu weiteren Käufen animieren. Eine Planung für die kommenden drei bis fünf Jahre macht so jedoch keinen Sinn.
- Wenn Sie auf die Rückschau-Fehler (s. Abschn. 2.3) achten, können Sie Ihr Forecasting auch mit einfachen Mitteln und ein wenig Excel massiv steigern und so zum Beispiel Ihren Cashflow deutlich verbessern.
- Und wenn Sie Ihren Planungsprozess mit einer „operativen Elastizität" aufbauen, dann können Sie sich auf die Zukunft tatsächlich einigermaßen vorbereiten. Wie das geht, wollen wir in den Kap. 5 bis 7 näher betrachten.

1.8 Der Schwarm, der Schwarmvogel und der Berater

Wer im Herbst Gelegenheit hat, einen großen Vogelschwarm fliegend zu erleben, der mag fasziniert sein von der harmonischen Geometrie des ganzen Schwarms. Die scheinbar perfekt inszenierte Choreografie, mit der der Schwarm die Figuren wechselt, ist eine Augenweide. Und natürlich sind die Bewegungen dieser Schwärme deshalb immer schon ein Reiz gewesen für Naturwissenschaftler auf aller Welt, die diese Schwärme beschreiben, also mittels mathematischer Modelle abbilden wollen.

So ein Bewegungsmodell für Schwärme ist ein typisches Big-Data-Problem. Extrem viele Daten einzelner Vögel werden so lange analysiert, bis eine Idee entsteht, wie man das Verhalten beschreiben kann. Datenbasierte Prognosemodelle, mit denen die Versandhändler Otto, Amazon oder Zalando ihr Onlinegeschäft steuern, arbeiten genau nach diesem Prinzip, denn auch Märkte verhalten sich tatsächlich durchaus schwarmähnlich.

Wirtschaft – Mathematik – Biologie: alles gehört dabei irgendwie zusammen. Und so verwundert es auch nicht, dass es ein Professor für Quantenphysik, Giorgio Parisi, war, dem es gelungen ist, mit seinem Modell Schwarmverhalten abzubilden. Genaugenommen ist Parisi sogar einer der Pioniere der numerischen, computergestützten Wissenschaft.

Besonders interessant für die Wirtschaft ist dabei ein ganz spezieller Aspekt seines Modells: Während man von außen die Bewegungen des Schwarms nachvollziehen kann, stellt sich nämlich die Frage, ob eigentlich auch jemand im Schwarm weiß, wo es langgeht. Ist sich der einzelne Vogel darüber bewusst, wohin der Schwarm fliegt? Und trägt er aktiv etwas zur Kursfindung des Schwarms bei?

Das ist natürlich eine merkwürdig klingende Frage, solange man nur die Vögel betrachtet. Wenn man sich aber bewusst wird, dass viele Prozesse in Wirtschaft und Gesellschaft durchaus nach ähnlichen Algorithmen ablaufen, bekommt die Frage eine ganz wichtige Bedeutung: Wenn ich Teil einer Branche oder eines Marktes bin, kann ich dann aus dieser Innenposition heraus die Bewegung des Schwarms überhaupt vollständig erfassen? Und inwieweit steuere ich die Bewegung des Marktes – oder werde ich selbst gesteuert?

Parisis Berechnungen lassen vermuten, dass der einzelne Vogel nur seine unmittelbaren Nachbarn während des Fluges beachtet und seine Flugbahn danach ausrichtet (Cavagna et al. 2009). Er nimmt die absolute Flugrichtung des Schwarms nicht wahr oder steuert sie sogar aktiv. Oder, anders ausgedrückt, der Vogel hat einen Tunnelblick!

Überlegen wir doch einmal kurz, was das für Manager bedeutet: Durch den Fokus auf die unmittelbaren Nachbarvögel – die Wettbewerber – läuft man Gefahr, das große Ganze aus dem Blick zu verlieren. Wenn man als Teil des Schwarms herausbekommen will, wohin der Schwarm fliegt, sollte man also ein „Randvogel" sein. Oder, noch besser, man sollte immer mal wieder aus dem Schwarm herausfliegen und von außen draufschauen.

Manager brauchen genauso einen unbefangenen Blick. Eine Helikopterperspektive quasi. Um diese aber einnehmen zu können, braucht man zunächst einmal die Einsicht, dass man als Schwarmvogel einen Tunnelblick besitzt. Klingt ein bisschen nach der berühmten Katze, die sich in den Schwanz beißt, oder? Genau an diesem Punkt starten nach meiner Wahrnehmung tatsächlich viele Managementfehler, denn nichts scheint für erfolgreiche Manager schwerer zu sein als die Erkenntnis, dass man auf das eigene Geschäft keinen objektiven

Blick haben könnte. Konfrontiert man Führungskräfte mit dieser These, erntet man nicht selten energischen Protest: Nach 20 Jahren Erfahrung in dieser Branche gibt es doch wohl niemanden, der diese Branche besser versteht als ich!

Doch! Jemand, der nicht im Schwarm fliegt, sondern Ihnen die Außensicht geben kann. Jemand, der zwar über das notwendige Know-how verfügt, aber nicht aufgrund täglicher Praxis innerhalb eines Unternehmens Sichtweisen, Lösungswege oder ganze Lösungsansätze ausschließt, kann Ihnen ganz andere Zugänge zu Ihrem Markt und den Marktteilnehmern eröffnen. Bedenken Sie bitte: In den meisten Branchen sind zum Beispiel die Kunden auch keine Marktexperten und haben daher ebenfalls eine völlig andere Sicht auf den Markt als die Anbieter.

Solche Freigeister in Ihrem Zukunftsprojekt könnten bislang unbeteiligte Mitarbeiter ebenso sein wie externe Berater. Lassen Sie mich deshalb noch einmal darauf hinweisen, dass Sie in Ihren Zukunftsprozess unbedingt einen guten Querschnitt Ihres Unternehmens einbinden sollten. Sie glauben gar nicht, welch spannende Beiträge der Mitarbeiter aus der Finanzabteilung oder die Dame aus dem B2B-Produktbereich zu strategischen Überlegungen im B2C-Bereich leisten könnte – wenn man sie denn mal ließe!

Allerdings muss man bedenken, dass manche Routinen und Arbeitsweisen, die sich in Unternehmen über jahrelange Praxis herausgebildet haben, limitierend sogar für das ganze Unternehmen – also auch für den unbeteiligten Finanzmann oder die Marketingfrau des B2B-Bereichs – wirken können. Man bevorzugt bestimmte Wege und Abläufe, um etwas zu diskutieren, es besteht ein bevorzugter Platz, um kreativ zu sein oder man hat eine bevorzugte Methode für das Brainstorming, die schon allein deshalb nicht mehr funktioniert, weil das Hirn inzwischen zu oft auf diese Weise gewaschen wurde … dafür werden andererseits Wege aufgegeben, die „nicht in die Organisation passen".

Kommt Ihnen das irgendwie bekannt vor? Falls ja, sollten Sie bedenken, ob solche Routinen Ihnen möglicherweise Wege versperren. Und dann, so schwer es Ihnen auch fallen mag, sollten Sie vielleicht doch über den nachdenken, dessen Namen man nicht nennen darf … den externen *Berater.*

Ups, nun habe ich es doch ausgesprochen. Berater haben – ich sagte es schon – ein eher eingeschränkt positives Image bei Führungskräften. Wer bei dieser Berufsbezeichnung sofort an die (gefühlten) Milliarden Studienabgänger denkt, die von manchen Beratungsfirmen als Junior-Irgendwas in Projekte entsendet werden, um PowerPoint-Folien und Stundenzettel zu füllen, dem wird schwerfallen, Berater in den strategischen Prozess einzubeziehen. Selbst seriöse, erfahrene Berater wecken mit Sichtweisen auf den Markt, die den Erfahrungen der beteiligten internen Manager entgegenstehen, schnell Widerstand. Genau an

dieser Stelle ist es für das Zukunftsmanagement jedoch wichtig, solche alternativen Perspektiven anzusehen und die eigene Sicht immer wieder kritisch
zu überprüfen. Berater – wenn sie gut gewählt sind – haben die Chance, im
Zukunftsprozess als Katalysatoren für eine neue Denkweise zu wirken.

▶   Denken Sie unbedingt darüber nach, wie Sie Ihr Zukunfts-
    management um diese Außensicht erweitern könnten.

Literatur

Adidas (2015) Maßgeschneidert aus dem 3-D-Drucker: Erschaffe Deinen individuellen
    Laufschuh.   https://www.adidas-group.com/de/medien/newsarchiv/pressemitteilungen/
    2015/massgeschneidert-aus-dem-3d-drucker-erschaffe-deinen-individuell/. Zugegriffen:
    20. Mai 2020
Becker J (2017) Intelligente Vernetzung könnte jeden dritten Unfall verhindern. http://
    www.sueddeutsche.de/auto/verkehrssicherheit-zu-viele-unfalltote-trotz-sicherer-
    autos-1.3536640-2. Zugegriffen: 20. Mai 2020
Berry M (1978) Regular and irregular motion. https://michaelberryphysics.files.wordpress.
    com/2013/07/berry076.pdf#page=1&zoom=auto,-277,841. Zugegriffen: 20. Mai 2020
Bundesministerium der Justiz und für Verbraucherschutz (2017) Straßenverkehrsgesetz
    (StVG).   https://www.gesetze-im-internet.de/stvg/BJNR004370909.html.   Zugegriffen:
    11. Mai 2020
Cavagna A, Cimarelli A, Giardina I, Parisi G (2009) Scale-free correlations in starling
    flocks. http://www.pnas.org/content/107/26/11865.full. Zugegriffen: 11. Mai 2020
CIPA (2020) Digital Cameras Statisticaal Data. http://www.cipa.jp/stats/dc_e.html.
    Zugegriffen: 18. September 2020
Dale AI, Laplace P-S (1995) Pierre-Simon laplace philosophical essay on probabilities:
    translated from the fifth French edition of 1825. Springer, Berlin
DARPA (2007) DARPA Urban Challenge. https://www.darpa.mil/about-us/timeline/darpa-
    urban-challenge. Zugegriffen: 18. Mai 2020
DPD (2019) Daten & Fakten Das Elektrofahrzeug StreetScooter. https://www.dpdhl.com/
    content/dam/dpdhl/media-center/media-relations/documents/2019/fact-sheet-street-
    scooter-yamato-de.pdf. Zugegriffen: 12. Mai 2020
Erhardt B (2011) Falsche Prognosen von Google: Eurovision Song Contest 2011.
    http://www.zeit-und-wahrheit.de/falsche-prognosen-von-google-eurovision-song-
    contest-2011-4692/. Zugegriffen: 18. Mai 2020
Frey T (2017) 25 Shocking Predictions about the Coming Driverless Car Era in the U.S.
    https://futuristspeaker.com/predictions/25-shocking-predictions-about-the-coming-
    driverless-car-era-in-the-u-s/. Zugegriffen: 2. Juni 2020
Focus Online (2016) Die bittere Wahrheit: Das Elektroauto vernichtet Arbeitsplätze. http://
    www.focus.de/auto/elektroauto/auto-vw-personalchef-werk-salzgitter-braucht-neue-
    aufgaben_id_5930673.html. Zugegriffen: 18. Mai 2020

Hamburger Hochbahn (2020) Projekt HEAT: HOCHBAHN-Forschungsprojekt zu auto-matisiert fahrenden Kleinbussen. https://www.hochbahn.de/hochbahn/hamburg/de/Home/Naechster_Halt/Ausbau_und_Projekte/projekt_heat. Zugegriffen: 12. Mai 2020

Herger M (2018) Der letzte Führerscheinneuling ist schon geboren. Börsen Medien AG, Kulmbach

Johnson S (2018) How to make a big decision. https://www.nytimes.com/2018/09/01/opinion/sunday/how-make-big-decision.html. Zugegriffen: 15. Mai 2020

Koetsier J (2020) Trump: 1,700 google engineers working on coronavirus site. Google says … actually, No. https://www.forbes.com/sites/johnkoetsier/2020/03/13/trump-1700-google-engineers-working-on-coronavirus-site-google-says–actually-no/#2a8fa21b54cc. Zugegriffen: 15. Mai 2020

Lazer D, Kennedy R, King G, Vespignani A (2014) The parable of google flu: traps in big data analysis. http://science.sciencemag.org/content/343/6176/1203. Zugegriffen: 10. Aug. 2017

Maastricht University (2017) Cultured meat. https://culturedbeef.org/. Zugegriffen: 20. Mai 2020

Matthews R (2001) Der Storch bringt die Babys zur Welt. http://www3.math.uni-paderborn.de/~agbiehler/sis/sisonline/struktur/jahrgang21-2001/heft2/Lang-fassungen/2001-2_Matth.pdf. Zugegriffen: 18. Mai 2020

Memphis Meats (2017) Announcing the world's first chicken produced without the animal. http://www.memphismeats.com/. Zugegriffen: 18. Mai 2020

Peters TJ, Waterman RH (1986) Auf der Suche nach Spitzenleistungen. Moderne Industrie, Landsberg

Phantastische Bibliothek Wetzlar (2020) Future Life in der Presse. https://www.phantastik.eu/pressespiegel/future-life-in-der-presse.html. Zugegriffen: 18. Mai 2020

Poppe H (2020) Zukunftsforscher Matthias Horx glaubt nicht an Leben auf anderen Planeten. https://www.frankfurt-live.com/zukunftsforscher-matthias-horx-glaubt-nicht-an-leben-auf-anderen-planeten-118774.html. Zugegriffen: 12. Mai 2020

Rosenzweig P (2014) The Halo effect: … and the eight other Business delusions that deceive managers. Simon & Schuster, New York

Samsung (2020) Samsung presents groundbreaking all-solid-state battery technology to 'nature energy'. https://news.samsung.com/global/samsung-presents-groundbreaking-all-solid-state-battery-technology-to-nature-energy. Zugegriffen: 14. Mai 2020

Santoso A (2008) The stupidest business decisions in history. http://www.neatorama.com/2008/04/15/the-stupidest-Business-decisions-in-history/. Zugegriffen: 14. Mai 2020

Schalk R (2016) Meat the future. http://www.faz.net/aktuell/stil/essen-trinken/kuenstliches-fleisch-der-burger-aus-der-petrischale-14030839.html. Zugegriffen: 20. Mai 2020

Spiegel (2019) Jedes dritte neugeborene Mädchen wird 100 Jahre alt. https://www.spiegel.de/gesundheit/diagnose/deutschland-jedes-dritte-neugeborene-maedchen-wird-100-a-1263975.html. Zugegriffen: 12. Mai 2020

Statista (2020) Anzahl der Tankstellen in Deutschland von 1950 bis 2020. (https://de.statista.com/statistik/daten/studie/2621/umfrage/anzahl-der-tankstellen-in-deutsch-land-zeitreihe/. Zugegriffen: 12. Mai 2020

Stehle A (2017) Der Mann, der Volkswagen als Digitalchef retten soll. https://m.abendblatt. de/wirtschaft/article211232659/Der-Mann-der-Volkswagen-als-Digitalchef-retten-soll. html. Zugegriffen: 12. Mai 2020

SuperMeat (2017) http://www.supermeat.com. Zugegriffen: 18. Mai 2020

Tetlock PE, Gardner D (2016) Superforecasting – Die Kunst der richtigen Prognose. Fischer, Frankfurt a. M.

VW (2019) Laser, Radar, Ultraschall: Autonomes Fahren in Hamburg. https://www. volkswagenag.com/de/news/stories/2019/04/laser-radar-ultrasound-autonomous-driving-in-hamburg.html. Zugegriffen: 12. Mai 2020

Zitt H (2013) Technologien aus Star Trek: Jeder Schüler hat ein besseres Handy als Captain Kirk. http://www.focus.de/digital/technologien-aus-star-trek-jeder-schueler-hat-ein-besseres-handy-als-captain-kirk_id_3442718.html. Zugegriffen: 12. Mai 2020

Acht typische Denkfehler 2

Zusammenfassung

Jeder Manager, jeder Unternehmer und jeder Zukunftsforscher unterliegt zwangsläufig in der Einschätzung der Zukunft einer Reihe von menschlichen Denkfehlern und Irrtümern – erlernten Fehlern, Fantasielücken oder über Generationen genetisch verfestigten Denkweisen. Wer diese Denkfallen aber kennt, kann sie in der Strategieentwicklung bewusst umgehen. Tatsächlich gibt es Dutzende solcher Fallen – die acht wichtigsten lernen Sie in diesem Kapitel kennen.

Dieser Tage taucht ein Dokument des deutschen Robert-Koch-Instituts auf, in welchem das Institut bereits im Jahr 2012 in einer Risikoanalyse für den Bundestag einen virtuellen Virus beschreibt, der dem Corona-Erreger und seinen weltweiten Folgen sehr zu ähneln scheint (Deutscher Bundestag 2012). Auch andere Länder wie die USA oder Großbritannien hatten solche frühen Warnungen. Hätte man also die Pandemie verhindern können, wenn man darauf gehört hätte?

Nun, wir werden uns in Abschn. 2.3 damit genauer auseinandersetzen – nur so viel schon mal vorab: Bei solchen Gedanken unterliegt man dem klassischen Rückschau-Fehler. Sie erinnern sich an die Sache mit unserer Sicht über die Vergangenheit? Sicher ist es für uns heute einfach, die Fehler der früheren Generationen als solche zu erkennen. Nur umgekehrt – also von heute in die Zukunft zu schauen – ist noch immer so schwer bis unmöglich, wie es auch für unsere Vorfahren war. Eine Verbesserungsmöglichkeit ist durch entsprechende systematische Vorbereitung gegeben, doch leider unterlaufen uns bei diesem Prozess immer wieder frappierende Denkfehler, die solche Vorbereitungen am Ende ad absurdum führen. Übrigens ein Problem, vor dem auch Wissenschaftler und Politiker nicht gefeit sind!

© Springer Fachmedien Wiesbaden GmbH, ein Teil von Springer Nature 2020   43
H. Hilbig, *Zukunftsmanagement für den Mittelstand*,
https://doi.org/10.1007/978-3-658-31246-6_2

Die wichtigsten dieser Denkfallen werden wir uns nun genauer ansehen. Wenn Sie diese Fehler immer wieder bewusst vermeiden, haben Sie die Chance, Ihr Unternehmen in eine vielversprechende Zukunft zu transferieren. Allerdings bedingt das eine Offenheit, die Ihre Organisation und Sie als Geschäftsführer oder Abteilungsleiter mitbringen müssen: Sie müssen bereit sein zu akzeptieren, dass Ihr Markt in Zukunft definitiv anders aussehen wird, als Sie ihn heute erleben. Wer daran festhält, dass alles so bliebe wie bisher, irrt nicht nur. Er riskiert damit die Zukunftsfähigkeit der eigenen Organisation.

2.1   Denkfehler 1: Die lineare Betrachtung der Zeit

Einer der gefährlichsten Sätze im Zusammenhang mit Zukunftsplanung stammt von einem CEO, mit dem ich mal zusammengearbeitet habe: „Wenn die Veränderung kommt, passen wir uns an. Wir sind so flexibel, dass wir jederzeit unser Geschäft verändern können." Dieser Kollege, der mit seiner Ansicht übrigens leider nicht alleine steht, war fest davon überzeugt, dass Änderungen seines Marktes – und seine Wettbewerber und Kunden – ihm Zeit lassen würden, das Unternehmen daran anpassen zu können.

Nun ist es fast schon eine Binse, wenn in Beiträgen zum Thema Zukunftsplanung darauf hingewiesen wird, dass insbesondere technologische Veränderungen immer schneller erfolgen. Meist wird in diesem Zusammenhang der Begriff der „exponentiellen Steigerung" verwendet. Die meisten von uns erinnern sich vielleicht noch dunkel an dieses Kapitel aus dem Mathematik- oder Physik-unterricht, an die Formel (e^x) und spätestens seit der Zählung der Infizierten in der Viruskrise auch an die steil ansteigende Kurve. Das einzige Problem ist, dass wir es uns einfach nicht vorstellen können, was das bedeutet! Tatsächlich nehmen wir Menschen Veränderungen eher linear wahr. „Wir denken meist quasistatisch und in linearen Kausalitäten", beschreibt es der Ehrenpräsident der Deutschen Gesellschaft des Club of Rome, Michael F. Jischa (2009). Wir haben die Vergangenheit und die darin stattfindenden Veränderungen linear abfolgend erlebt und erwarten genau das auch für die Zukunft. Wenn nun jemand davon spricht, dass zukünftige Änderungen eher schneller (wenn übrigens auch nicht wirklich exponentiell!) erfolgen werden, dann können wir uns zwar das Chart mit dem steilen Bogen nach oben in Erinnerung rufen, aber vorstellen, was das in der Realität bedeutet – nein, vorstellen können wir uns das nicht wirklich. Also versuchen wir wieder, mit einem Gedankenexperiment zu helfen:

Beispiel

Nehmen wir einmal an, Sie würden 20 lineare Schritte machen, und nehmen wir als Schrittgröße 75 cm an – dann hätten Sie nach 20 Schritten etwa 15 m zurückgelegt. Das ist ungefähr die Strecke, die Sie am Zebrastreifen einer vierspurigen Straße zurücklegen. Und nun schätzen Sie einmal, wo Sie landen würden, wenn Sie exponentielle Schritte machen könnten. Der erste Schritt wäre 75 cm groß und jeder weitere entsprechend exponentiellem Wachstum größer. Bitte schätzen Sie mal! Die Auflösung finden Sie in der Fußnote[1].

Ich bin sicher, diese Entfernung haben Sie nicht geschätzt, richtig? Zumindest hat noch nie jemand in meinen Vorträgen weiter als bis zur nächsten Stadt geschätzt.

Nun transferieren wir dieses Bild wieder zurück auf zeitliche Distanzen und auf Marktveränderungen. Alles passiert wesentlich schneller, als Sie es annehmen: Gravierende Veränderungen Ihres Marktes erwarten erst in Sie 20 oder 30 Jahren, die dann aber schon in fünf Jahren kommen. Können Sie wirklich sicher sein, sich angesichts solch rapider Veränderungen ohne Vorbereitungen diesem Ereignis-Tsunami anpassen und Ihr Geschäftsmodell rechtzeitig ändern zu können? Ich glaube das ehrlicherweise nicht. ◄

Die Geschwindigkeit, mit der sich Märkte verändern, ist aber nur ein Aspekt, der kurzfristiges Umsteuern einer Strategie selten erfolgreich macht. Der andere ist, dass Sie in einer Krise schlicht zu lange brauchen, um eine neue Strategie oder ein neues Produkt auf den Markt zu bringen. Schauen Sie bitte mal auf die Grafik in Abb. 2.1.

Die Kurve ist statistisch gesehen eine typische Lebenszeitkurve eines Produkts, einer Marke oder sogar eines ganzen Marktsegmentes. Links beginnt das Leben des Produkts, erreicht in der Mitte den Höhepunkt (und wird damit zur Cashcow), bevor es dann rechts in den Herbst und Winter seines Lebens eintaucht. Nehmen wir einmal an, es handelt sich um die wichtigste Produktgattung eines Unternehmens. Was geschieht typischerweise im Unternehmen zu den unterschiedlichen Zeiten?

---

[1]Sie würden nach 20 Schritten 363.874. Kilometer zurückgelegt haben und würden damit – zumindest was die Entfernung angeht – etwa auf dem Mond landen.

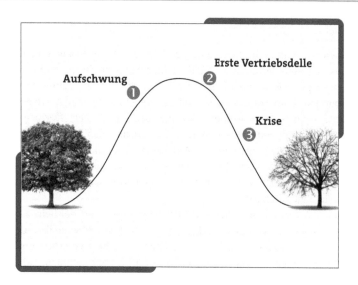

Abb. 2.1 Wachstumskurve eines typischen Lebenszyklus

1. Das Unternehmen ist bestens damit beschäftigt, sich über den Erfolg der
   Produktgattung zu freuen und diesen durch immer neue Maßnahmen weiter
   auszubauen. Das Produkt ist der Rising Star. Zu diesem Zeitpunkt kann und
   will sich niemand Gedanken darüber machen, was nach dieser Produktgattung
   kommen soll – womit das Unternehmen dann Umsatz, Gewinn und Arbeitsplätze sichern wird –, denn alle guten und wichtigen Mitarbeiter sind ja mit
   dem weiteren Ausbau der erfolgreichen Gattung beschäftigt.
2. Die Produktkategorie hat ihren Höhepunkt erklommen und gerade eben
   überschritten. Die Verkäufe und Gewinne beginnen zunächst leicht, jedoch
   auch dauerhaft zu schrumpfen. Leider nur weiß das nur niemand im Unternehmen. Der leichte Rückgang wird als temporäre Verkaufsdelle eingeschätzt. Ein erfahrener Vertriebschef hat genau diese Erfahrungen früher
   schon einmal gemacht hat und handelt nun entsprechend. Alle altbekannten
   Methoden, wie man Umsatzdellen klassisch ausbeult, werden hervorgeholt:
   Preissenkungen, Sonderangebote, Bundles, eine zusätzliche Direktmarketing-
   Kampagne, längere Zahlungsziele, Zehn-plus-eins-Angebote … Naja, Sie
   kennen das ja alles selbst. Auch wenn der eine oder andere es vielleicht denkt,
   wird niemand darüber offen sprechen, dass man es möglicherweise nicht nur
   mit einer Umsatzdelle zu tun haben könnte. So etwas wirkt ja auch schnell

demotivierend. Am Ende helfen keine der oben erwähnten Maßnahmen, denn es ist ja der Anfang der Marktveränderung. Aber das Wissen dummerweise zurzeit nur Sie, liebe Leser, und ich, die wir aus der Helikopterperspektive auf Abb. 2.1 schauen.

3. Irgendwann ist die Marke oder das Produkt dann an diesem Punkt angekommen. Jetzt können Unternehmens- und Vertriebsleitung nicht mehr vermeiden, von einer Krise zu sprechen. Der Umsatz geht dauerhaft runter und sinkt wöchentlich mehr. Jetzt müssen Gegenmaßnahmen her: Ein Kreativteam wird gebildet, welches zweimal wöchentlich in einem leeren Büro im Untergeschoß tagen soll, um nach neuen Produkten oder Produktsegmenten zu suchen, die das Unternehmen in die Zukunft tragen sollen. Gleichzeitig werden Sparmaßnahmen beschlossen, da der fehlende Umsatz natürlich am Unternehmensergebnis fehlt. Marketing wird zurückgefahren. Neue Stellen werden erst einmal nur intern besetzt oder gar ganz offengelassen. In der nächsten Phase werden die ersten Mitarbeiter in den vorzeitigen Ruhestand geschickt …

Sie kennen das bestimmt selbst. Ein japanischer Freund hat mir diese Situation in seinem Unternehmen mal sehr treffend mit den Worten beschrieben: „We are in panic mode." Man sei im Panikmodus, weil keines der bekannten Mittel mehr wirke und der Untergang gefühlt nicht mehr aufzuhalten war.

Versetzen Sie sich kurz in die Lage des 14-tägig tagenden Kreativteams im Keller. Sind da wohl wirklich die besten Köpfe des Unternehmens zusammengestellt worden oder eher die, die man in „dieser schwierigen Zeit" an der Vertriebsfront am ehesten entbehren kann? Und wie kreativ kann dieses Team noch sein? Wie groß darf es noch denken? Welche Ideen sind mit den schrumpfenden Budgets denn überhaupt noch realisierbar? Nehmen wir nun einmal an, das Kreativteam wird doch fündig, hat eine Idee, die sich mit beschränkten Investitionen umsetzen lässt, und das Unternehmen kann sich schnell dafür entscheiden – was im Panikmodus ja auch nicht selbstverständlich ist –, dann hätten wir auch für das neue Produkt wieder eine Wachstumskurve (Abb. 2.2).

Das Bild sagt schon alles: Bevor die neue Idee Wirkung zeigen und Umsätze generieren kann, ist das Unternehmen längst im Abwärtsstrudel, und die Ergebnisse des neuen Produkts kompensieren die Verluste nicht. Welche Chance hat ein Unternehmen also, einen Marktwechsel durch ein neues Produkt wettzumachen, wenn man erst in der Krise anfängt, darüber nachzudenken? Keine!

Wenn Sie Ihr Unternehmen auf solche Wechsel vorbereiten wollen, dann müssen Sie beginnen, solange diese Marktveränderungen noch nicht akut sind und solange Ihre Freiheitsgrade und Budgets solche Prozesse zulassen (Abb. 2.2).

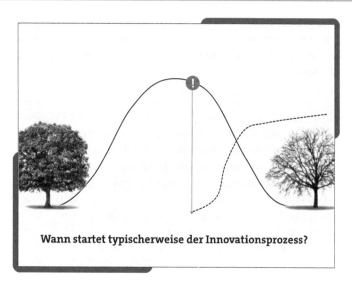

Wann startet typischerweise der Innovationsprozess?

Abb. 2.2 Wachstumskurve des Ersatzprodukts

▶ Ihnen und Ihrem Unternehmen geht es grade richtig gut? Okay, dann
ist jetzt die Zeit, sich auf eine andere Zukunft vorzubereiten!

2.2 Denkfehler 2: Zwanghafte Mustererkennung

Wenn Sie tatsächlich mal für einen Moment über den Selbstversuch in
Abschn. 1.4 nachgedacht haben, werden Sie vielleicht schnell zu dem Schluss
gekommen sein, dass Ihr Tagesablauf, ganz gleich, wie monoton Ihr Tag zu
werden verspricht, von so vielen Zufällen abhängt, dass eine zuverlässige Vorhersage eigentlich unmöglich ist. Das schließen Sie aus Ihrer Erfahrung der Vergangenheit, denn auch gestern ist vieles aus Zufall geschehen. Der Kollege zum
Beispiel, den Sie zufällig in der Kantine getroffen haben und der Ihnen einen
wertvollen Hinweis für Ihr laufendes Projekt gegeben (und damit das Timing für
dieses Projekt verändert) hat, der PC-Absturz, der Sie 20 min blockierte oder der
Anruf Ihres Lebenspartners, der dazu führte, das Sie kürzer als sonst gearbeitet
haben. Alles nicht vorhersehbar!

Trotzdem, obwohl auch die Vergangenheit Ihres Unternehmens, Ihrer Branche
und der gesamten Gesellschaft aus vielen Zufällen gebaut wurde, versuchen wir,

darin ein Muster zu erkennen und so die Zukunft zu planen. Genau genommen können wir gar nicht anders, denn unser Hirn ist darauf programmiert, in jedem und allem Muster erkennen zu wollen. Denken Sie nur an den berühmten Rohrschachttest, bei dem Sie zu einem (definitiv zufälligen!) Tintenklecks gefragt werden, was Sie darin sehen.

Eine kleine Aufgabe

Finden Sie in der folgenden Zahlenserie die beiden nächsten logisch folgenden Zahlen dieser Serie sowie die Regel dahinter.

1, 6, 7, 10, 11, 12, 16.

Bitte denken Sie mal eine Minute darüber nach!

Haben Sie sie gefunden? Wie lauten das Gesetz der Serie und die nächsten beiden Werte? Nun, hier kommt die Auflösung: 1, 6, 7, 10, 11, 12, 16, **22, 30.** Sie haben andere Werte? Hm, merkwürdig. Wie genau lautet denn die Regel, die Sie meinen, erkannt zu haben? Fakt ist nämlich, ich habe mir diese Zahlenreihe von einem Zufallszahlengenerator geben lassen und sie dann nur der Größe nach sortiert. Diese Zahlen konnten Sie also keinesfalls finden – die einzig „richtige" Regel wäre gewesen, dass die nächsten beiden Zahlen größer sein müssen als 16. Wenn Sie also eine andere Logik gefunden und zwei Zahlen als Lösungsvorschlag ermittelt haben, dann haben Sie in einer rein zufälligen Datenreihe nach einem Muster gesucht und es gefunden. Herzlichen Glückwunsch! Aber ganz offensichtlich haben Sie sich von mir aufs Glatteis führen lassen …

Dieser Effekt begleitet uns unser ganzes Leben. Immer suchen wir in allem nach Mustern und erklären uns damit die Welt: Wir wissen eigentlich, dass der nicht-kalkulierbare Zufall in vielen Bereichen unser Leben bestimmt, aber wir setzen die Chips im Spielcasino nach selbst erfundenen Regeln. „Wenn 20-mal Rot kam, muss jetzt Schwarz folgen." Nein. Muss nicht! Sie werden Ihren Einsatz mit einer 51,3-%igen Chance verlieren[2]! Und diese Wahrscheinlichkeit ändert sich auch nicht, ob nun vorher fünfmal Rot kam, 20-mal oder 250-mal.

Ursache all dieses Missgeschicks sind unsere in der Evolutionsgeschichte erfolgreichen Vorfahren. Die, die mit möglichst wenigen Informationen schnell

---

[2]Von 37 Feldern auf dem Roulettetisch verlieren 19, wenn Sie auf Schwarz setzen.

ein Muster erkennen konnten, konnten dann auch schneller handeln – weglaufen zum Beispiel, wenn das Muster sich als Säbelzahntiger entpuppte. Und die, die etwas länger brauchten, wurden zum Tigerfutter und konnten aufgrund plötzlichen Ablebens ihre Gene an niemanden mehr weitergeben. Deshalb sind Sie und ich – und alle Menschen um uns herum – Nachfahren der Mustererkenner.

In komplexen Systemen schnell Muster erkennen zu können war also ein klarer Überlebensvorteil und ist uns sozusagen in Fleisch und Blut übergegangen: Entscheidungen, die nach einem Schema bewertet werden können und (vor allem) schnell erledigt werden mussten, wurden ins Unterbewusstsein ausgelagert. Über die Existenz eines Säbelzahntigers erst bewusst nachdenken zu wollen, würde einfach viel zu lange dauern und zudem wertvolle Energie verbrauchen, denn das Hirn ist auch noch der größte Energieverbraucher unseres Körpers! Selbst wenn wir wollten, können wir dieses unterbewusste Schema nicht abstellen. Ein Muster, das wir einmal gelernt haben, ziehen wir unweigerlich immer zur Beurteilung einer aktuellen Situation (oder der Bewertung der Zukunft) mit ein.

Schauen Sie sich bitte mal das Bild in Abb. 2.3 an und nehmen Sie sich eine Minute Zeit, es zu betrachten. Können Sie darauf etwas erkennen? Was sehen Sie? Ich vermute einmal, Sie sehen darauf ebenso viel wie auf den Rohrschachttests.

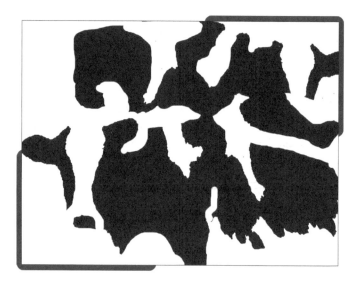

Abb. 2.3   Können Sie darauf irgendwas Bekanntes erkennen?

Man könnte etwas hineininterpretieren, wenn man unbedingt wollte. Aber etwas Konkretes haben Sie vermutlich nicht gesehen, oder?

Nun sehen Sie sich bitte Abb. 2.4 an. Jetzt wird es plötzlich viel klarer. Sie haben das Muster erkannt, oder?

Abschließend der dritte Teil der Selbsterfahrung: Schauen Sie bitte wieder auf das Bild in Abb. 2.3. Sie erkennen nun auch ohne die Hilfestellung das Motiv, oder? Aber: Können Sie noch etwas anderes erkennen als das abgespeicherte Muster? Können Sie das jetzt in Ihrem Hirn abgespeicherte Muster wieder ausschalten? Nein. Sie können nicht mehr anders, als die beiden Kühe zu sehen.

Haben wir einmal ein Muster abgespeichert, wird es unwiederbringlich Basis jeder zukünftigen Beurteilung. Deshalb konnte ich sicher sein, dass die meisten von Ihnen das Beispiel in Abschn. 1.7 („Ein Spatz in der Hand…") beim ersten Lesen nicht erkennen würden, weil Sie den Spruch kennen: Sie urteilen, wie übrigens alle Menschen, immer mit den bekannten Mustern.

Wir können praktisch nicht mehr unvoreingenommen urteilen. Genau deshalb ist unsere bevorzugte Methode zur Vorhersage also der Griff in möglicherweise bekannte Strukturen der Vergangenheit. Wirklich verrückt ist, dass sich das sogar dann auswirkt, wenn wir nach einem „Nicht-Muster", also dem Zufall bewusst suchen wollen.

Beispiel

Denken Sie bitte einmal an Lotto. Wir wissen alle, dass die Zahlen rein zufällig fallen und jeder Tipp in 6 aus 49 die gleiche Wahrscheinlichkeit von ungefähr 1 zu 13 Mio. hat, gezogen zu werden. Aber fragen Sie mal Freunde oder Kollegen, ob sie ihr Geld auf den Tipp „*1–2 – 3–4 – 5–6*" setzen würden. Entrüstet werden das die meisten ablehnen – obwohl dieser Tipp keinen Deut unwahrscheinlicher ist als jeder andere. Solche Gewinnzahlen müssen „zufällig" aussehen – und das bewerten wir wieder mittels eines Musters, welches wir in der wöchentlichen Ziehung der Lottozahlen „erkannt" zu haben glauben. Da kommt eine Folge von sechs aufeinanderfolgenden Zahlen als Ergebnis nämlich nie vor (ich hoffe nur, dass dies auch nicht ausgerechnet jetzt, nach Erscheinen dieses Buches, eintritt!). Wir haben also ein Bild davon, wie zufällige Zahlen aussehen müssten und bewerten die Kombination *1–2 – 3–4 – 5–6* deshalb als „nicht zufällig" – und damit als unwahrscheinlicheren Lottotipp. ◄

Wir suchen in vergangenen Vorgängen nach Mustern, ob diese Muster nun valide sind oder nicht, und interpolieren diese in die Zukunft. Dabei wissen wir eigent-

lich intuitiv, dass diese Methode nicht richtig sein kann: Würden bei einer Lotto-
ziehung tatsächlich nacheinander – und in genau dieser Reihenfolge – die Zahlen
1–2 – 3–4 – 5 gezogen, würden wir niemals davon ausgehen, dass die nächste
Zahl eine 6 sein wird – obwohl doch das genau das logische Muster wäre …
Und was bedeutet das für Ihre Strategieplanung?

▶   Wenn Sie meinen, in dem Marktgeschehen Ihres Unternehmens in
        der Vergangenheit ein Muster erkannt zu haben, schließen Sie daraus
        keinesfalls auf die Entwicklung in der Zukunft – das scheinbar
        erkannte Muster könnte ein reiner Zufall gewesen sein!

2.3   Denkfehler 3: Der Rückschau-Fehler

Am Anfang von Kap. 2 erwähnte ich schon die Studie des deutschen Robert-
Kochs-Instituts, die Ende 2012 für den deutschen Bundestag als Risiko-Analyse
erstellt worden war. Hätte man also einen großen Teil des Leids durch Corona –
zumindest in Deutschland – vermeiden können, wenn die Politiker diesen Bericht
gelesen und danach gehandelt hätten? Nun, die Antwort darauf muss klar „ja"
lauten, denn alle in dem Bericht aufgezählten Befürchtungen wie z. B. zu wenig
Vorrat an Gesichtsmasken und Schutzkleidung trafen dann Anfang 2020 weltweit
ein.
    Viel spannender ist aber die Frage, ob die Politiker die Wichtigkeit dieser
Prognose hätten erkennen können. Und da bin ich schon viel vorsichtiger in
meiner Bewertung. Denn Prognosen (also singuläre Aussagen über eine mögliche
Situation in der Zukunft) gibt es wie Sand am Meer. Allein für den Bundestag
wurden durch das Robert-Koch-Institut offiziell zwischen 2012 und 2016 sechs
Risikoanalysen erstellt:

• Extremes Schmelzhochwasser aus den Mittelgebirgen (2012)
• Pandemie durch Virus Modi-SARS (2012)
• Wintersturm (2013)
• Sturmflut (2014)
• Freisetzung radioaktiver Stoffe aus einem Kernkraftwerk (2015)
• Freisetzung chemischer Stoffe (2016).

Wenn man nun noch alle Wirtschaftsinstitute, Universitätsprofessoren, Lobbyisten,
selbsternannte Experten und „Zukunftsforscher" – national wie international –

dazu zählt, wird die Zahl der desaströsen Zukunftserwartungen Legion. Und das entwertet die einzelne Voraussage leider:

Beispiel

Stellen Sie sich für einen kurzen Moment einmal vor, Sie ständen in einer Halle vor einem Korb mit eintausend Bällen. Jeder Ball hat eine Zahl aufgedruckt und ist so von allen anderen Bällen unterscheidbar. Sie ziehen aus diesem Korb den Ball 525. Nun kommt ein Mann auf Sie zu und überreicht Ihnen einen verschlossenen und vorher versiegelten Umschlag mit einer Prognose. Sie öffnen diesen und finden folgende Nachricht: „Sie werden den Ball mit der Nummer 525 ziehen." Das klingt geheimnisvoll. Der Mann hat aus 1000 Bällen den richtigen vorhergesagt. Ein Magier! Sie sollten zukünftig immer auf ihn hören!

Oder doch nicht? Denn wenn in der Halle 10.000 Menschen saßen, die jeder einen Tipp in einem Umschlag hinterlegt hatten, dann hatte dieser Mann statistisch gesehen nur zufällig die richtige Zahl getippt. ◄

Gibt es also zu einem Thema viele divergente Meinungen und Prognosen, wird schon nach der reinen Wahrscheinlichkeitslehre jemand dabei sein, der den

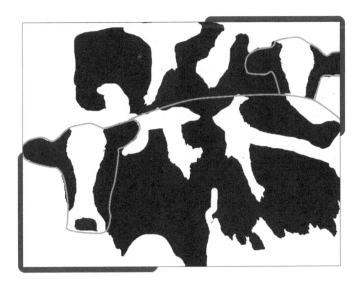

Abb. 2.4 Haben Sie es erkannt?

richtigen Verlauf tippt. Aber wusste derjenige wirklich, was kommt? Wusste der Lottogewinner letzte Woche die Zahlen oder war er nur der Wahrscheinlichkeits-Glückspilz?

Wir suchen ein Muster in der Vergangenheit und bauen uns dann Erklärungen, die das Geschehen logisch erklären sollen. Viele der Zukunftsprognosen (achten Sie mal darauf) übernehmen solche Logiken, um die zu erwartende Zukunft zu begründen. Der Wirtschaftswissenschaftler und Nobelpreisträger Robert Shiller sagt dazu (Tetlock und Gardner 2016, S. 164): Wir glauben gerne, dass die Geschichte eine Logik hat, die man hätte vorhersehen können. Aber das stimmt nicht. Das ist eine Illusion, die nur im Rückblick entsteht."

Wir schauen auf jemanden, der in der Vergangenheit sehr erfolgreich war und kaufen deshalb sein Buch „So werden Sie in 100 Tagen zum Milliardär und US-Präsidenten". Die Logik seines Buches klingt bestechend – genauso muss man es machen – er hat es ja auch geschafft. Dass er heute Präsident ist, beweist ja, dass er recht hat … oder? Es wird Sie vermutlich nicht sehr überraschen, wenn kaum einer der Buchkäufer später wirklich Milliardär wird. Und noch viel weniger werden dann US-Präsident. Aber wir gehen selbstverständlich davon aus, dass es dann an den fehlenden Fähigkeiten der Buchkäufer lag, dass das Prinzip nicht funktioniert hat. Die haben einfach nicht das, was er hat … Dabei besteht eine ziemlich große Wahrscheinlichkeit, dass das Erfolgsrezept gar keines ist – dass es deshalb nicht wirkt – und dass sein ganzer Erfolg in Wirklichkeit Zufall war.

Noch ein Nobelpreisträger soll an dieser Stelle zu Wort kommen. Daniel Kahneman, der als Psychologe den Wirtschaftsnobelpreis erhalten hat, hat nachgewiesen, dass unser Hirn Gewissheit um jeden Preis haben will. Und wenn es keine Gewissheit gibt, wird sie eben erfunden. So entstehen Mythen um Erfolge der Vergangenheit.

An einem leicht abgeänderten Beispiel aus meinem ersten Buch *Marketing ist eine Wissenschaft …* (Hilbig 2013) kann man diese Sucht des menschlichen Hirns gut erklären.

Beispiel

Stellen Sie sich dazu vor, Sie begegnen am Ausgang eines Spielkasinos in Las Vegas einem Mann, der in zwei großen Plastiktüten Massen an Dollarscheinen hinausschleppt. Die Menschen um Sie herum erzählen Ihnen, dass er all das Geld in einem zähen siebenstündigen Kampf am Pokertisch gewonnen hat. Er war der Sieger dieser Marathon-Runde.

Was werden Sie jetzt über diesen Mann denken? Genau, dass er ein richtig guter Pokerspieler sein muss. Vermutlich fragen Sie sich, ob er auch im Leben so ein Pokerface aufsetzen kann, mit dem er all die anderen Spieler in die Irre geführt hat. Liege ich mit dieser Einschätzung ungefähr richtig?

Gut, dann verändern wir jetzt das Szenario: Ihnen kommt jetzt in dem Kasino ein Schimpanse entgegen mit großen Tüten gefüllt mit … na ja, Sie wissen schon. Das Szenario ist exakt das Gleiche: Sieben Stunden Poker gespielt. Alle ausgebluft und so weiter. Was denken Sie jetzt? Glauben Sie immer noch, dass Sie gerade einem der coolsten Pokerspieler der Stadt begegnet sind? Sie ändern Ihre Grundeinstellung nicht aufgrund objektiver Fakten, sondern aufgrund Ihres scheinbaren Vorwissens. Schauen wir uns das Spiel mal an:

Der Gewinner-Affe saß mit einer ganzen Reihe Schimpansen sieben Stunden am Pokertisch. Karten wurden gegeben und jeder hatte die gleiche Menge Chips zur Verfügung sowie einen Apparat vor sich, um über einige Tasten zu passen, mitzugehen oder zu erhöhen. Gehen wir weiter davon aus, dass es uns nicht gelungen war, den Primaten auch nur ansatzweise die Idee des Spiels zu erklären: Die tierischen Kollegen tippten völlig inhaltsleer und rein zufällig die Knöpfe auf dem Apparat. Dennoch – so sind nun einmal die Regeln dieses Spiels: Am Ende hatte einer der Affen die erste Runde sowie einen schicken Stapel Jetons gewonnen und die anderen hatten mehr oder weniger ihr Kapital verloren.

Nach einigen Spielen erwischte es den ersten – keine Chips mehr, der Affe war pleite und schied aus. Der Rest spielte weiter: Nach und nach verließen immer mehr Schimpansen frustriert den Spieltisch. Dann der Showdown: Der letzte Gegner erwischte auf seinem Steuergerät die „All in"-Taste und … verlor. Alle Spielchips stapelten sich jetzt vor dem Gewinner, dem Sie am Ausgang begegnet sind.

Frage: Hat dieser letzte Affe irgendetwas getan, um zu gewinnen, oder hatte er einfach nur Glück? Die Antwort ist Ihnen so klar wie mir: Das war natürlich ausschließlich Glück, und der Gewinn entstand deshalb, weil beim Poker Spieler aus dem Spiel genommen werden, sobald die Chips zu Ende sind. Ein Affe musste gewinnen – so funktioniert Pokern. Nur: Welcher der Affen das sein würde, war völlig unklar.

Warum setzen wir dann aber in der gleichen Situation bei einem Menschen voraus, dass sein Erfolg etwas anderes als reines Glück war? Hätte nicht auch der Mann mit den Tüten einfach nur ein glückliches Händchen haben können? Rein zufällig Karten gezogen und Geld gesetzt? Vor drei Jahren, als ich die erste Auflage dieses Buches schrieb, gewann ein Mann die Pokerweltmeisterschaft und 8,1 Mio. US$, der nur zwei Jahre davor zum ersten Mal in seinem Leben mit dem Spiel in Berührung gekommen war (Spiegel Online 2017).

Würden wir diesem Mann wissenschaftlich korrekt Fähigkeiten zuschreiben wollen, die zu seinem Sieg geführt haben, müssten wir das Spiel einige Male wiederholen. Gewinnt er erneut und insgesamt überdurchschnittlich häufig, dann könnte da was dran und sein Erfolg das Ergebnis einer Methode sein. Solange man diese Versuchsanordnung aber nicht wiederholen und auswerten kann, ist der erste Sieg deshalb völlig ohne jede Aussagekraft. Das gilt für Schimpansen in Las Vegas ebenso wie für Erfolgsrezepte von Milliardären/Präsidenten oder jede einzelne Vorhersage, die man aus reiner Beobachtung der Vergangenheit zieht. Es lässt sich eben nicht prüfen, ob die in der Rückwärtsbetrachtung entstandene Logik des Vorgangs auch von den Beteiligten so geplant bzw. durch deren aktives Tun erreicht worden ist – oder ob eben unser Hirn nur nachträglich wieder mal Gewissheit brauchte. ◀

Hüten Sie sich deshalb, einem Ereignis, welches in Ihrer Branche einmal stattfand, nachträglich eine Logik zuzuordnen und dann daraus Schlüsse für die Zukunft zu ziehen. Obwohl Ihr Wettbewerber nach einer Erhöhung der Distribution Marktanteile gewonnen hat, kann das für ihn oder jeden anderen Marktteilnehmer in Zukunft auch nach hinten losgehen. Ohne den Versuch mehrmals zu wiederholen, können Sie nicht sagen, ob es zwischen beiden Ereignissen „Ausbau der Distribution" und „höherer Marktanteil" einen (planbaren) Zusammenhang gab. Egal, wie logisch das auch klingen mag.

Apple-Jünger werden Ihnen immer von der genialen Ader des Gründers vorschwärmen – aber: Hatte Steve Jobs die Online-Plattform iTunes wirklich von Anfang an als integrale Lösung für sein zukünftiges iPhone-Imperium geschaffen – oder hat es sich nur zufällig aus einem Musikdownload-Portal dahin entwickelt? Wir werden es wohl nicht mehr erfahren.

Wie gesagt, nicht jeder wird nach dem Kauf einer vielversprechenden Biografie Milliardär oder US-Präsident. Woran mag das wohl liegen?

▶   Rückschaufehler sind die gefährlichsten Ursachen falscher Zukunftsprognosen: die scheinbar zwingende Logik liefert dem menschlichen Bewusstsein die Sicherheit, nach der wir suchen, und blockiert so kritisches Nachfragen.

2.4   Denkfehler 4: Schwarze Schwäne

Einmal im Jahr sitze ich am Schreibtisch meiner Bankberaterin in einem mäßig spannenden Raum und lasse mir erklären, welche Anlageform im kommenden Jahr die vielversprechendste sei. Die Informationen dazu haben Analysten der Bank basierend auf Vergangenheitsdaten und Zukunftseinschätzungen erstellt. Das spannende: Sowohl meine Bankberaterin als auch die Analysten und sogar der Chef der Bank arbeiten weiter und erfüllen damit ihren jeweiligen Angestelltenvertrag. Das hat mich dann doch stutzig gemacht. Da werden Milliarden Euro auf internationalen Finanzmärkten bewegt mit unglaublichen Gewinnen – und keiner bei meiner Bank kündigt wegen persönlichen Reichtums? Wenn die Tipps meiner Bank wirklich überzeugend wären, müssten dann nicht deren Angestellte als allererstes ihr ganzes Einkommen dahinein investieren und inzwischen unendlich wohlhabend sein?

Der amerikanische Autor Peter Lynch hat sich diese Frage vor Jahren mal gestellt und gleich selbst beantwortet (Dobelli 2011, S. 165):

> „Es gibt ungefähr 60.000 meist festangestellte Finanzexperten in den USA, die die Zinsentwicklungen und Finanzkrisen vorhersagen sollen. Und wenn ihnen das nur zweimal hintereinander gelänge, könnten sie alle inzwischen Millionäre sein. Soweit ich weiß, sind die meisten von ihnen aber noch immer angestellt, was uns einiges über das Expertentum sagen sollte."

Nun, die Sache mit der Finanzkrise ist aber auch eine unfaire Sache gewesen. Auch wenn es heute den ein oder anderen gibt, der behauptet, sie schon damals vorhergesehen zu haben, so ist die Welt doch ungebremst in die Misere geschlittert. Sie ist einfach so passiert. So, wie das Corona-Virus, der 11. September, die Erfindung des PCs, das Attentat auf Kennedy oder die Vorstellung des ersten iPhones einfach passiert sind und die Welt – jedes auf seine Art – schlagartig verändert haben.

Solche Ereignisse nennt der Autor und ehemalige Finanzmann Nassim Nicholas Taleb „schwarze Schwäne" – unvorhersehbare Ereignisse, die einen Ablauf komplett verändern können (Taleb 2014). Diesen einprägsamen Namen gab er dem Phänomen – das wir alle auch als Zufall kennen –, nachdem man hier in Europa über Jahrhunderte sicher war, dass Schwäne immer weiß wären. Bis dann jemand aus Übersee den ersten schwarzen Schwan mitbrachte. Es half nichts, weder schrubben noch rupfen – dieser Schwan blieb schwarz und zerstörte in einer Sekunde ein ganzes Weltbild.

Im Selbstversuch Ihrer Tagesvorhersage sind Ihnen möglicherweise auch schwarze Schwäne begegnet: Sie planten, ein wichtiges Angebot fertig zu machen, und erhielten dann aber einen Anruf, der alle Prioritäten an dem Tag verändert hat. Oder Sie sollten ein Außendienst-Meeting leiten und Ihr EDV-System brach zusammen, sodass Sie auf keine vorbereitete PowerPoint-Folie zurückgreifen konnten. Oder – so ist es mir geschehen – Sie bringen Ihre Familie zum Zug, die Türen schließen sich und Sie können erst 300 km weiter wieder aussteigen. Die Tagesplanung für diesen Tag war definitiv hin.

Schwarze Schwäne haben die Wirtschaft im Jahr 2020 (Corona-Virus) oder in Form der Finanzkrise 2008/2009 ebenso aus der Bahn geworfen wie das berührungsempfindliche Display im Jahr 2007 Nokia ausgehebelt hat. Gemeinsam ist all diesen netten Tieren, dass sie unerwartet auftauchen und massive Änderungen im jeweiligen Einflussbereich verursachen.

Nassim Taleb nennt die ungerechtfertigte, auf Korruption basierende Verhaftung eines einzelnen Obsthändlers in Tunesien, der sich in der Folge aus Protest vor einer Polizeiwache angezündet hat, als Beispiel für einen solchen Schwan. Die Protestwelle erfasste das ganze Land und griff in kürzester Zeit auf viele andere Staaten über – ein Vorgang, dem wir im Westen die poetische Bezeichnung „arabischer Frühling" gegeben haben. Skeptiker dieser Theorie verweisen dann sinngemäß darauf, dass das sehr wohl vorhersehbar gewesen sei, weil die Korruption und Unterdrückung in diesen Staaten schon lange über alle Maße – und für die Bevölkerung ins Unerträgliche – gewachsen war. Ein typischer Fall von retrospektiver Logik – der eben diskutierte Rückschau-Fehler! Oder wie das Sprichwort sagt: „Nach der Schlacht ist jeder ein guter General." Natürlich war die Situation für die Bevölkerung nicht einfach. Aber das war sie schon die 30 Jahre davor auch nicht. Weshalb die Situation genau zu diesem Zeitpunkt dann kippte – und das Unglück eines einzelnen Mannes dann das Aufbegehren der Menschen dort auslöste –, das kann keiner der Rückwärts-Propheten erklären.

Schauen wir mal auf die kleineren Beben dieser Welt – wieder zurück in Ihren Arbeitsalltag: Wem sind in seinem Unternehmen oder Privatleben nicht schon häufiger schwarze Schwäne untergekommen? Typische Fälle sind schlagartige Veränderungen von Kundenerwartungen, neue Technologien oder Produkte und plötzlich auftretende, völlig neue Wettbewerber – Fälle, von denen wir einige in Kap. 3 genauer betrachten werden.

Solche schwarzen Schwäne hat es zu jedem Zeitpunkt auch in der Wirtschaft gegeben – und wird es immer geben. Sie mögen arg selten sein, aber, wie das Virus in 2020 gezeigt hat, sagt die Wahrscheinlichkeitsrechnung am Ende nichts darüber aus, ob und wann der Schwan doch erscheint. Sie können jetzt sagen, dass es so etwas nur einmal alle hundert Jahre gibt, dieses Buch zuklappen und mit einem lauten „Weiter so!" Ihren Geschäften nachgehen. Oder Sie könnten sich und Ihr Unternehmen auf Marktveränderungen vorbereiten.

▶   Schwarze Schwäne sind mit leider keiner Methode berechenbar. Dass sie so selten vorkommen, sollte Sie aber keinesfalls verleiten, nicht auch solche Optionen in Ihre Zukunftsszenarien mit einzubeziehen.

2.5   Denkfehler 5: Die Regeln des Chaos

Geht man einer Veränderung, auch einem schwarzen Schwan, einmal genauer nach, stellt man meistens fest, dass es eine theoretisch logische, aber eben nicht vorhersagbare Ursachenkette gab:

- Der arabische Frühling entstand, weil Menschen sich in einigen arabischen Ländern gegen die Despoten auflehnten.
- Dies geschah, weil die Menschen in Tunesien damit anfingen.
- Ursache dafür war, dass ein einzelner Mann sich gegen das System auflehnte.
- Dessen Motiv dafür war die ungerechte und unmenschliche Art, wie die örtliche Polizei mit ihm umging.

Ich bin sicher, würde man diesem Fall intensiver nachgehen, ergäben sich zudem noch ganz andere Teilursachen und jede Argumentationskette ließe sich noch viel weiter und tiefer zurückverfolgen. Würde man versuchen, alle diese Ursachenketten und ihr Zusammenwirken einmal auf einen großen Bogen Papier aufzumalen, hätte man ein Wirrwarr an Linien, gegen das ein Schnittmusterplan aus der klassischen Frauenzeitschrift ein puristisches Design darstellte.

Das Spannende an dieser Ursachenforschung ist, dass selbst winzigste Änderungen am Anfang später zu völlig anderen Ergebnissen führen können – ein Ausfluss der exponentiellen Funktionen, nach denen solche Prozesse häufig ablaufen. Aber ich will Sie nicht mit Mathematik langweilen:

Möglich ist, dass der tunesische Obsthändler nicht zu so drastischen Schritten gegriffen hätte, hätten die Polizisten ihm ein paar Datteln weniger abgenommen und einer der Polizisten den Mund leicht so verzogen, dass der Obsthändler dies als unterstützendes Lächeln hätte interpretieren können. Winzige Änderungen am Anfang der Kette können am Ende zu völlig anderen Ergebnissen führen.

Der amerikanische Wissenschaftler und Meteorologe Edward Lorenz hat in einem Vortrag vor der „American Association for the Advancement of Science" 1972 das erste Mal den Vergleich gebracht, dass der Flügelschlag eines Schmetterlings im Brasilianischen Urwald eine Windhose in Texas provozieren könne (Lorenz 1972). Das ist eine für Naturwissenschaftler sofort nachvollziehbare Verkürzung recht komplexer Ursachenketten, die für die meisten anderen Menschen irgendwie unseriös klingt.

Beispiel

Stellen Sie sich deshalb vor, es gäbe in der Fernsehsendung Domino-Day (das war die, bei der Millionen von Menschen dabei zusahen, wie über Stunden mühsam aufgebaute Dominosteine umfielen, damit der Fernsehsender am Ende einen neuen Eintrag ins Guinness-Buch der Rekorde bekam) zwei Reihen parallel aufgestellter Domino-Steine, die jeweils andere Reaktionen auslösen.

Die erste Reihe läuft im Spiel weiter und löst die typischen Domino-Effekte aus: Am Ende sind viele hübsche Bilder entstanden, das Publikum wurde toll unterhalten und der Weltrekord für die meisten umgeworfenen Dominos wurde (wieder einmal) gebrochen.

Die zweite Reihe jedoch läuft auf einen kleinen Klotz zu, der als Bremse für eine sechs Tonnen schwere Felskugel dient. Diese beginnt, eine Rampe herunterzurollen, wird dabei immer schneller und läuft am Ende unhaltbar auf Scheinwerfer, Kameras und den Regieraum zu …

Je nachdem, welche Reihe ausgelöst wird, fände diese Fernsehsendung also ein völlig anderes Ende – die Unterschiede könnten kaum größer sein. Und nun kommen wir zu besagtem Schmetterling, denn ausgelöst werden beide Reihen von einem einzigen, federleichten ersten Dominostein, dessen Bahn schon durch einen leisesten Lufthauch verändert werden kann. Und während dieser erste Stein sich auf die beiden Reihen zubewegt, fliegt ein Schmetterling an ihm vorbei … ◄

Eine minimale Abweichung der Anfangsbedingungen verursacht also völlig andere Ergebnisse. Eine Rundung in der fünften Stelle hinter dem Komma der Ausgangsdaten ergibt bei der Wettervorhersage komplett andere Bilder für den nächsten Tag. Und nun stellen Sie sich vor, Sie möchten – mit all den Interaktionen, die einen Markt so ausmachen – für Ihre Branche eine Zukunftsvision aus der Vergangenheit ableiten …

Das ist, was Edward Lorenz mit dem Schmetterling in Brasilien gemeint hatte. Aber meine Version finde ich unterhaltsamer – insbesondere, wenn ich meiner Mutter zuliebe wieder einmal stundenlang dieser Fernsehshow zusehen musste.

▶   Mit dem Chaos müssen wir uns in allen Teilen unseres Lebens grundsätzlich arrangieren. Versuchen Sie besser nicht, dem durch kleinteilige Zukunftsplanung entgehen zu wollen. Ihre Planung wird dadurch keinesfalls besser.

2.6   Denkfehler 6: Physikalische Gesetze

Sie sehen schon, es gibt eine Vielzahl physikalischer Gründe, weshalb es sehr schwierig ist, in die Zukunft zu sehen. Ein Herr namens Werner Heisenberg hat vor knapp 90 Jahren eine weitere physikalische Schwierigkeit postuliert, die sich seither auch in allen anderen Gebieten wie zum Beispiel der Wirtschaft erkennen lässt.

Beispiel

Haben Sie Kinder? Bei uns zu Hause gab es ein bestimmtes Regal in der Küche, in dem Süßigkeiten gelagert waren – unter anderem auch Schokolade. Stellen Sie sich vor, Sie werfen als Elternteil einen Blick dort hinauf und finden das Regal geplündert vor, der Schokoladenvorrat ist auf wundersame Weise abgeschmolzen. Dann wissen Sie absolut genau, was dort geschehen ist, wissen aber nicht, wann Ihre Kinder das Regal geplündert haben.

Andererseits kann es passieren, dass Ihre Kinder in der Küche so verdächtig ruhig sind. Sie kennen diese absolute Totenstille, oder? Dann ist Ihnen klar, dass jetzt im Moment dort irgendein Blödsinn passiert, Sie wissen aber nicht genau, was.

Wenn Sie schließlich beides wissen wollen, also das „Was" und das „Wann", dann müssen Sie in die Küche gehen und Ihre Kinder dabei beobachten. Da Ihre Kinder aber nicht dämlich sind, wird dann natürlich nichts passieren – Sie haben alleine durch die Beobachtung die Situation selbst schon verändert. Das ist – im übertragenen Sinne und kurz gesagt – die Heisenbergsche Unschärferelation. Je genauer Sie einen Aspekt – zum Beispiel das „Wann" – betrachten wollen, desto weniger genau wird ein anderer Aspekt sein müssen. ◀

Was genau bedeutet das für Zukunftsprognosen? Nun, es heißt ganz einfach, dass man nur begrenzt detailliert Aussagen machen kann über die Zukunft. Denken Sie an Ihre Tagesprognose im 24-h-Selbstversuch: Sie mögen mit einer gewissen Wahrscheinlichkeit sagen können, dass ein regelmäßig stattfindendes Meeting auch morgen stattfinden wird – aber Sie werden nicht exakt sagen können, wann dieses Meeting beendet sein wird. Oder nehmen Sie eine ganz alltägliche Prognose:

Beispiel

Vertriebs-Forecast
Nehmen wir an, Sie verkaufen Fernsehgeräte, der Markt sei insgesamt eher stabil und keiner Ihrer Wettbewerber plant, eine ungewöhnliche Aktion oder eine radikale Neuentwicklung auf den Markt zu bringen. Dann werden Sie vermutlich – gute Planungstools vorausgesetzt – einen *monats*genauen Mengenabsatz planen können, der im statistischen Mittel über alle Modelle hinweg ziemlich exakt sein kann. Allerdings können Sie aufgrund der breiten Distribution unmöglich planen, welcher Händler genau welchen Anteil der Mengen nehmen wird.

Andererseits kennen Sie Ihre Distribution gut und wissen, welcher Händler in welcher Produktkategorie oder Preisklasse besonders stark ist. Sie können für einzelne Händler oder Händlergruppen also den *Jahres*absatz voraussagen – vielleicht sogar modellgenau. Sie werden aber absoluten Schiffbruch erleiden, wenn Sie Verkaufsort (=Händler) und Verkaufszeit (=Monat) gleichzeitig exakt bestimmen wollen. ◄

Diese Limitierung der Genauigkeit nennt man in der Physik die *Heisenbergsche Unschärferelation,* die sich eigentlich auf die reine Beobachtung von Vorgängen der Gegenwart bezieht. Aber anhand des obigen Beispiels wird deutlich, dass sich auch zukünftige Entwicklungen voneinander abhängiger Variablen nicht beliebig genau planen.

▶   Je genauer Sie versuchen, einen Faktor zu bestimmen, desto größer werden die Ungenauigkeiten der anderen Faktoren.

2.7   Denkfehler 7: Der Glaube an die Existenz des Experten

Vor einigen Jahren gab es nach einem Anschlag wieder mal eine Sondersendung auf einem öffentlich-rechtlichen TV-Sender, zu der ein seriös wirkender Mann zugeschaltet wurde, der laut eingeblendetem Titel ein „Terrorismus-Experte" war. Die Moderatorin las ihre Beiträge von den üblichen, durch die Redaktion vorbereiteten Karten ab und fragte also unbekümmert: „Nach diesem Anschlag – müssen wir da in naher Zukunft mit weiteren, ähnlichen Anschlägen auch in anderen Städten rechnen?" Der Interviewpartner tat mir leid. Woher sollte der arme Mann das denn wissen? Außer vielleicht, wenn er seinen Experten-status dadurch erworben hätte, weil er jeden Donnerstagabend mit potenziellen Terroristen Karten spielt. Aber davon war ja wohl nicht auszugehen.

Aber statt der Moderatorin genau diese Gegenfrage zu stellen, bewahrte der Experte die Contenance und fing tatsächlich im Stile eines Universitätsprofessors an, pseudoseriös zu antworten. Es wird Sie nicht überraschen, dass er eigent-lich nichts Relevantes zu sagen hatte. Ob Terroristen oder andere Wahnsinnige nun exakt diesen Anschlag in anderen Städten wiederholen würden, konnte er ja unmöglich wissen. Und um die Frage zu beantworten, ob in Zukunft irgendwo auf der Welt die Gefahr weiterer Anschläge bestünde, bräuchte man keine Experten, sondern nur gesunden Menschenverstand. Aber es wäre halt weit weniger interessant für die Zuschauer gewesen, wenn die Moderatorin diese Frage einfach selbst beantwortet hätte.

Sie sehen hier die Rolle, die Experten eigentlich nur spielen können: Sie können versuchen, mit ihrem Wissen die Zusammenhänge zu erkennen und uns Nichtwissenden diese zu erläutern. Sofern sie dabei – soweit machbar – den bereits besprochenen Fehler der retrospektiven Logik vermeiden, mag uns das dazu dienen, Einschätzungen für die Zukunft bewerten zu können. Aber selber Prognosen erstellen können sie auch nicht besser als andere Menschen: Experten sind Experten für den Istzustand, nicht für die Zukunft.

Das war übrigens auch das Ergebnis einer Langzeitstudie, die der US-Wissen-schaftler Philip Tetlock über fast 20 Jahre betrieben und für die er detaillierte Voraussagen von 250 anerkannten politischen Experten eingeholt hatte. Das Ergebnis war so niederschmetternd, dass es in der wissenschaftlichen Fach-welt, aber auch in der New York Times (Stevens 2012) und im Wall Street Journal (Kueppers 2001) in der Form eines Witzes kursierte: Danach wäre der durchschnittliche Experte mit seinen Prognosen etwa so treffsicher wie ein Schimpanse, der mit verbundenen Augen Pfeile auf eine Dartscheibe wirft.

In seinem späteren Buch *Superforecasting* über Vorhersagetechniken versucht Tetlock ein wenig Ehrenrettung und schränkt dieses Urteil selbst marginal ein: Experten zeigten gute Ergebnisse bei Fragen der näheren Zukunft. Schon bei Voraussagen, die nur drei bis fünf Jahre in der Zukunft lagen, waren die Experten aber bei Darts werfenden Schimpansen angekommen (Tetlock 2017).

Dieses Urteil trifft natürlich keinesfalls nur politische Prognosen: Über den fehlenden Reichtum der Investmentbanker haben wir hier schon herzhaft gelacht – religiöse Fanatiker sagen den Weltuntergang seit 4000 Jahren ebenso vergeblich voraus wie technische Experten die technologische Entwicklung. Als stellvertretende Beispiele seien nur einmal die Zitate von Thomas Watson (Chairman von IBM, 1943: „… auf der Welt gibt es vielleicht einen Bedarf für etwa fünf Computer …"), Bill Gates (Microsoft, 1993: „… Internet, das ist doch nur ein Hype …") oder Steve Balmer (Microsoft, 2007: „Das iPhone hat keine Chance, einen signifikanten Marktanteil zu erreichen) …" genannt. (Dunn 2016).

Experten, das zeigt die wissenschaftlich einwandfrei ausgewertete Studie von Philip Tetlock, unterliegen den gleichen Bias, also den gleichen systematischen Fehlern in der Beurteilung der zukünftigen Entwicklung, wie jeder andere Mensch auch. Und viele Prognosen, gerade wenn es um längerfristige Vorhersagen (ab drei bis fünf Jahre!) geht, hätte man deutlich günstiger, nämlich schon für einen Euro bekommen können: Damit lassen sich Vorhersagen – mit gleicher Wahrscheinlichkeit – durch einfaches Hochwerfen einer Münze erstellen.

2.8   Denkfehler 8: Hochrechnungen

Experten, das haben wir eben gesehen, sind – sofern sie seriös sind – primär Experten für die Gegenwart. Sie verstehen denkbare Zusammenhänge und schließen aus dieser Erfahrung auf eine mögliche Zukunft, womit sie jedoch eben nur rein zufällig kommende Ereignisse vorhersagen. Tatsächlich ist es wieder der nicht berechenbare Zufall, der gegen eine sinnvolle Vorhersage spricht.

> **Beispiel**
>
> In einem Experiment, welches Philip Tetlock zitiert (Tetlock 2017, S. 40), sollen die Wissenschaftler Edwards und Estel einen T-förmigen Gang aufgebaut und dort Ratten hineingesetzt haben. An beiden oberen Seiten des Ganges befanden sich jeweils eine Futterklappe, die rein zufällig geöffnet wurden – allerdings so, dass sich in der Summe die eine Seite in 40 % der Versuche öffnete, die andere hingegen zu 60 %. Nach kurzer Zeit hatten die

Ratten ein Gefühl für die Wahrscheinlichkeiten entwickelt – jedenfalls, wenn wir davon ausgingen, dass Ratten des Zählens nicht mächtig sind – und setzten sich von da an einfach brav vor das 60-Prozent-Türchen. Eine Gruppe von Studenten, denen man denselben Aufbau vorsetzte, begann aufwendig, nach einem Muster in der Öffnungsfrequenz zu suchen (!) und dieses idealerweise zu berechnen – nur, dass es eben gar kein Muster gab. Als Ergebnis tippten die intellektuell ganz weit vorne liegenden Studenten das Ergebnis – die Zukunft – deutlich schlechter als die Ratten. ◄

Sollte das nicht ein Hinweis zum Umgang mit Expertenprognosen sein? Nun, mögen Sie dagegenhalten, dass der Plan Ihrer Vertriebsabteilung für den Absatz des kommenden Jahres ja auch auf den Vergangenheitswerten beruht und dennoch mit akzeptablen Abweichungen eintritt. Das ist jedoch an sich kein Widerspruch. Zum einen wird in der deutschen Sprache das Wort „Prognose" synonym zu „Vorhersage" benutzt, wodurch eine wesentliche Nuance verloren geht. Denn die englische Sprache differenziert da mehr, indem sie zwischen einem „Forecast" und einer „Prediction" unterscheidet. Der Forecast ist das einfache Fortschreiben einer Wertetabelle, indem man noch bekannte Störfaktoren (Saisonalität, Wetter etc.) hineinberechnet – die Prediction ist das, womit wir uns für Ihren zukünftigen Markt beschäftigen müssen.

Insofern ist Ihre Vertriebsplanung eben ein Forecast, der je nach Marktgegebenheit bis zu ein oder zwei Jahre funktionieren kann – das entspricht exakt der Aussage, die auch Tetlock für die politischen Experten als mögliche Trefferperiode festgestellt hat. Je weiter Sie sich jedoch vom Heute entfernen, desto ungenauer wird Ihre Planung. Im Bereich der Straßenbaumaschinen macht eine produktgenaue Planung bis zum dritten Jahr vielleicht noch Sinn, im Bereich der kurzlebigen Haushaltselektronik ist das Ende der Sinnhaftigkeit auch schon mal nach sechs Monaten erreicht.

The Great Horse Manure Crisis of 1894

Ende des 19. Jahrhunderts wuchsen Einwohnerzahlen und damit einhergehend der Verkehr in den großen Städten dieser Welt so rapide an, dass sich Stadtplaner begannen, echte Sorgen zu machen: Etwa 50.000 Pferde zogen alleine in London Kutschen, Karren und Pferdebusse und hinterließen dabei bis zu 10 L Urin und bis zu 20 kg Kot pro Pferd und Tag, die keineswegs sorgfältig entsorgt wurden. Man rechnete das Bevölkerungswachstum hoch, und ein Artikel in der London Times aus dem Jahr 1894 kam zu dem Schluss, dass, wenn die Entwicklung mit der Bevölkerungsexplosion und den dafür notwendigen Pferden so weiterginge wie bisher, die Stadt 50 Jahre später – also in den 1940er Jahren – unter knapp drei Metern Pferdemist begraben sein würde (Johnson 2015). Ein so schreckliches Szenario, dass dies das Hauptthema bei der 1898 stattfindenden, ersten globalen Stadtplanungskonferenz in New York wurde. Schon nach drei Tagen Brainstorming verließen die Teilnehmer die auf zehn Tage angesetzte Konferenz frustriert und ohne Lösung. Die brachte dann ab 1912 ein schwarzer Schwan in Form des Automobils …

Das eben skizzierte Szenario klingt arg skurril für unsere Ohren, ist aber keineswegs ein Witz – man diskutierte vor 120 Jahren tatsächlich solche Möglichkeiten. Das kommt Ihnen völlig übertrieben vor? Aber ist es das wirklich?

Solche Fehleinschätzungen waren zu jeder Zeit gang und gäbe und, seien wir uns da sicher, werden es auch heute und in Zukunft sein: Heute diskutieren wir zum Beispiel mit großer Energie die Auswirkungen der zu erwartenden Klimakatastrophe und sind uns, je nach Sichtweise, ganz sicher, dass der Meeresspiegel sich nun so oder anders entwickeln würde. Aber denken Sie, falls Sie sich noch erinnern – mal an die 70er-Jahre des vorigen Jahrhunderts zurück. Damals führte der gleiche Berufsstand der Meteorologen einen ganz ähnlich aussehenden Kampf um die Titelseite der Medien mit dem Thema „nächste Eiszeit":

Die nächste Eiszeit

Ein kleiner Blick in die Klima-Berichterstattung der Tagespresse in den 70er Jahren:

- „Amerikanische Journalisten beschrieben die Kälte im Osten des Landes als ‚Vorgeschmack auf die nächste Eiszeit'. Frost bis minus 50 Grad und Schnee bis sechs Meter Höhe verwandelten große Teile der Vereinigten Staaten in eine Polarlandschaft. … (Frankfurter Allgemeine Zeitung, 25.02.1977)" (Kulke 2009)
- „Droht eine neue Eiszeit? Nigel Calder (ehemals Herausgeber des angesehenen britischen New Scientist) hält dies für wahrscheinlich und veröffentlichte jüngst zum Beleg ein Buch mit aktuellen Forschungsergebnissen. (Süddeutsche Zeitung, 10.04.1975)" (Kulke 2009)

- „Seit zehn Jahren sinken die Temperaturen. Dennoch befürchten viele Meteorologen, dass es einen ‚Punkt ohne Umkehr' geben mag, von dem aus die verschmutzte Luft zwangsläufig und unaufhaltsam das Klima beeinflusst. Der Winter 1968/69 brachte für den Nordatlantik eine Eisbedeckung, wie es sie schon seit fast sechzig Jahren nicht mehr gab. Viel Eis reflektiert viel Sonnenstrahlung wieder in den Weltraum hinaus und verbraucht viel Wärme zum Schmelzen. (Hamburger Abendblatt, 21.03.1970)" (Kulke 2009)

Diese Fehleinschätzungen sind gerademal 40 Jahre alt und klingen irgendwie total fremd, oder? Weshalb sind wir uns dann so sicher, dass wir uns mit unserer heutigen Einschätzung der Zukunft auf einem realistischeren Weg befinden als die Kollegen der Eiszeitfraktion oder der Pferdemist-Skeptiker?

Reine Extrapolation eignet sich also keineswegs zur Beurteilung der Zukunft. Wer diesen Weg dennoch geht, läuft Gefahr, drastisch von der Wirklichkeit eingeholt zu werden. Wie zum Beispiel die Weihnachtsgänse, die dies immer wieder besonders schmerzhaft feststellen müssen: Da kommt 210 Tage hintereinander jeden Morgen ein fröhliches menschliches Gesicht, das die Stalltür und den Weg zur grünen Wiese öffnet, Futter in großen Mengen bereitstellt, Schutz vor Füchsen und anderem Ungetier bietet und abends alle wieder unversehrt zum Schlafen hereinholt. Was für eine liebevolle Behandlung – das sind doch 30 Wochen Wellness pur. Nimmt man als guter Mustererkenner nun – statistisch gesehen durchaus richtig – diese Ergebnisse her und rechnet die Entwicklung mittels Excel-Trendfunktion hoch, könnte man daraus schließen, dass das auch ewig so bliebe. Wäre da nicht in der 31. Woche der Besuch des Schlachters …

Und damit es Ihnen nicht so geht, hätte ich hier noch ein etwas älteres, aber sehr aktuelles Zitat zum Thema „aus der Vergangenheit in die Zukunft extrapolieren" (Butler 2012):

„When anyone asks me how I can best describe my experience in nearly forty years at sea, I merely say, uneventful. Of course there have been winter gales, and storms and fog and the like. But in all my experience, I have never been in any accident… or any sort worth speaking about. I have seen but one vessel in distress in all my years at sea. I never saw a wreck and never have been wrecked nor was I ever in any predicament that threatened to end in disaster of any sort."

(E. J. Smith 1907, späterer Kapitän der RMS Titanic)

Literatur

Butler DA (2012) Unsinkable: the full story of the RMS Titanic, Kindle. Da Capo Press, Cambridge

Deutscher Bundestag (2012) Bericht zur Risikoanalyse im Bevölkerungsschutz 2012. https://dipbt.bundestag.de/dip21/btd/17/120/1712051.pdf. Zugegriffen: 15. Mai 2020

Dobelli R (2011) Die Kunst des klaren Denkens – 52 Denkfehler, die Sie besser anderen überlassen. Hanser, München

Dunn M (2016) Here are 20 of the worst predictions ever made about the future of tech. https://www.news.com.au/technology/gadgets/here-are-20-of-the-worst-predictions-ever-made-about-the-future-of-tech/news-story/2300ac1ffb8a3ba18ce3219636700937. Zugegriffen: 20. Mai 2020

Hilbig H (2013) Marketing ist eine Wissenschaft … Springer Gabler, Wiesbaden

Jischa MF (2009) Gedanken zur Wahrnehmung der Zukunft. In: Popp R, Schüll E (Hrsg) Zukunftsforschung und Zukunftsgestaltung. Zukunft und Forschung. Springer, Berlin, S 37

Kueppers A (2001) Blindfolded monkey beats humans with stock picks. https://www.wsj.com/articles/SB991681622136214659. Zugegriffen: 18. Mai 2020

Johnson B (2015) The great horse manure crisis of 1894. https://www.historic-uk.com/HistoryUK/HistoryofBritain/Great-Horse-Manure-Crisis-of-1894/. Zugegriffen: 20. Mai 2020

Kulke U (2009) Als uns vor 30 Jahren eine neue Eiszeit drohte. https://www.welt.de/wissenschaft/umwelt/article5489379/Als-uns-vor-30-Jahren-eine-neue-Eiszeit-drohte.html. Zugegriffen: 20. Mai 2020

Lorenz E (1972) Predictability: Does the flap of a butterfly's wings in Brazil set of a tornado in Texas? https://eaps4.mit.edu/research/Lorenz/Butterfly_1972.pdf. Zugegriffen: 19. Mai 2020

Spiegel Online (2017) Turnier-Neuling gewinnt 8,1 Millionen Dollar. https://www.spiegel.de/panorama/world-series-of-poker-scott-blumstein-gewinnt-8-1-millionen-dollar-a-1159294.html. Zugegriffen: 18. Mai 2020

Stevens J (2012) Political scientists are lousy forecasters. https://www.nytimes.com/2012/06/24/opinion/sunday/political-scientists-are-lousy-forecasters.html. Zugegriffen: 18. Mai 2020

Taleb NN (2014) Der schwarze Schwan – Die Macht höchst unwahrscheinlicher Ereignisse. DTV, München

Tetlock PE (2017) Expert political judgment: how good is it? How can we know? Princeton University Press, Princeton

Tetlock PE, Gardner D (2016) Superforecasting – Die Kunst der richtigen Prognose. Fischer, Frankfurt a. M.

Von Fehlern und Erfolgen anderer Unternehmen lernen

3

Zusammenfassung

Anhand von zehn analysierten Case-Studies werden Beispiele für erfolgreiche und weniger erfolgreiche Zukunftsstrategien dargestellt. Neben den in Kap. 2 aufgeführten Denkfehlern werden weitere, zum Teil tragische strategische Fehler vorgestellt, die Unternehmen in den Ruin getrieben haben. Ebenso gibt es aber auch Erfolgsgeschichten, die über geniale Schachzüge und das Glück des Tüchtigen berichten. Die Beispiele umfassen die Geschichten bekannter aktueller Marken wie Ikea, Shell, Casio oder die Rügenwalder Mühle ebenso wie Unternehmen, deren Glanz inzwischen verloschen ist wie Kodak, Time/system oder Olympia, und dienen dazu, die Systematik erfolgreichen Zukunftsmanagements zu identifizieren.

Auf den folgenden Seiten möchte ich, etwas verkürzt, einige Beispiele für Unternehmen aufzeigen, die sich sehr unterschiedlich – deshalb auch mit sehr unterschiedlichem Erfolg – auf die Zukunft vorbereitet haben. Auch wenn dieses Buch primär für Unternehmen des Mittelstandes konzipiert ist, habe ich mich bei diesen Beispielen bewusst auf bekannte Marken und weniger auf den Faktor Mittelstand konzentriert. Hintergrund hierfür ist, dass Sie diese Fälle selbst auch leicht im Internet recherchieren können, wenn Ihnen meine Darstellung hier zu kurz gerät. Das ist ein Vorteil, der bei dem einen oder anderen weniger erfolgreichen Mittelständler eben nicht mehr möglich ist. Für Ihren persönlichen Faktencheck finden Sie Links und Quellen zu jedem Fallbeispiel in Abschn. 8.4.

Wir starten mit den weniger schönen Beispielen, aus denen man jedoch eine Menge lernen kann – und enden dann mit einigen wirklich erfolgreichen Unternehmen. Da nach dem Krieg jeder ein guter General ist – und ich will mich da keineswegs ausschließen – gibt es zu jedem Beispiel eine kurze Einschätzung, was vermutlich die Erfolgs- bzw. Misserfolgsfaktoren gewesen sind. So leiten wir auf die späteren Kapitel über (s. Abschn. 3.4 bis 4.6), in denen wir uns damit beschäftigen, wie man die gefundenen Faktoren zu einem praktikablen Konzept zusammenstellen und mit den verfügbaren Ressourcen eines mittelständischen Unternehmens umsetzen kann.

3.1   Kodak: Ein Markt gehört keinem Unternehmen

Das Unternehmen hatte 180.000 Mitarbeiter weltweit unter Vertrag und verdiente praktisch an jedem auf diesem Planeten geschossenen Foto mehrfach mit. 80 % Marktanteil bei Fotopapieren und hatte ein ähnlich glückliches Händchen bei den Filmen und Laboren. Die Rede ist von der Eastman Kodak Corporation, einem Unternehmen, das die Fotobranche so dominierte, dass absolut nichts ohne Kodaks Zustimmung geschah. Auf den großen Fotomessen in den USA und in Deutschland bestand das Unternehmen grundsätzlich auf einer eigenen, exklusiv genutzten Halle, um sich angemessen präsentieren zu können. Kurz: Kodak ging es hervorragend und man fühlte sich unangreifbar.

Im Jahr der (ersten) Katastrophe – 2012 –, in der der Konzern Insolvenz anmelden und sich unter den Schutz des Chapter 11 des amerikanischen US Bankcruptcy Codes stellen musste, hatte das Unternehmen ein Vermögen von über fünf Milliarden US-Dollar – nur eben leider auch über sieben Milliarden US-Dollar Verbindlichkeiten. Wie hatte es nur soweit kommen können? Schließlich war Kodak eine unternehmerische Institution ähnlich wie es heute Facebook, Google oder Amazon sind. Und ähnlich wie diese Konzerne handelte der Fotogigant proaktiv, war ständig auf der Suche nach neuen, innovativen Geschäftsfeldern und war in seinem Vorgehen durchaus unkonventionell: So wurde etwa im Jahr 2007 im Keller des Headquarters in Rochester (USA) ein Forschungsreaktor mit 1,5 kg waffenfähigem Uran entdeckt (WeltN24 vom 16.05.2012). Damit hatte die Firma die Haltbarkeit von Fotos testen wollen.

Zu dieser Suche gehörte auch, dass im Jahr 1973 der erst 24 Jahre alte Ingenieur Steven J. Sasson eingestellt wurde, der gleich als erste Aufgabe eine sinnvolle Anwendung für einen der ersten verfügbaren Bildsensoren finden sollte. Sasson also begann in Rochester in einem kleinen Labor zu experimentieren und schuf etwas, das er seinen Vorgesetzten 1975 vorstellte: Ein hässlicher, hellblauer Kasten mit einem Super-8-Objektiv aus dem Altteillager und einer Audiokassette offen an der rechten Seite hängend. Auf diese Kassette speicherte er in digitaler Form das von dem Sensor aufgenommene Bild und spielte es dann über einen herkömmlichen Fernseher wieder ab (Abb. 3.1).

Das Ganze war, gemessen an unserem heutigen Standard, nicht wirklich beeindruckend: Ein Schwarzweiß-Bild mit 10.000 Pixeln (Ihr Smartphone macht es nicht unter 20 Mio.!), das nach fast einer halben Minute endlich gespeichert war. Aber: Es war de facto die erste Digitalkamera.

Was dann geschah, habe ich in anderer Form immer wieder bei erfolgreichen Unternehmen erlebt: Steven Sasson durfte seine Erfindung nicht veröffentlichen. „Ich durfte kein Wort darüber verlieren", sagte er in einem Interview mit dem Spiegel später einmal. Die offizielle Begründung, mit der er wieder in den Keller geschickt wurde, lautete jedoch, dass man nicht glaube, dass überhaupt jemand seine Bilder auf einem Fernsehschirm ansehen wolle. Aber wenn es nur um die schlechten Business-Aussichten einer wenig versprechenden Technologie ging, warum dann die totale Geheimhaltung?

Tatsächlich befürchteten seine Vorgesetzten, dass diese neue Technologie den Gewinn des Unternehmens im Bereich der Filme schmälern könnte. Kodaks ganzer finanzieller Erfolg basierte schließlich seit knapp einhundert Jahren darauf, dass man Verbrauchsmaterial herstellte und verkaufte. Der Schutz des

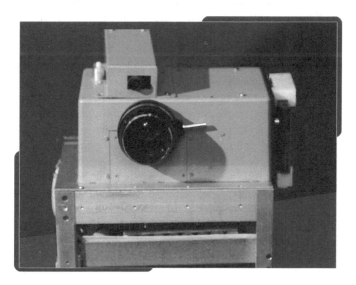

Abb. 3.1 Die erste digitale Kamera von 1975. (Quelle: Associated Press/dpa Picture-Alliance GmbH)

laufenden Geschäfts war also das eigentliche Motiv. Warum sollte man sich selbst Konkurrenz machen? Und aufgrund der Größe und marktbeherrschenden Bedeutung des Unternehmens im Fotomarkt war man überzeugt davon, die Entwicklung im eigenen Interesse so steuern zu können, dass die Profitabilität nicht geschmälert würde.

Eine fatale Fehleinschätzung, wie sich später herausstellte. Kodak-eigene Analysten hatten nämlich die digitale Veränderung des Marktes schon früh für Mitte der 90er-Jahre vorausgesehen – Sassons Erfindung war sozusagen nur die Umsetzung in praktische Produkte. Aber die Verantwortlichen bei Kodak hatten mit Veränderungen in einer 20 Jahre fernen Zukunft nichts am Hut:

„When you're talking to a bunch of corporate guys about 18 to 20 years in the future, when none of those guys will still be in the company, they don't get too excited about it", sagte Sasson in einem Interview der New York Times (Estrin 2015) später. Für diese Manager stand der kurzfristige Umsatzerfolg und vielleicht der eigene Bonus über den langfristigen strategischen Entscheidungen. Man ließ Sasson jedoch weiterarbeiten, und 1978 beantragte er unter der Nummer US4131919A das Patent für seine Erfindung. Später arbeitet er dann an Lösungen weiter, mit denen man im High-End-Bereich Spiegelreflexkameras auf digitale Bilderfassung umrüsten konnte. Aber den lukrativen Markt der Kamera-Hardware verschlief Kodak komplett. Selbst als ein reines Elektronikunternehmen ohne jeden fotografischen Background, Casio, Ende 1994 mit der QV-10 die erste marktfähige Digitalkamera für Verbraucher vorstellte – und damit sogar alle japanischen Kamerahersteller irritierte – schlief man in Rochester weiter den Schlaf der Selbstzufriedenen. Als man dann endlich begann, diese Entwicklung ernst zu nehmen, war es schon zu spät: Der analoge Fotomarkt war Ende der 90er-Jahre bereits im Sturzflug und die eigenen Digitalkameras, die Kodak in Fernost fertigen ließ, waren im Vergleich zu den schon weiterentwickelten Modellen der japanischen Konkurrenz grobschlächtige Kästen, die den Ansprüchen der Verbraucher an Technik und Design einfach nicht mehr gerecht wurden. Kodak hatte die 20 Jahre Vorsprung nicht genutzt.

Ein letztes Mal versuchte der Konzern das Rad herumzureißen, indem es ab 1996 von jedem Kamerahersteller Lizenzgebühren für die Nutzung des Patents verlangte. Aber auch das war nicht erfolgreich: Mit der ursprünglichen Erfindung der digitalen Kamera durch Steven Sasson war Kodak dem Markt so weit voraus gewesen, dass der Massenmarkt erst startete, als das ursprüngliche Patent 1998 bereits auslief. Manchmal kann es passieren, dass man seiner Zeit (zu weit) voraus ist. Dumm gelaufen?

2012 meldete die Eastman Kodak Company Insolvenz entsprechend Chapter 11 des amerikanischen Insolvenzrechtes an. Heute bestehen die Reste des Unternehmens noch aus einzelnen Nachfolgeorganisationen mit unterschiedlichen Geschäftsfeldern und Anteilseignern, die weltweit noch 7000 Mitarbeiter beschäftigen. Und den Kodak-Stand auf den verbliebenen Foto-Messen muss man inzwischen suchen …

Kodak: Die drei wichtigsten Fehler
- Kodak überschätzte den eigenen Einfluss auf die Entwicklung des Fotomarkts.
- Konkurrenzangebote wurden abgelehnt, statt sich damit auseinanderzusetzen.
- Kodaks Hauptfokus bei der Wettbewerbsbeobachtung lag auf dem unmittelbaren Wettbewerb, nicht auf Angriffen von der Seite.

3.2   Olympia: Zukunftsvisionen ohne Fantasie

Das nächste Unternehmen, dem unsere Aufmerksamkeit gilt, hat eine ähnliche Geschichte wie Kodak – und war auf seinem Gebiet durchaus ähnlich erfolgreich. Es wurde 1903 unter dem Namen Union Schreibmaschinen-Gesellschaft m.b.H. in Deutschland als Tochter der AEG gegründet und beschäftigte zu Spitzenzeiten mehr als 20.000 Mitarbeiter – zusätzlich zu den nicht gezählten Zulieferbetrieben. Die Rede ist von Olympia – oder genauer gesagt der Olympia Büromaschinenwerke AG. Der Konzern expandierte im Laufe der Nachkriegsjahre so sehr, dass er in der Hochphase mit IBM (USA) und Olivetti (Italien) zu den drei größten Büromaschinenwerken weltweit zählte. Wie Kodak hat auch Olympia diese Größe gern demonstriert: In der 1970 neu eröffneten Halle 1 (der „Cebit-Halle") der Hannover-Messe war Olympia der größte Aussteller.

Weitere Parallelen zu Kodak finden sich auch in der Vorbereitung der Zukunft: Olympia war als Schreibmaschinenbauer gegründet und erfolgreich geworden, aber man war stetig auf der Suche nach weiteren Geschäftsfeldern. Im Zweiten Weltkrieg baute das Unternehmen die Enigma, die sagenumwobene Chiffriermaschine des deutschen Reichs – Filmstar vieler Hollywoodstreifen –, aber darauf ließ sich natürlich kein Massengeschäft aufbauen. Zumal die Sache so was von geheim war, dass es niemand mitbekommen hatte. Okay, bis auf die US-Streitkräfte vielleicht, die im April 1945 das produzierende Werk in Erfurt kurzerhand zerlegten.

Auf der Suche nach vielversprechenden Zukunftsmärkten stieg man bei Olympia deshalb in den Bau von Datenerfassungs- und Rechenmaschinen ein, kaufte entsprechende Werke hinzu oder kooperierte zum Beispiel mit dem japanischen Unternehmen Matsushita – dem Vorgänger des heutigen Elektronikkonzerns Panasonic.

Olympia erweiterte sein Angebotsfeld kontinuierlich um Produkte, die im weitesten Sinne zum Markenkern „Büromaschinen" passten, ohne dort allerdings selbst tiefe fundierte Kompetenzen aufbauen zu können. Die Rechenmaschinen beispielsweise basierten alle auf den sogenannten Nixie-Röhren, die einige von Ihnen vielleicht noch aus alten Filmen oder dem Museum kennen: Die Anzeigen bestanden aus orange-leuchtenden Ziffern von 0 bis 9, die hintereinander in einer Glühlampen-ähnlichen Konstruktion montiert waren und ohne Zweifel einen unsagbar großen Strombedarf hatten. Die Produkte waren schwer, teuer, ließen Sicherungen durchbrennen – und waren eben in keiner Weise mit modernen Transistor-basierten Rechnern der japanischen Unternehmen konkurrenzfähig.

Interessanterweise investierte das Olympia-Management aber kaum Energie, um sein Kerngeschäft, die Schreibmaschinen, in das nächste Jahrtausend zu führen. Aus den Schreibmaschinen der 70er-Jahre wurden zwar immer leistungsfähigere Modelle mit Schreibspeicher und Displays oder sogar mit Anschluss an externe Datenträger („für ein nahezu unbegrenztes Schreibvolumen" – so die Olympia-Eigenwerbung), und mit dem Produkt *Olytext 20* brachte das Unternehmen 1986 sogar ein Produkt auf den Markt, das dem IBM PC von 1981 wie aus dem Gesicht geschnitten war. Aber auch das war eben nur eine weiterentwickelte Schreibmaschine. Der grundsätzliche Denkfehler bestand darin, dass sich das Management eine Trennung von Erfassung, Speicherung und Drucken der Texte im Arbeitsablauf eines Büros einfach nicht vorstellen konnte und deshalb immer weiter über „optimierte Schreibmaschinen" nachdachte.

Dabei gab es solche Ansätze im Konzern durchaus. Nur 25 km vom ehemaligen Standort Wilhelmshaven entfernt, auf der anderen Seite des Jadebusens, gibt es heute in Varel ein Unternehmen (Microplex Printware AG), das auf Technologien aufbaut, die ursprünglich bei Olympia entwickelt wurden. Dort werden heute erfolgreich Industriedrucker gebaut, die sich ohne Aufwand in jedes IT-System einbinden lassen.

Das damalige Olympia-Management jedoch hatte für solche Entwicklungen kein Gespür. Die ehemalige Marktdominanz und die zentrale Bedeutung, die Schreibmaschinen für das Unternehmen immer noch darstellten, führten zum Tunnelblick – ein gerade bei Marktführern immer wieder zu beobachtendes Phänomen. Und so setzte Olympia auch noch in den 80er-Jahren den Fokus auf immer perfektere Schreibautomaten, während in Unternehmen und privaten Haushalten die Computer mit Textverarbeitungsprogrammen Einzug hielten.

Olympia wurde – wie auch dessen Mutterkonzerne AEG und Daimler – von der Zukunft eingeholt – oder besser: kalt erwischt.

Olympia: Die drei wichtigsten Fehler
- Auch Olympia unterlag dem Glauben, als einer der globalen Marktführer die Entwicklung des Markts selbst steuern zu können.
- Wie auch Kodak fehlte die kritische Auseinandersetzung mit den parallel entstehenden, konkurrierenden Technologien.
- Als diese dann marktrelevant wurden, reagierte das Unternehmen nicht flexibel genug, um die Chancen in den neuen Technologien zu erkennen.

3.3 Swissair: Die eigene Position überschätzen

Die folgende Geschichte habe ich vor fast 20 Jahren von einem Unternehmensberater erzählt bekommen, dessen Arbeitgeber an dem beschriebenen Fall beteiligt war und der diesen Teil der Geschichte selbst erlebt hat.

Anfang der 90er-Jahre erfolgte eine weitere Stufe der Liberalisierung des Flugverkehrs. Der ehemals überwiegend staatlich regulierten Angelegenheit des Fliegens wurden im Laufe der Jahre immer mehr marktwirtschaftliche Elemente hinzugefügt wie zum Beispiel die Freigabe der Preise im Zuge des dritten Liberalisierungspakets von 1992. Als Folge dessen mussten Fluglinien sich plötzlich in einem freien Markt behaupten – eine völlig neue Marktsituation: Es gab weder konkurrenzfreie Flugverbindungen mehr noch durch Preisabsprachen garantierte Mindestmargen. Die bisher so zufriedenstellenden Geschäftszahlen der Flugunternehmen drohten sich in ein freundliches Knallrot zu wandeln. Airlines schlossen sich zu Allianzen zusammen, um gemeinsam jeweils bessere Angebote machen zu können. In Europa bildeten sich drei wesentliche Cluster jeweils rund um die großen Airlines Deutschlands (Lufthansa), Frankreichs (Air France) und Großbritanniens (Britisch Airways). Für alle anderen kleineren europäischen Airlines stellte sich die Frage, ob man sich einem dieser drei Cluster anschließen oder nach alternativen Strategien suchen sollte. Eine Airline war davon besonders betroffen: die Swissair.

Swissair war Anfang der 90er-Jahre eine absolute Vorzeige-Airline, die deutlich mehr Passagiere beförderte als der Schweizer Flugmarkt zu bieten hatte. Einer der Gründe dafür: Swissair galt unter Vielfliegern als eine der besten

Airlines der Welt mit herausragendem Service, qualitativ ungeschlagenem Catering an Bord, extrem (für damalige Verhältnisse) komfortablen Sitzen und einem sehr gut ausgebauten Streckennetz. Wer als Vielflieger die Airline wählen durfte, wählte Swissair.

1989, lange vor der Gründung der großen Allianzen, hatte die Swissair als erstes Unternehmen mit der US-Airline Delta sowie Singapur Airlines die Global Excellence Alliance gegründet, die jedoch nun, Mitte der 90er-Jahre zu scheitern drohte. Um Delta bei der Stange zu halten, musste Swissair immer größere Marktanteile im europäischen Luftgeschäft einfahren und versuchte, dies zunächst über neue Kooperationen und später über zum Teil sehr zweifelhafte Beteiligungen an unterschiedlichsten Fluglinien zu realisieren. Dennoch verließ Delta Ende der 90er die Allianz mit Swissair und wendete sich der Air France zu, mit der sie dann die Allianz SkyTeam gründete. Das Schweizer Unternehmen blieb mit einem Riesenberg Schulden und sehr wackeligen Beteiligungen an zum Teil finanziell angeschlagenen Luftfahrtlinien zurück. Aus dem Vorzeige-Unternehmen war fast schlagartig ein Sanierungsfall geworden, und der damalige CEO versuchte deshalb, wo immer möglich, Geld zu sparen.

In dieser Situation kamen zwei Fakten auf den Tisch des Boards, die wesentlichen Einfluss auf die weiteren Abläufe hatten. Zum einen wurde innerhalb des Konzerns lautstark propagiert, dass die Kostenstruktur der Zweitmarke Crossair wesentlich günstiger wäre als die der Mutter Swissair. Zum anderen schien dies durch ein Benchmarking mit dem nördlichen Konkurrenten Lufthansa bestätigt zu sein. Auch die Deutschen flogen wesentlich günstiger als die Eidgenossen, was im Wesentlichen an einer schlankeren Personalstruktur zu liegen schien: Der Kranich flog mit wesentlich weniger Personal pro 1000 Passagiere als das weiße Kreuz der Schweizer.

In der Folge wurde ein drastisches Sparprogramm ins Leben gerufen: 500 Mio. Franken sollten binnen zwei Jahren eingespart, 1200 Stellen abgebaut und das Liniennetz ausgedünnt werden. Tragische Entscheidungen, die gerade die Kernzielgruppe der Vielflieger ins Mark traf, denn nun wurde aus der besten Airline der Welt plötzlich ein Billigflieger: Die viel gelobte Küche über den Wolken verschwand, die Zahl der Flugbegleiter pro Flug wurde reduziert und die Swissair war auch deshalb schon nicht mehr erste Wahl vieler Vielflieger, weil sie den Flugplan so ausdünnte, dass bestimmte Strecken überhaupt nicht mehr angeboten wurden.

Das Ende der Geschichte ist schnell erzählt: Die drastische, ständig weiterwachsende Überschuldung war Anfang des Jahres 2000 nicht mehr in den Griff zu bekommen, das Unternehmen flog Ende 2001 in den Konkurs, und der letzte

Flieger hob am 1. April 2002 ab. Aus den Resten der einst stolzen Airline wurde anschließend eine neue Firma, die Swiss, gegründet.

Anders als in den beiden vorherigen Beispielen gab es für das endgültige Scheitern der Swissair eine Vielzahl von Gründen und Fehlentscheidungen. Besonders tragisch ist jedoch der Teil, bei dem es um die durchgeführten Sparmaßnahmen ging. Denn hier wurde seitens der Manager der Airline tatsächlich mit falschen Benchmarks gearbeitet: Die Zahlen der Tochter Crossair waren im konzerneigenen Controlling zwar richtig, verschwiegen aber, dass Crossair eine Reihe von Leistungen als Teile des Konzerns nutzen konnte, ohne diese explizit in seinen Kosten pro Passagier ausweisen zu müssen.

Und das Benchmark mit den Deutschen? War schlicht falsch. Man verglich die Werte für den KPI „Zahl der Mitarbeiter pro 1000 Passagiere" – nur, dass bei der Lufthansa diese Zahl definiert war als Zahl des fliegenden Personals pro 1000 Passagiere, wohingegen man bei Swissair darunter die Gesamtzahl aller Mitarbeiter pro 1000 Passagiere verstand – einschließlich des Personals am Boden.

Swissair: Die drei wichtigsten Fehler

Genau genommen wurde bei der Swissair derselbe Fehler dreimal hintereinander gemacht: Man setzte auf eine Me-too-Strategie, indem man die Strategien anderer, weit größerer Airlines kopierte, ohne eigene Stärken und Schwächen dabei zu berücksichtigen:

- Bei der Wahl einer Zukunftsstrategie hatte sich das Management in Vorbereitung der zu erwartenden Liberalisierung des Marktes für die Rolle als Junior-Partner von Delta entschieden, obgleich diese Partnerschaft offenbar von Anfang an wackelig gewesen zu sein scheint. Dies trieb die kleine, aber eigentlich überaus erfolgreiche Swissair zwangsweise in eine ungesunde Wachstumsstrategie.
- Nachdem die Kooperation mit Delta geplatzt war, setzte man wieder auf ein Konzept, welches von den drei großen europäischen Airlines vorgelebt wurde und gründete eine eigene Allianz.
- Als das Gebäude zu wanken begann, suchte das Management erneut die Lösung im Kopieren der Strategie anderer, indem man das eigene Angebot über (falsche) Benchmarks vergleichen und steuern wollte.

3.4   Daimler/AEG/Olympia: Chancen nicht erkennen

Eine Situation, die den Eltern unter Ihnen bestimmt bekannt vorkommt: Ein Kind kommt wutentbrannt nach Hause und erklärt mit entschlossener Miene: „Da kann ich nicht mehr hin – da sind die Großen jetzt." Damit hat es seinen Eltern eröffnet, dass es auf irgendeinem Spielplatz mal wieder den Krieg der halben Meter gab. Mal waren es „die Großen", mal die „dumme Kuh" von nebenan. Auf jeden Fall hatte das Kleine keine Lust mehr, auf diesen einen Spielplatz zu gehen. Wie reagiert man richtig darauf?

Wenn wir die Variante „Mit dem Kind an der Hand zur dummen Kuh laufen und die Wucht der erwachsenen Autorität walten lassen" mal ausschließen, dann bleibt nur, mit dem Kind über mögliche Alternativen zu sprechen. Alternative Verhaltensweisen auf dem Spielplatz, alternative Freunde oder auch alternative Zeiten, zu denen der Spielplatz genutzt wird. Auf keinen Fall wird irgendein Elternteil einfach den eben erklärten Rückzug des Kindes akzeptieren: Ein Kind, das sich von Spielplätzen zurückzieht, ohne Ideen für alternative Handlungs-weisen zu entwickeln, wird mit der Zeit recht einsam. Soooo viele Spielplätze wird es rund um den eigenen Wohnort herum schließlich nicht geben. Wenn wir einen solchen Rückzug der Kleinen aber schon vehement von uns weisen, weil es die Handlungsoptionen des Kindes drastisch einschränken würde, sollte das nicht auch für die Großen, also zum Beispiel bei unserer Strategieentwicklung, gelten?

Blicken wir noch einmal zurück zum deutschen Schreibmaschinen-Markt-führer Olympia. Die direkte Fehlentscheidung lag natürlich bei Olympia selbst, deren Führung nicht außerhalb des gelernten Tunnels denken und handeln konnte und so den Übergang von einem bedeutenden Büromaschinen-Anbieter zu einem Büroelektronik-Anbieter schlicht verpasste. Aber die Geschichte hatte noch eine zweite, tiefergehende Ebene: Auch die Mutter-Konzerne (müsste man nicht eigentlich eher von Mutter und Großmutter sprechen?) AEG und Daimler verpassten ihre Chance. Denn während das Olympia-Management nur im Tunnelblick gefangen war, verpassten die AEG- und Daimler-Manager, als eine der ersten Unternehmen massiv in der schönen neuen, elektronischen Welt Büro-kommunikation mitspielen zu dürfen, bei der die Tochter Olympia immerhin schon einen guten Fuß in der Tür hatte. Die Wochenzeitung „Die Zeit" schrieb im Jahr 1991 in einem Interview mit dem damaligen Vorstandvorsitzenden des Daimler-Imperiums (Eglau 1991): „Zumindest bei der AEG spricht sich Edzard

Reuter von eigenen Fehleinschätzungen keinesfalls frei. So habe er, wie er freimütig einräumte, ‚hinterher bereut', die Bürokommunikation noch 1988 als Kerngeschäftsfeld deklariert zu haben." Er hatte bereut, Bürokommunikation als Kerngeschäft angesehen zu haben? Hinter welchem Stern lebte der Mann – und mit ihm die Daimler-Führung?

Zum Zeitpunkt des Interviews 1991 war der IBM-PC bereits zehn Jahre auf dem Markt, und wie groß das Thema Bürokommunikation einmal werden würde, zeigte sich spätestens am 12. März 1986, als auf dem Gelände der Hannover Messe AG die erste eigenständige CeBit veranstaltet wurde, die aus dem Bereich Informationstechnik der „alten" Hannover Messe einfach herausgewachsen war. Ach ja, und ziemlich genau zwei Monate vor dem Interview, am 6. August 1991, wurde das Internet in den Grundzügen, wie wir es heute kennen, von Tim Berners-Lee (Wikipedia 2017) veröffentlicht und nutzbar gemacht.

Zugegeben, wenn man mit Nixie-Röhren und Typenhebel-Schreibautomaten die tollen neuen Spielplätze des Informationszeitalters betreten musste, konnte man nur verlieren. Aber welche Chancen hat Daimler verpasst, als es für sich und die Tochterfirma AEG den alternativlosen Rückzug (und damit für die Enkelin Olympia den Tod) beschloss?

Daimler/AEG/Olympia: Die drei wichtigsten Fehler

- Aufgrund der Abhängigkeiten war der „Rückzug aus der Bürokommunikation" eine typische Konzern-Fehlentscheidung. Die, die es hätten besser wissen müssen, hatten wenig Einfluss auf die Entscheidung. Und die, die entschieden, hatten keinen Überblick über die Chancen des neuen Marktes.
- Hinzu kommt offenbar, dass es weder bei Daimler noch bei seinen Töchtern AEG und Olympia Prozesse zur Entwicklung tragfähiger Zukunftsszenarien gab. Man konnte sich schlicht nicht vorstellen, dass Bürokommunikation zu einem der umwälzenden Themen des kommenden Jahrhunderts werden würde.
- Zu dem für Olympia kritischen Zeitpunkt war in allen drei Konzernen die falsche Gruppe von Unternehmensmanagern am Ruder. Dort, wo ausgebaut hätten werden müssen, wurde stattdessen der Fokus auf Kostenreduktion gelegt.

3.5   Polaroid et al.: Mit Rückzug kann man nicht gewinnen

Ein neueres Beispiel eines Unternehmens, welches seine Marktbedeutung durch Rückzug völlig verloren hat, ist das US-Unternehmen Polaroid, das in den 70ern und 80ern des letzten Jahrhunderts großartige Erfolge mit Sofortbildern einfuhr und 1985 sogar den Fotogiganten Kodak erfolgreich vor Gericht in die Knie zwang, die versucht hatten, ein eigenes Sofortbildsystem zu verkaufen. Als der Markt für Polaroid Mitte der 90er-Jahre schwierig wurde, weil der scheinbar einzige Produktvorteil – die sofortige Verfügbarkeit des Bildes – jetzt von Digitalkameras in wesentlich besserer Qualität abgedeckt wurde, zog Polaroid sich in vielen Schritten immer weiter zurück. Zuerst wurde die Entwicklung neuer Produkte im Verbrauchermarkt eingestellt, dann die bis dato hochprofitable Sparte „Passbildfotografie" – und mit der zunehmenden Digitalisierung der professionellen Fotografie endete auch das Kapitel Polaroid-Proofs im Fotostudio: Polaroid meldete 2001 das erste Mal Konkurs an.

Übrigens: Sofortbildfotografie selbst ist keineswegs so tot, wie man meinen könnte: Während die heutigen Inhaber von Polaroid dieser Technik gänzlich abgeschworen haben und stattdessen die Marke auf allerlei Drittware kleben, erfreut sich der frühere Wettbewerber Fujifilm eines nie erwarteten Ansturms auf Instantkameras, deren Bilder sogar noch kleiner sind als das, was Polaroid früher zu bieten hatte. Angesichts des unendlich geteilten Internets scheint die Sehnsucht nach Vergänglichkeit neue Märkte geschaffen zu haben …

Rückzug aus dem Geschäft als einziger Strategieansatz? Tatsächlich ist so ein Ansatz verbreiteter, als man denkt. Den Ursachen hierfür werden wir im Abschn. 4.6 („Mal unter uns: Sind Sie der richtige Manager für die Aufgabe?") noch auf den Grund gehen.

Absolut sinnfrei wird so ein Ansatz jedoch, wenn alle Wettbewerber eines Marktes sich der gleichen Idee verschreiben. So wie vor einigen Jahren im Markt für digitale Kameras. In Tab. 3.1 finden Sie eine kleine Zusammenstellung aktueller News. Soweit die Zitate einiger Pressemitteilungen der wesentlichen asiatischen Anbieter aus den letzten Jahren.

Bis 2010 war der weltweite Markt für Digitalkameras jedes Jahr ein gutes Stück gewachsen. Als sich dann ab 2011 die Zeichen mehrten, dass man sich auf so ein Wachstum nicht weiter verlassen könnte, erschien offenbar den Strategen in den asiatischen Firmenzentralen der schrittweise Rückzug aus dem Geschäft der kleinen Kompaktkameras das einzig probate Mittel, um die Gewinnsituation zu retten. Scheinbar ein guter Lösungsansatz: Wenn man auf den Teil verzichtete,

Tab. 3.1 Entwicklung einer „Branchen-Strategie"

Datum	Hersteller	Zitat Presseerklärungen
14. Mai 2012	Samsung	Der koreanische Hersteller will in seiner größten chinesischen Fertigung in Zukunft mehr … System-kameras statt digitaler Kompaktkameras produzieren (Photoscala 2012)
8. Juni 2012	Olympus	Im Imaging-Bereich will man sich auf spiegellose und ambitionierte Kompaktkameras konzentrieren (Maschke 2012)
17. Juni 2015	Casio	Casio gibt den Kameramarkt in Europa auf (Buttlar 2015)
21. November 2015	Samsung	Ausstieg aus dem Kamerageschäft (Kuhn 2015)
29. Juli 2016	Fujifilm	Begegnen will Fuji dem (Umsatzverlust) zukünftig mit der noch stärkeren Hinwendung zu hochwertigen (und damit hochpreisigen) Produkten (Photoscala 2016a)
8. November 2016	Nikon	Nikon will sich auf hochpreisige Produkte konzentrieren, die ordentliche Gewinne versprechen. Damit dürfte sich das Unternehmen aus dem Geschäft mit Kompaktkameras verabschieden (Photoscala 2016b)
13. Februar 2017	Nikon	Nikon hat heute offiziell das Aus für die Premium-Kompaktkameras der DL-Serie verkündet (Photoscala 2017a)
27. Februar 2017	Nikon	Nikon will sich auf profitable Systemkameras konzentrieren (Photoscala 2017b)
13. April 2017	Ricoh	Ricoh erläutert, dass sich das Unternehmen auf „high added value products" … konzentrieren wird. … Damit stellt Ricoh eigentlich nur klar, was längst offensichtlich ist: Klassische Kompaktkameras bietet das Unternehmen nicht mehr an (Photoscala 2017c)

der mengenmäßig zwar 90 % des Marktes[1] umfasste, ertragsmäßig aber nur Ver-luste erzielte, dann musste dies doch zur Gewinnsteigerung beitragen, oder?

Wohl eher nicht. Denn zum einen schrumpfte auch der profitablere High-End-Markt drastisch, sodass auch dieser scheinbar schmackhaftere Kuchen per

---

[1]Bis etwa 2010 lag der mengenmäßige Anteil der Kompaktkameras am Gesamtmarkt je nach Region bei 85 bis 90 % (CIPA).

se immer kleiner wurde. Zum anderen kann eine Marktstrategie, die zukünftig nur noch auf ein kleines, profitables Segment setzt, einfach schon deshalb nicht aufgehen, wenn alle Wettbewerber dieselbe Strategie verfolgen. Und dass alle Wettbewerber dieselbe Strategie verfolgten, ließ sich schließlich schon an den veröffentlichten Pressemitteilungen – siehe Tab. 3.1 – ablesen. Warum nur fiel das den Strategen in den asiatischen Firmenzentralen bloß nicht auf?

> **Polaroid: Die drei wichtigsten Fehler**
> Ganz sicher gab und gibt es in jedem dieser Fallbeispiele auch eine Vielzahl an strategischen Fehlern, die zu den unerfreulichen Ergebnissen der betrachteten Unternehmen und Branchen geführt haben. Aber der ausschlaggebendste – und damit hier ausnahmsweise mal einzig benannte – Misserfolgsfaktor ist dieser: Ein Rückzug, ohne Alternativen zu entwickeln, ist keine Zukunftsstrategie!

Übrigens: Wie man ganz anders mit Schwierigkeiten umgehen kann als die benannten Unternehmen, lässt sich an einem kleinen Start-up sehen, das insbesondere in seiner Anfangszeit immer wieder vor existenzbedrohenden Situationen stand: IKEA.

3.6   Ikea: In Problemen Chancen erkennen

Softwareunternehmen leiden darunter, dass es im Programmcode schnell mal ungeplante Verhaltensweisen geben kann – man kann schließlich schlecht alle Prozesse eines komplexen Programms, möglicherweise auch noch auf verschiedenen Betriebssystemen und deren zahlreichen Versionen, komplett durchtesten. Quasi als proaktive Entschuldigung hat sich deshalb bei Softwareentwicklern die Redensart eingebürgert, dass so eine ungeplante Reaktion kein Fehler (Bug), sondern beabsichtigt, also ein Feature, sei. It's not a bug, it's a feature – das ist die perfekte Umschreibung des folgenden Beispiels:

Ingvar Kamprad war ein junger Unternehmer, der sich schon kurz nach der Gründung seines Unternehmens einem gnadenlosen Konkurrenz- und Preiskampf gegenübersah. Über die damals in seiner Branche noch ungewöhnliche Vertriebsform des Versandgeschäfts hatte er Produkte deutlich günstiger anbieten können als seine stationären Wettbewerber. Da diese aufgrund der durch den Betrieb der Ladengeschäfte verursachten Grundkosten nicht nachziehen konnten, nutzten

sie ihre Marktstellung und versuchten, den jungen Unternehmer vom Waren-
fluss abzuschneiden. Eine Situation, in der manch anderer Gründer vielleicht
aufgegeben und sich aus diesem Markt zurückgezogen hätte (vgl. Abschn. 2.6).
Nicht so Ingvar, dessen Kampfgeist nun erst recht angestachelt schien: In einer
Nacht-und-Nebelaktion suchte er sich Produzenten, die für ihn eigene Produkte
herstellen und liefern konnten. Ein, wie sich herausstellen sollte, genialer Schachzug, denn so umging man nicht nur die Boykottmaßnahmen der Konkurrenten,
sondern hatte nun zudem die Gestaltung der Produkte vollständig in der Hand.
Der Unternehmer war Ingvar Kamprad – und sein Unternehmen hieß seit
Anbeginn Ikea (Abb. 3.2).

Allerdings hatte dieser strategische Zug auch einen Nachteil, denn nun vertrieb Ingvar ja keine bekannten Markenprodukte mehr, sondern eigene Ware,
die sich zudem kein Kunde vorher ansehen konnte. Ingvars Kunden mussten
sozusagen „blind", nur auf das Wort des kleinen Unternehmens hin, bestellen.

Ja, ich weiß, das ist im Zeitalter des E-Commerce ja nichts Besonderes
mehr. Aber damals, zu Ingvars Zeiten war es das schon. Und so schlug wieder
die Stunde der unfairen Wettbewerber, die zu verbreiten begannen, dass es sich
bei Ingvars Ware um minderwertige Produkte handeln würde. Der junge Unternehmer stand also erneut vor der Wahl: Rückzug oder … Angriff!

Abb. 3.2 Das erste Lager des kleinen Start-ups. (Mit freundlicher Genehmigung von ©
Ikea Deutschland GmbH & Co. KG [2017]. All Rights Reserved)

Qualität war ihm immer wichtig gewesen – aber nun musste er seinen potenziellen Kunden diese Qualität auch beweisen. Ingvar eröffnete einen Showroom, in dem Interessenten sich alle seine Produkte ansehen und bestellen konnten. Zwar hatte er jetzt auch – wie seine Wettbewerber – eine stationäre Niederlassung, allerdings zu völlig anderen Konditionen: Statt anhand weniger Muster die Ware beratungsintensiv zu verkaufen, konnten Ingvars Kunden alle Produkte im Showroom selbst ansehen, prüfen und dann auch bestellen. 2:0 für den Newcomer.

Das nächste Problem war hausgemacht – so jedenfalls die offizielle Legende: Das Konzept der eigenen Produkte, der Showrooms und der hohen Qualität zu günstigen Preisen ging so gut auf, dass die Eröffnung des ersten Showrooms in der Hauptstadt fast zu einem Verkehrskollaps führte. Auf historischen Bildern sieht man lange Käuferreihen vor den Toren des Gebäudes, gegen die auch iPhone-Schlangen eher müde aussehen. Und drinnen ging es weiter: Die wenigen Mitarbeiter des neuen Stores, der inzwischen auch ein Warenlager enthielt, konnten dem Ansturm der Kunden nicht mehr gerecht werden. Insbesondere die Auslieferung der Produkte aus dem Lager wurde so sehr zur Zerreißprobe, dass der inzwischen nicht mehr ganz so junge Unternehmer wieder als ungewöhnlicher, strategischer Problemlöser gefragt war.

Meine persönliche Vermutung ist, dass er sich von den gerade in den USA aufkommenden Lebensmittel-Supermärkten hat inspirieren lassen – jedenfalls wurden die Outlets schnell auf ein neues Selbstbedienungskonzept umgestellt. Eine in der Branche völlig unübliche Idee, die die Kunden aber dennoch willig annahmen. Und auch hieraus machte der Unternehmer wieder ein Feature seines Unternehmens und belohnte seine fleißigen Kunden, indem er den entstehenden Kostenvorteil für seine qualitativ hochwertigen Produkte nun noch günstiger anbot.

Den letzten Schritt, der Ikea zu dem unmöglichen Möbelhaus (so der Firmenslogan in den 70er-Jahren) machte, stammte dann allerdings nicht mehr vom Chef selbst, sondern von Mitarbeitern: Kunden schauten sich nun also die Produkte immer live an und bedienten sich bei vielen Artikeln im Lager selbst. Allerdings stellte sich heraus, dass einige Produkte zu groß waren, um in den Pkws der Kunden abtransportiert werden zu können. Als deshalb einer der Mitarbeiter auf die Idee kam, an einem Tisch, der selbst mit gutem Zureden nicht in den Kofferraum passen wollte, die Beine abzumontieren, war auch das letzte, typische Ikea-Feature geboren. Konsequent konstruierte das Unternehmen fortan seine Produkte so um, dass sie möglichst platzsparend zu transportieren waren – und sich dennoch einfach aufbauen ließen.

Ingvar Kamprad ist Widerständen konsequent mit ungewöhnlichen Maßnahmen begegnet – Maßnahmen, zu denen er vermutlich durch Beobachtung von Trends in anderen Branchen inspiriert worden sein dürfte – und hat aus den Lösungen einzigartige Angebotsvorteile für sein Unternehmen generiert.

Ikea: Die drei wichtigsten Erfolgsfaktoren
Für den frühen Erfolg Ikeas in seinen Anfangsjahren waren vor allem diese Faktoren ausschlaggebend:

- Laterales Denken. Ingvar Kamprad hat von Beginn an offenbar immer nach ungewöhnlichen, eben gerade nicht naheliegenden Lösungen gesucht.
- Richtiges Benchmarking. Die meisten Unternehmen und Branchen tendieren dazu, die eigenen Wettbewerber als Vergleich und zur Ideen-findung heranzuziehen – und sich damit immer im gleichen Umfeld zu bewegen. Auch hier hat Ingvar Kamprad durch die Seitenblicke auf andere Branchen viel Innovation erzeugt.
- Elastizität. Kamprad versuchte nicht, seine Kunden an seine Geschäfts-modelle heranzuführen, sondern hinterfragte im Gegenteil sein Geschäftsmodell kontinuierlich und passte es an seine Kunden an.

Der Vollständigkeit halber sei hier erwähnt, dass diese Aufzählung nur die Anfangsjahre Ikeas beschreibt. Heute ist das Unternehmen kein Start-up oder mittelständisches Unternehmen mehr, sondern ein multinationaler Konzern, der ganz andere Zukunftsstrategien verfolgt.

3.7   Shell: Es gibt mehr als eine Zukunft

Stellen Sie sich bitte vor, Sie sitzen in einem kleinen Besprechungsraum ohne Fenster. Seit Stunden diskutieren Sie dort mit Ihrem Pendant im asiatischen Headquarter über zukünftige Verkäufe einer brandneuen Produktgruppe, die gerade erst entstanden ist. Das macht extrem wenig Spaß – trotz Sushi-Lunch auf Plastiktellern vom Lieferservice – wenn zwischen dem Wunsch und der Realität Abgründe klaffen.

In einer meiner letzten Positionen als angestellter Manager hatte ich die Ver-antwortung für so eine völlig neue Produktgruppe und musste schnell halbwegs

verlässliche Planzahlen abgeben, mit denen unsere Fabriken planen und markt-
gerechte Mengen produzieren sollten. Aber wie sollte das gehen? Niemand im
Markt hatte bislang irgendwelche Vertriebserfahrung mit diesem Produkttypus.
Dennoch: Unser asiatisches Headquarter pochte während des Planungsmeetings
auf zuverlässige Zahlen. Ein offensichtlich sinnloser Kampf unterschiedlicher
Kulturen, in dessen Verlauf mein amerikanischer Kollege sich dazu hinreißen
ließ, seine Putzfrau zu Hause befragen zu wollen – die könne solche Zahlen
schließlich genauso gut erfinden wie er.

Als europäischer Markt-Verantwortlicher hatte ich es da etwas leichter: Ich
konnte mir von unseren 30 europäischen Landesniederlassungen deren Einschätzungen geben lassen, mit ein paar mathematischen Tricks und viel Excel die
gröbsten Fehler ausmerzen und so Planzahlen abgeben, die deutlich besser waren
als die der Amerikaner. Aber „gut" war trotzdem etwas anderes. Was wir planten –
und was wir dann tatsächlich verkauften – es kam aus zwei Welten.

Ähnlich – nur ohne Excel – muss es den Kollegen von Royal Dutch Shell
gegangen sein, als sie 1965 ein System einführten, das sie Unified Planning
Machinery (UPM) nannten. Auch hier war das Ziel, durch eine zuverlässigere
Finanzplanung am Ende den Cashflow besser steuern zu können. Auch deren
Ergebnis war offenbar ebenso niederschmetternd wie meine Zahlen: Das System
UPM sollte bei Shell Sechs-Jahres-Perioden planbar machen, aber schon nach der
ersten Periode stellte man den Betrieb Anfang der 70er-Jahre ein – wegen Erfolg-
losigkeit! Zu groß waren die Abweichungen zwischen Plan und Realität, und
die Führungsetage von Shell verspürte wenig Lust, basierend auf solche Zahlen
Commitments abzugeben.

Reine Zahlen-Forecasts funktionierten also damals so wenig wie heute. Zum
Glück jedoch für Shell hatte es im Zuge der Überlegungen zum UPM-System
auch eine andere Initiative gegeben, die ebenfalls ab 1965 lief. Eine Initiative,
die bis heute Shell von allen anderen großen Mineralölfirmen unterscheidet.
Wenn man auf die Webseite (Shell 2017) des Konzerns schaut, finden sich dort
Unmengen an Zukunftsstudien, die Shell zu unterschiedlichsten Themen erstellt
und veröffentlicht hat. Neben Ergebnissen zu Energie und Verkehrsentwicklung,
die die Kernkompetenz des Konzerns abbilden, finden sich auch Hinweise auf
exotischen Themen, die das Shell-Szenario-Team beispielsweise zur Bedrohung
durch Aids (2005 für die UN) oder zur Entwicklung Südafrikas nach dem Ende
der Apartheit (1992 für Global Business Network) bearbeitet hat.

Das Besondere an diesem Beispiel ist das methodische Vorgehen, das Shell
schon in den 60er-Jahren dazu entwickelt hat. Man entwickelte keine Vorhersagen der Zukunft, sondern unterschiedlichste Szenarien zu einer Fragestellung,
die nur eines gemeinsam hatten: Sie musste sich logisch aus unterschiedlichen

Ausgangsannahmen heraus entwickeln lassen. Wie wahrscheinlich solche Szenarien waren, war den Erstellern der Studien zunächst einmal gleichgültig, denn es ging keineswegs darum, dem Shell-Management einen halbwegs sicheren Weg in die Zukunft anzubieten. Ziel der Szenarien war vielmehr, die Fantasie der Shell-Führung anzuregen und aus den gewohnten Bahnen zu katapultieren. Was man erreichen wollte, war, dass das Unternehmen die Bereitschaft entwickeln sollte, eine Vielzahl von denkbaren Entwicklungen in der Zukunft als möglich anzusehen – um dadurch flexibel reagieren zu können.

„Unser Ziel war nicht, die Zukunft vorherzusagen", sagt Jeremy Bentham, der aktuelle Leiter der Shell Forschungsgruppe, „sondern der Führung die Möglichkeit zu geben, über ein besseres Verständnis von Key Drivern und Key-Unsicherheitsfaktoren fundiertere Entscheidungen treffen zu können." (Shell 2012b, S. 30). Schon bei der Gründung der Gruppe hatte man nämlich erkannt, dass die fehlende Fantasie im Entscheidungsprozess ein wesentlicher Grund für Fehlentscheidungen war.

Wie in vielen Unternehmen gab es auch bei Shell die Tendenz, dass Entscheider als Bild der Zukunft eine Art Business as Usual antizipierten – eine überaus menschliche Eigenart, die auf dem sogenannten Optimismus-Bias beruht: Wir tendieren dazu, bekannte Muster sehen zu wollen und sind für unerwartete Entwicklungen blind. Also: Alles wie bisher!

„Tief in unseren Herzen würden wir alle ein Szenario ohne jede Überraschung wählen", soll der Erfinder der Shell Szenariotechnik Pierre Wack dazu einmal gesagt haben (Shell 2012a, b, S. 39). Aber: Auch die Szenariotechnik ist kein Allheilmittel. Szenarien müssen regelmäßig überprüft werden, wie die Studie New Lens Scenarios aus dem Jahr 2014 (Shell 2014) zeigt: Danach soll es bis ins Jahr 2070 dauern, bis Pkws mit Verbrennungsmotor vollständig von unseren Straßen verschwunden sind. Ein Szenario, das angesichts der Veränderungen, die insbesondere der VW-Dieselskandal hervorgerufen hat, sehr unwahrscheinlich scheint: So hat zum Beispiel der schwedische Autobauer Volvo im Juli 2017 erklärt, dass man ab 2019 nur noch neue Fahrzeuge vorstellen würde, die mit Batterie- oder Hybridantrieb ausgestattet werden (Spiegel Online 2017). In Norwegen als europäischer Spitzenreiter lag der Anteil der reinen Diesel oder Benzin verbrennenden Automobile bei den Neuzulassungen im Juni 2017 schon unter 50 % (Sorge 2017) – Tendenz weiter fallend. Und schließlich haben Mitte Juli 2017 die Regierungen Frankreichs und Großbritanniens (FAZ 2017) ihren Willen erklärt, den Verkauf von diesel- oder benzingetriebenen Fahrzeugen ab 2040 ganz zu verbieten. Nicht einmal Hybride haben dann noch eine Chance. Aber, wie es schon in einem Video von Shell formuliert wird: „Scenarios are

Stories about the future, but they are not predictions" (Shell 2012a, b) – auch bei Shell erfolgen halt alle Angaben ohne Gewähr!

Shell: Die drei wichtigsten Erfolgsfaktoren
- Shell hat schon extrem früh erkannt, dass Zukunft sich nicht mathematisch berechnen lässt.
- Dazu kam die Erkenntnis, dass Entscheidungsträger in Unternehmen Anregungen benötigen, um Zukunft in der ganzen Vielfalt ermessen zu können.
- Aus all dem wurde die zukunftsweisende Methode der Szenariotechnik entwickelt.

3.8 Rügenwalder Mühle: Innovation lässt sich planen

Kaum zu glauben, dass die folgenden Sätze von jemandem stammen sollen, dessen Familie seit 180 Jahren mit Fleischfertigprodukten ihr Geld verdient.

> „Ernährungsphysiologisch ist die Wurst nicht so der Brüller. Abgesehen davon, dass eine Wurst unzweifelhaft eine leckere Sache ist, gibt es ja nicht viel Positives, was daran auszuloben ist."
> Christian Rauffus im Interview mit der FAZ (Grossarth 2016)

Die Rügenwalder Mühle ist eigentlich ein mittelständisches Unternehmen, wie es sie zu Hunderten in Deutschland gibt – und doch auch wieder nicht. Als Familienbetrieb ursprünglich im heutigen Polen gegründet (Rügenwalde, heute: Darłowo) wurde das Fleischerei-Unternehmen einer der bekanntesten Anbieter für Fleischfertigwaren wie zum Beispiel Brotaufschnitt und -aufstrich (die Rügenwalder Teewurst), Würstchen und Frikadellen. Wie alle fleischverarbeitenden Lebensmittelbetriebe sah sich das Unternehmen schon seit vielen Jahren verstärkter Kritik an der Produktion des „Rohstoffs Fleisch" ausgesetzt. Immer mehr Menschen wollten zugunsten eines guten Gewissens ihren Fleischkonsum einschränken oder gar ganz aufgeben. Ein Trend, der für ein kleines Unternehmen (gemessen an der Größe der Konkurrenten wie Nestlé oder Wiesenhof) wie die Rügenwalder Mühle hätte verheerend enden können, da man trotz großer Markenbekanntheit kaum genug Ressourcen hatte, sich einem solchen Trend aus eigener Kraft entgegenzustemmen.

Nun hätte man versuchen können, den Teufel mit dem Beelzebub zu vertreiben, indem man sich den üblichen Marktbewegungen schlicht anpasst und einfach noch mehr „Bio" ins Fleisch gepackt hätte. Aber das war nicht das, was Inhaber Christian Rauffus und sein Geschäftsführer Godo Röben für sich persönlich und für das Unternehmen als langfristige Lösung sahen. Godo Röben sagt in einem persönlichen Interview (Röben 2017) dazu: „Wer schon mal einen Schlachtbetrieb von innen gesehen hat, musste einfach ins Grübeln kommen." Und so begann die Rügenwalder Mühle mit dem Projekt, sich selbst Konkurrenz zu machen, indem man die Produktentwickler im Haus für die Entwicklung von Konzepten begeisterte, die den bisherigen Fleischprodukten in Aussehen, Gefühl und Geschmack so nahe kamen wie irgend möglich – aber rein vegetarisch herstellbar waren.

Ein Prozess, der vor allem eines vom Management abverlangte: Schier unendliche Geduld mit den Mitarbeitern. Denn der innere Widerstand bei den Rügenwaldern war groß – schließlich war das Unternehmen ja ursprünglich mal eine Fleischerei. Da lag der Gedanke, dass man irgendwie „gegen die Wurst" arbeiten müsse, vielen Kollegen erst einmal quer. Aber die Geschäftsleitung hatte Kraft und Ausdauer, in vielen Gesprächen und Präsentationen das Team mitzunehmen auf die neue Reise. Das Ergebnis des Entwicklungsprojekts waren dann diverse Aufschnittsorten, Frikadellen und Würstchen, die teilweise so dicht an das Original heranreichen, dass sogar die größten hausinternen Skeptiker in Blindversuchen sie nicht mehr von den eigenen fleischbasierten Produkten unterscheiden konnten. Und auch Verbraucher honorierten die Anstrengungen des Mittelständlers aus Niedersachsen. Innerhalb von 30 Monaten nach Start des Projekts konnte das Unternehmen den Absatz dieser neuen Produkte auf 20 % seines Gesamtumsatzes hochfahren: Rügenwalder Mühle ist aktuell mit großem Abstand Marktführer bei vegetarischen Fleischersatzprodukten – sogar weit vor Konzernen wie Nestlé.

Aber damit gibt man sich am Firmensitz in Bad Zwischenahn nicht zufrieden. Neben weiteren Produkten, die die Versuchsküche aus Milch, Soja und Eiweiß erstellen will, verfolgt man auch die Entwicklung synthetischen Fleisches sehr aufmerksam. „Wir sind doch erst am Anfang", sagt mir Godo Röben im Interview über die langfristigen Ziele des Unternehmens. „Gerademal zweieinhalb Jahre forschen wir. Da wird es ganz sicher noch viele Produkte geben, die wir ganz ohne tierisches Fleisch herstellen können. Aber unser Know-how, wie eine gute Wurst schmecken muss, gehört da auf jeden Fall hinein."

Inhaber Rauffus und Geschäftsführer Röben waren von Anfang an überzeugt, auf dem richtigen Weg zu sein, und haben alles auf eine Karte gesetzt: Der gesamte Marketingetat wird in die neuen Produkte und damit auf „fleischfrei" gesetzt. „Wenn wir uns jetzt nicht selbst Konkurrenz gemacht hätten, hätte es irgendwann jemand anders getan", sagt Röben zum Abschluss.

Rügenwalder: Die drei wichtigsten Erfolgsfaktoren
- Das Management der Rügenwalder Mühle war selbst der Treiber für die innovative Zukunftsplanung.
- Hinzu kam die Bereitschaft, das eigene bisherige Geschäft infrage zu stellen.
- Von Anfang an wurden Mitarbeiter bestmöglich in den Zukunftsprozess einbezogen.

3.9   Casio: Marktveränderungen erkennen und nutzen

Rügenwalder hat seine Zukunftsvision selbst entworfen und war durch seine Vorreiterrolle im Markt auch noch Trendsetter. Andere Entwicklungen lassen sich aber nicht so schön vorplanen. Dass unsere Kinder (oder waren wir das selbst?) mal elektronische Tiere füttern und ins Bett bringen würden zum Beispiel (Tamagotchi – Sie erinnern sich?). Oder dass wir uns auf höchstem diplomatischen Parkett mal mit nur 140 Zeichen verständigen würden (Twitter). Das waren Trends, die sich erst aus dem Verhalten der Verbraucher selbst entwickelt haben und definitiv nicht langfristig planbar waren.

So ähnlich ging es im Jahr 1993 auch dem japanischen Unternehmen Casio. Die Casio Computer Co. wurde 1957 von vier technikbegeisterten Brüdern mit dem Ziel gegründet, etwas zu bauen, was am Ende als Taschenrechner bekannt wurde. Da es damals noch keine Begriffe für heutige Taschenrechner oder PCs gab, nannten sie ihr Projekt und die Firma nach dem englischen Begriff für Zählen (to compute) einen *Computer*. Und so trug dieses Unternehmen vermutlich als eines der ersten in der Geschichte überhaupt die Produktkennzeichnung „Computer" im Namen, obwohl es bis Mitte der 80er-Jahre nicht einmal Computer herstellte. Viele der nachfolgenden Produkte waren eigentlich Ergebnisse der Entwicklungen bei Taschenrechnern. Aus den Erfahrungen, stromsparende LCDs, eigenprogrammierte Prozessoren und Taktgeber für diese Rechner zu bauen, entstanden z. B. die Digitaluhren. 1988 übernahm Kazuo Kashio, der zweitälteste der vier Brüder, die Leitung des Unternehmens.

KK, wie er hausintern genannt wurde, war ein leidenschaftlicher Produktentwickler, der im Laufe der Jahre eine Vielzahl neuer Produktlinien mit zum Teil abenteuerlichen Features entwickeln und vermarkten ließ.

Als die Digitaltechnologie immer billiger wurde – und Digitaluhren für Spottpreise zu bekommen waren –, setzte KK auf Diversifikation. Casio-Uhren wurden mit Kleinstcomputern und Sensoren gefüllt und konnten Jahrzehnte vor den Smartphones schon Adressen und Termine verwalten, den Luftdruck und die aktuelle Höhe anzeigen, den Blutdruck messen oder Zeiten auf 1/1000 s genau stoppen. Auf diese Weise hob Casio den Durchschnittsverkaufspreis seiner Digitaluhren zwar deutlich über den Durchschnitt der billigen Konkurrenz an, allerdings waren auch die Casio-Digitaluhren der 80er-Jahre nicht unbedingt elegante Uhren, gemessen am damaligen Verbrauchergeschmack. Und so wurde der Markenname Casio eigentlich unverdient zum Synonym für „billige" Digitaluhren. Zwar hatte das Unternehmen Ende der 80er-Jahre zum Beispiel im deutschen Uhrenmarkt laut GfK neun Prozent Marktanteil, war dennoch aber nur die zweitgrößte Marke im Uhrenfachhandel. Den Vogel abgeschossen hatte mit über 20 % Marktanteil das Schweizer Unternehmen Swatch mit seinen technisch sehr einfachen, aber farbenfrohen analogen Uhren. An dieser Situation ließ sich scheinbar, trotz stetig wachsender Werbeausgaben und durchaus kreativen, für japanische Unternehmen recht ungewöhnlichen Marketingmaßnahmen, auch über Jahre nichts ändern, Casio blieb im Uhrensegment mit großem Abstand die Nummer 2 im Markt.

Allerdings hatte die japanische Firma einen weiteren, bis dato ungehobenen Schatz: Da das Unternehmen sein Geld damals hauptsächlich im B2C-Bereich verdiente, hatte sich eine überaus schlanke Organisation mit offenen Türen und sehr kurzen Entscheidungswegen etabliert. Informationen konnten sich schneller im Konzern verbreiten, und Mitarbeiter wie Führungskräfte konnten so ein breiteres Verständnis für die Marktsituation aufbauen. Durch diese Konstellation geschah etwas, was nur sehr selten gelingt: Casio realisierte lange vor seiner Zielgruppe, dass bei den Verbrauchern etwas entstand, was man durch cleveres Marketing möglicherweise nutzen könnte. Die Anzeichen waren sehr zaghaft, aber die Firma nahm sie wahr:

- In Shibuya, dem damaligen Szeneviertel Tokios, wurde 1993 vermehrt eine bestimmte, extrem klobige und widerstandsfähige Casio-Uhr, das Modell G-Shock, gekauft.
- In London stellte ein Szenemagazin – völlig ungewöhnlicherweise – eine andere, schwarze Casio-Digitaluhr vor.

- Die deutsche Szenezeitschrift Tempo berichtete über schmückendes Mode-Beiwerk der sich gerade etablierenden Techno-Szene – mit erwähnt: schwarze Digitaluhren.

Es waren nur wenige, über den ganzen Globus verteilte, Zeichen, die die Marketers und letztlich auch die Firmenleitung dazu brachten, ihre Marketing- und Produktionspläne zu verwerfen. Kazuo Kashio war ohnehin für seine Leidenschaft bekannt, neue Impulse zu setzen. Und auch in Europa brachte die japanische Geschäftsführung den Mut auf, den Empfehlungen der Marketing-Crews zu folgen und völlig neue Kommunikationswege zu gehen. Mit überschaubaren Budgets, aber sehr präzisen, aufeinander abgestimmten Zeitplänen wurden Maßnahmen geplant, die man heute als erstklassiges Guerilla-Marketing bezeichnen würde. So organisierte man zum Beispiel einen Produktlaunch im kultigen, aber urspießigen Tanzlokal Café Keese auf der Hamburger Reeperbahn mit einer sehr „speziellen" Modenschau der gerade aufkommenden Techno-Szene. Hildegart Knef sang vom Band im damals noch sehr ungewohnten Techno-Mix, der ehemalige Tagesschau-Sprecher Wilhelm Wieben moderierte live auf Platt und sonst eher konservative Uhrenhändler, Journalisten und der schrägste Teil der schrägen Hamburger Szene feierten gemeinsam die Nacht durch. Heute mag so etwas fast schon normal klingen. Damals – und insbesondere für ein japanisches Unternehmen – war es das keinesfalls.

Erstklassig waren die Maßnahmen, weil sie erfolgreich waren: Casio hatte mit diesen Aktionen die über zehn Jahre wirtschaftlich vor sich hin dümpelnde Technologie der extrem stoßfesten und wasserdichten Digitaluhren in einen Trend gewandelt: Die G-Shock-Uhren, bis dato nur wenige Tausend Mal pro Jahr verkauft, wurden zum Bestseller der Marke und änderten das Firmenimage ungemein. So sehr, dass die „billigen" Digitaluhren der 80er heute als Replicas in den Tokioter Stadtteilen Shibuya und Shinjuku trendige Designelemente der japanischen Jugend sind.

Aber auch finanziell hat sich der umsichtige Blick in die Zukunft gelohnt: Mit der G-Shock wurde Casio wertmäßiger Marktführer im Bereich der Armbanduhren und erhöhte seine durchschnittlichen Verkaufspreise erheblich: Während vor der G-Shock-Welle selbst teure Casio-Uhren für umgerechnet 100 EUR erhältlich waren, liegen die Spitzenmodelle heute bei fast 3000 EUR. Und dass die Firma ihr Headquarter dann einige Jahre später aus einem Mietbüro in einem Büroturm in Tokio in einen eigenen Wolkenkratzer verlegen konnte, war sicher auch kein Zufall: Cleverer Umgang mit der Zukunft zahlt sich aus – auch in japanischen Yen!

Casio: Die drei wichtigsten Erfolgsfaktoren
- Extrem kurze Wege für Entscheidungen und Informationen haben zu schnellem Handeln geführt.
- Sehr wachsame Marktbeobachtung ermöglichte, Marktverschiebungen sehr früh zu erkennen.
- Das Unternehmen hatte Mut, Neues zu wagen – auch wenn die geplanten Maßnahmen über die Kultur des Unternehmens hinausgingen.

3.10 Apple: Handeln statt Abwarten

Kann es einen Ratgeber geben, in dem es um die Gestaltung der unternehmerischen Zukunft geht, ohne dass Apple und sein Gründer Steve Jobs erwähnt werden? Vermutlich nicht. Gemessen an dem, was ihm in den ersten 20 Jahren seiner Laufbahn passierte, hätte Steve Jobs vermutlich allen Grund gehabt, die Zukunft zu fürchten: Mit einer guten Idee sehr erfolgreich gestartet, traf er bei Apple eine folgenreiche Reihe ungünstiger Entscheidungen, die die Zukunft des Unternehmens trüb werden ließen, wurde als „abkömmlich" erklärt und startete dann mit NeXT Computer ein neues Business, welches geschäftlich jedoch niemals wirklich abhob. Nach so vielen Stolpersteinen auf dem Weg neigen Menschen und Organisationen in Konzernen normalerweise – überaus verständlich – zu vorsichtigerem Vorgehen. Wenn sich nicht schon ausgesprochene Zukunftsangst breit gemacht hat, dann findet man häufig mindestens eine abwartende Haltung. Nicht so bei Steve Jobs.

Nun bin ich kein kritikloser Apple-Jünger. Viele der Aktionen von Steve Jobs sehe ich durchaus kritisch. Aber vor der Art, wie Jobs mit der Zukunft umgegangen ist, kann man eigentlich nur den Hut ziehen. Auch nach der NeXT-Pleite setzte er – zurück bei Apple – wieder voll auf radikale Innovation. Auf dem Weg dahin hatte er eine Reihe grundlegender Prinzipien:

- So war er fest davon überzeugt, dass es sich nicht lohnen würde, der Zukunft hinterherzulaufen. Deshalb investierte Jobs auch nur wenig in die Erforschung möglicher Entwicklungen in der Zukunft.
- Zudem er sah auch wenig Sinn darin, für Marktforschung Geld auszugeben. Jobs setzte stattdessen darauf, die Zukunft nach den eigenen Vorstellungen zu gestalten. Er gab der PC-Sparte mit dem iMac neue Impulse und begann mit

dem iPod und mit iTunes den Angriff auf die Musikbranche, die ihrerseits mit einem Konkurrenten außerhalb der engeren Wettbewerber nie gerechnet hätte.

- Der genialste Schachzug Jobs im aktiven Umgang mit der Zukunft dürfte jedoch die Schaffung des iPhones gewesen sein. Und damit meine ich hier gerade nicht, dass über dieses Produkt auch wieder eine neue Kategorie erschaffen wurde, die die Welt veränderte. Vielmehr soll es hier um das Prinzip des Sich-selbst-Konkurrenz-Machens gehen.

Bei seiner Rückkehr zu Apple im Jahr 1997 hatte Jobs ein nahezu bedeutungsloses Unternehmen vorgefunden, das im Vorjahr fast 1,5 Mrd. US$ Verlust gemacht hatte und damit an der Grenze zum Bankrott stand. In den darauffolgenden zehn Jahren bis zu Vorstellung des iPhones 2007 war Apple längst wieder eine überaus erfolgreiche Marke, die aus sieben Milliarden US-Dollar Umsatz eine Milliarde als Gewinn erwirtschaftete. Über die Hälfte dieses Umsatzes – 50,5 % (MacPrime 2017) – machte Apple mit der Festplatte mit Ohrhörern, wie Kritiker den iPod anfangs noch abschätzig bezeichnet hatten.

Bitte versuchen Sie sich jetzt einmal, in die Lage von Steve Jobs zu versetzen, in die Zeit etwa ein Jahr vor der Präsentation des iPhones. Vermutlich wurde in heißen und intensiven Meetings bei Apple darüber diskutiert, mit welchen Funktionen man das spätere iPhone ausstatten sollte: Die ersten Vermutungen, dass Apple an einem Mobiltelefon arbeiten würde, waren durchgesickert, und nicht wenige Finanzanalysten, Marktkenner und sonstige Propheten bezweifelten, dass dieses Produkt angesichts der unglaublichen Dominanz von Nokia eine reale Marktchance hätte. Und dann sollte dieses ohnehin riskante Produkt auch noch alle Funktionen des Kernprodukts besitzen? Das würde definitiv den Umsatz des Produkts und damit des Unternehmens insgesamt negativ beeinflussen. Zudem machte man mit diesem Zug eine Tür auf für alle Mobiltelefon-Anbieter, das Kerngeschäft von Apple anzugreifen!

Rückblickend betrachtet hatten die Kritiker tatsächlich in einem Punkt recht: Der Umsatz des iPods verkam mit dem iPhone zum Nischenprodukt. Von über 50 % des Konzernumsatzes in 2006 fiel er auf traumatische 0,97 % Ende 2014 – dem letzten Jahr, in dem Apple den Umsatz des Produkts überhaupt noch bekannt gab. Seit 2015 wird der iPod als Produkt in den veröffentlichten Firmenstatistiken überhaupt nicht mehr ausgewiesen.

Mal ehrlich: Hätten Sie diese Entscheidung getroffen? Ein Produkt, das über die Hälfte Ihres Gesamtumsatzes ausmacht, mit einer neuen Idee ganz bewusst anzugreifen – ohne dass Sie wüssten, ob diese neue Idee bei Ihren Kunden überhaupt eine Chance hat? Was für ein Unterschied zu Kodak, das eine Zukunftstechnologie im Keller verschwinden ließ, um Konkurrenz zu den eigenen Produkten zu verhindern!

Steve Jobs scheint also eine klare Zukunftsstrategie gehabt zu haben. Aber war das nicht einfach nur Glück? Erinnern Sie sich noch an das Beispiel der pokerspielenden Affen Abschn. 2.3? Der, dessen überragende Fähigkeiten als Pokerspieler wissenschaftlich präzise nur durch weitere Versuche hätten bestätigt werden können? Im Falle von Apple kann man aus der Häufung der erfolgreichen Produkt-Launches schließen, dass die Jobs-Strategie damals geplant war und tatsächlich aufgegangen ist. Und wie zur Bestätigung hat Apple seine Innovationskraft aktuell eingebüßt: Während das Unternehmen in Jobs aktiver Zeit zwischen 2001 und 2010 vier wegweisende Produktkategorien schuf, wurden seit dem Tod des Gründers praktisch nur Updates dieser Produkte vorgestellt – sieht man von der iWatch ab, die aber bislang keinen nennenswerten Anteil am Apple-Umsatz erzielt.

Apple: Die drei wichtigsten Erfolgsfaktoren

- Apple war in der beschriebenen Periode immer sich selbst der größte Konkurrent und hinterfragte kontinuierlich die eigenen Geschäftsmodelle.
- Steve Jobs hatte klare Visionen darüber, was er Kunden bieten wollte.
- Apple war gnadenlos konsequent in seinem Handeln. Strategien wurden auch dann nicht aufgegeben, wenn sie nicht sofort zu großen Erfolgen führten.

3.11 Aus der Vergangenheit lernen? Ja. Voraussagen? Nein!

Geschichten – oder wie man im Marketing so gern neudeutsch sagt „Case Studies" – haben einen großen Charme, denn, hinreichend detailgenau erzählt, scheinen die Erkenntnisse so einfach auf der Hand zu liegen. Und es wird, da bin ich mir absolut sicher, auch in Ihrer Branche noch eine Vielzahl ähnlicher Beispiele geben.

Aber Vorsicht: Wenn Sie aus solchen eigenen Geschichten Schlüsse für Ihr eigenes Handeln ziehen wollen, rate ich, die Fakten sehr genau zu analysieren und ebenso vorsichtig zu interpretieren. Recherchieren Sie sorgfältig und in viele Richtungen, bevor Sie damit arbeiten. Zu groß ist die Versuchung, aufgrund weniger, scheinbar offenkundiger Fakten auf die in den vorangegangenen Kapiteln besprochenen Rückschau-Fehler hereinzufallen.

Gleich, wie Ihre Methode zur Zukunftsvorbereitung aussieht: Das wichtigste Thema ist, dass die Führung und die Organisation Ihres Unternehmens von dem eingeschlagenen Weg so überzeugt sind, dass er nicht mehr leichtfertig infrage gestellt und geändert werden kann. Denn kaum ein Fehler vernichtet häufiger unternehmerischen Erfolg als der der Wankelmütigkeit. Wer von einer Zukunftsstrategie sofortigen und überwältigenden Erfolg erwartet, läuft Gefahr, eine neue Ausrichtung, eine neue Produktgruppe oder eine neue Kommunikationsstrategie wieder einzustampfen, bevor sie ihre Wirkung überhaupt entfalten kann.

Entkommen Sie dem Supermarktkassen-Dilemma: Egal, für welche Kasse man sich entschieden hat, andere locken mit aller Macht. Aber es ist eine statistische Wahrheit, dass man durch den Wechsel der Kasse eben nicht gewinnt. Genauso würde es Ihnen ergehen, wenn Sie kontinuierlich Ihre Strategie ändern. Wer überzeugt war, einen guten Weg gewählt zu haben, sollte dem treu bleiben. Sie werden in aller Wahrscheinlichkeit nicht weniger erfolgreich sein, als wenn Sie einen anderen guten Weg gewählt und den verfolgt hätten.

Literatur

Buttlar H von (2015) Casio gibt Kameramarkt in Europa auf. http://www.capital.de/dasmagazin/casio-gibt-kamerageschaeft-in-europa-auf-4487.html. Zugegriffen: 20. Mai 2020

Eglau HO (1991) Countdown in Wilhelmshaven: Auch Daimler-Benz konnte den traditionsreichen Büromaschinenhersteller nicht retten. http://www.zeit.de/1991/41/countdown-in-wilhelmshaven/komplettansicht. Zugegriffen: 20. Mai 2020

Estrin J (2015) Kodak's First Digital Moment. https://lens.blogs.nytimes.com/2015/08/12/kodaks-first-digital-moment/. Zugegriffen: 20. Mai 2020

FAZ (2017) Auch Großbritannien will Diesel und Benziner komplett verbieten. http://www.faz.net/aktuell/wirtschaft/diesel-affaere/grossbritannien-verbietet-ab-2040-diesel-und-benzin-autos-15122531.html. Zugegriffen: 20. Mai 2020

Grossarth J (2016) Ein Wurstfabrikant will weg vom Fleisch. http://www.faz.net/aktuell/wirtschaft/unternehmen/ruegenwalder-muehle-will-trend-zur-vegetarischen-wurst-ausbauen-14527466.html. Zugegriffen: 20. Mai 2020

Kuhn T (2015) Ausstieg aus Kamera-Geschäft. http://www.wiwo.de/technologie/samsung-ausstieg-aus-kamera-geschaeft/12619746.html. Zugegriffen: 20. Mai 2020

MacPrime (2017) Apple Geschäftszahlen: Analysen und Grafiken zum Umsatz, Gewinn und Verkaufszahlen seit 2000. https://www.macprime.ch/wissen/article/apple-geschaeftszahlen-analysen-grafiken-umsatz-gewinn-verkaufszahlen. Zugegriffen: 20. Mai 2020

Maschke T (2012) Olympus: „Zurück zu den Wurzeln". http://www.photoscala.de/2012/06/08/olympus-zurueck-zu-den-wurzeln/. Zugegriffen: 20. Mai 2020

Photoscala (2012) Samsung stellt Fabrik auf spiegellose Systemkameras um. http://www.photoscala.de/2012/05/14/samsung-stellt-fabrik-auf-spiegellose-systemkameras-um/. Zugegriffen: 20. Mai 2020

Photoscala (2016a) Fujifilm Geschäftszahlen: Mit analoger Fotografie zum Erfolg. http://www.photoscala.de/2016/07/29/fujifilm-geschaeftszahlen-mit-analoger-fotografie-zum-erfolg/. Zugegriffen: 20. Mai 2020

Photoscala (2016b) Halbjahresbericht vorgelegt: Nikon in der Krise. http://www.photoscala.de/2016/11/08/halbjahresbericht-vorgelegt-nikon-in-der-krise/. Zugegriffen: 20. Mai 2020

Photoscala (2017a) Abgesagt: Nikon DL-Serie kommt nicht auf den Markt. http://www.photoscala.de/2017/02/13/abgesagt-nikon-dl-serie-kommt-nicht-auf-den-markt/. Zugegriffen: 20. Mai 2020

Photoscala (2017b) Nikon will sich auf profitable Systemkameras konzentrieren. http://www.photoscala.de/2017/02/27/nikon-will-sich-auf-profitable-systemkameras-konzentrieren/. Zugegriffen: 20. Mai 2020

Photoscala (2017c) Ricoh richtet Kamerasparte neu aus. http://www.photoscala.de/2017/04/13/ricoh-richtet-kamerasparte-neu-aus/. Zugegriffen: 20. Mai 2020

Röben B (2017) Interview mit Bodo Göben am 31. Mai 2017 in Bad Zwichenahn

Shell (2012a) Windows on the future: modeling scenarios. https://www.youtube.com/watch?v=l4MDcGYif4k. Zugegriffen: 27. Juni 2020

Shell (2012b) 40 Years of shell scenarios. https://www.shell.com/promos/forty-years-of-shell-scenarios/_jcr_content.stream/1448557479375/a0e75f042fee5322b72780ee36e5ba17c35a4fc6/shell-scenarios-40yearsbook080213.pdf. Zugegriffen: 20. Juni 2020

Shell (2014) New lenses on the future, Seite 34. https://www.shell.com/energy-and-innovation/the-energy-future/scenarios/new-lenses-on-the-future/_jcr_content/par/relatedtopics.stream/1519787281108/a368f1a2e9a16326855951c3879b323408ee323a/nls-web-german-brochure.pdf?. Zugegriffen: 20. Mai 2020

Shell (2017) Shell Scenarios. http://www.shell.com/energy-and-innovation/the-energy-future/scenarios.html. Zugegriffen: 20. Mai 2020

Sorge NV (2017) Anteil von Elektro- und Hybridautos in Norwegen steigt auf 53 Prozent. http://www.manager-magazin.de/unternehmen/autoindustrie/norwegen-elektroauto-anteil-steigt-auf-53-prozent-a-1157126.html. Zugegriffen: 20. Mai 2020

Spiegel Online (2017) Volvo verabschiedet sich vom Verbrennungsmotor. http://www.spiegel.de/auto/aktuell/volvo-verabschiedet-sich-ab-2019-vom-verbrennungsmotor-a-1156009.html. Zugegriffen: 20. Mai 2020

WeltN24 (2012) Kodaks geheimer Atomreaktor in Gebäude 82. https://www.welt.de/wirtschaft/article106324750/Kodaks-geheimer-Atomreaktor-in-Gebaeude-82.html. Zugegriffen: 20. Mai 2020

Wikipedia (2017) Tim Berners-Lee. https://de.wikipedia.org/wiki/Tim_Berners-Lee. Zugegriffen: 20. Mai 2020

Spielregeln sich ändernder Märkte

4

Zusammenfassung

Wenn es um Zukunftsstrategien geht, reicht es nicht, eine gute Vorhersage der zu erwartenden Veränderungen zu entwickeln. Vielmehr folgen Marktänderungen, aber auch Änderungen innerhalb von Unternehmen ganz eigenen Regeln, die es während des Zukunftsprozesses zu berücksichtigen gilt. Die wichtigsten Logiken solcher Veränderungen werden in diesem Kapitel skizziert.

Stellen Sie sich bitte kurz mal vor, Sie wollen ins nächste Dorf (=Ziel) laufen und haben auch schon einen Weg auf der Landkarte skizziert (=Strategie). Welche Methode Sie nutzen, um zum Ziel zu kommen? Ob Sie damit heil ankommen, hängt aber nicht nur von der Qualität Ihrer Strategie ab, sondern ganz massiv auch davon, dass Sie die Beschaffenheit des Weges berücksichtigen. Ist der Weg eine gut gepflasterte Straße, kommen Sie mit Auto, Motorrad oder Fahrrad gut voran. Haben Sie arg sumpfige Strecken, sollten Sie vielleicht besser Gummistiefel wählen und zu Fuß gehen. Und wenn Ihr Weg Sie an einen Fluss oder großen See bringt, wären vielleicht Badesachen angebracht.

Zur Auswahl der richtigen Strategie und – daraus abgeleitet – auch der Umsetzungstaktik ist es also wichtig, sich mit den Rahmenbedingungen zu beschäftigen, die Ihnen auf Ihrem Weg begegnen werden. Lassen Sie uns also einen Blick auf die wichtigsten Spielregeln sich verändernder Märkte werfen.

© Springer Fachmedien Wiesbaden GmbH, ein Teil von Springer Nature 2020   99
H. Hilbig, *Zukunftsmanagement für den Mittelstand*,
https://doi.org/10.1007/978-3-658-31246-6_4

4.1   Die drei Arten der Veränderung: Evolution, Revolution, Disruption

In den Anfängen meiner motorisierten Mobilität warnte mich mein Fahrlehrer immer vor den beschrankten Bahnübergängen als den wirklich gefährlichen, denn an den unbeschrankten Bahnübergängen erwarte ja jeder Gefahr und sei entsprechend vorsichtig. Bei den beschrankten Bahnübergängen hingegen verlassen sich die meisten aber auf die Schranken als Warnsignal – was schnell mal ein tödlicher Fehler werden könne, wenn die nicht wie geplant funktionieren. Diese Warnung hat funktioniert. Bei beschrankten Bahnübergängen achte ich besonders darauf, die Strecke zu prüfen, bevor ich fahre – fast mehr als bei unbeschrankten Übergängen. Dasselbe Prinzip gilt es bei den scheinbar einfachen, sicheren Marktveränderungen anzuwenden: Auf fast jedem Kongress gibt es einen Sprecher, der das Publikum vor den *disruptive technologies* warnt, also den zerstörenden Techniken, die einem existierenden und funktionierenden Markt quasi über Nacht das Fundament seiner Existenzberechtigung entziehen können. Solche Sprecher bekommen immer hohe Aufmerksamkeit, sind sie doch so etwas wie die Weltuntergangspropheten der Neuzeit: Es muss nur dramatisch genug klingen und mit scheinbar innovativem Vokabular sowie schwarzem Rollkragenpullover vorgetragen werden.

Wer aber beispielsweise immer auf die viel beschworenen, dramatischen Gefahren der Digitalisierung starrt, der übersieht, dass es eben auch andere Formen der Veränderung gibt, die sich nicht weniger radikal auswirken, aber wesentlich unspektakulärer daherkommen.

Beispiel

Stellen Sie sich nur für einen Moment die Norddeutsche Tiefebene vor. An den Küsten der Nordsee taucht dort mit schöner, sechsstündiger Regelmäßigkeit Land aus dem Wasser auf, das sich Touristen gerne ansehen und mit sogenannten Wattwanderungen erschließen. Die Gefahr dabei ist, dass man sich zu Fuß auch schon mal mehrere Kilometer vom Land entfernt – viel weiter, als man hinausschwimmen würde. Kehrt das Wasser zurück, während man noch draußen den lustigen Wattwürmern beim Burgenbauen zusieht, kann es schnell existenzbedrohend werden.

Ich persönlich zum Beispiel kenne niemanden, der aufs Watt gehen würde, wenn sich dort draußen ein Orkan zusammenbraut. Das wäre schließlich viel zu gefährlich! Haben wir jedoch „nur" starken Westwind (der das Wasser ebenfalls schneller als üblich zurück in die Deutsche Bucht drücken kann), gibt es aber durchaus Mutige, die noch mal ein wenig rausgehen. Und sogar ganz viele werden es, die wattwandern, wenn ein schöner milder Sonnentag dazu lockt. Und nun raten Sie mal, welches Wetter das Gefährlichste ist? Wann hat die Seenotrettung die meisten Einsätze wegen eingeschlossener Wattwanderer? Kleiner Tipp: Einen Lösungshinweis finden Sie im Schrankenbeispiel. ◄

Wenn wir über Veränderungen sprechen, die Märkte beeinflussen können, dürfen wir also keineswegs nur über disruptive Wechsel – also den Orkan – sprechen, wir müssen genauso auf revolutionäre Veränderungen (den Westwind) und vor allem aber (!) auf evolutionäre Bewegungen (die normale Flut bei Sonnenschein) achten, wenn uns das Wasser nicht überraschen soll. Besonders warne ich deshalb vor der letzten, scheinbar einfachen Situation. Im Gegensatz zu disruptiven und revolutionären Veränderungen des Marktes brauchen evolutionäre Marktwechsel sehr lange – man könnte sich also gut auf sie einstellen. Leider kommen solche Wechsel aber auch so unauffällig, dass viele Branchen und Unternehmen diese Veränderungen lange gar nicht wahrnehmen – so wie die leise ins Watt eindringende Flut. Und plötzlich ist man umrundet von Wasser, das bis eben doch nur ganz sanft und so niedlich gegluckert hat.

Ein schönes Beispiel ist die Zerstörung des klassischen Kameramarktes durch Smartphones – ein Beispiel, das in Vorträgen der Branche gerne genutzt wurde, um den Begriff der *disruptive technologies* zu erklären. Gemeint ist eine Technologie, die aufgrund besserer Leistungen eine existierende Lösung stark reduziert oder sogar völlig verdrängt. PCs, die die Schreibmaschine verdrängt haben, sind so eine *disruptive technology,* ebenso wie Autos, die der Kutsche weitestgehend – gefühlt überall außer in der Wiener Innenstadt! – den Garaus gemacht haben oder die CD, die das romantische Knistern der Schallplatte abgeschafft hat.

Aber sehen wir im Falle der Kameras einmal etwas genauer hin: Das Smartphone war kameratechnisch gesehen überhaupt keine neue Technologie: Sensor, Objektiv und Bildverarbeitung waren weitestgehend identisch mit einer normalen Kompaktkamera – nur bis vor einigen Jahren von deutlich schlechterer Qualität[1]. Dieser Teil der Technik erfüllt also die Anforderungen an eine *disruptive technology* schon mal nicht.

---

[1]So lag 2014 die durchschnittliche Auflösung von Kameramodulen bei Smartphones weltweit bei 6,6 Megapixeln. Im Schnitt hatten Digitalkameras im gleichen Zeitraum durchschnittlich 16,2 Megapixel (vgl. GfK 2014).

Blieben theoretisch die Funktionen, die ein Smartphone hat, eine Kamera aber eben nicht: Bilder per Mail versenden oder auf soziale Netzwerkplattformen hochladen können. Da der Rückgang des Kameramarktes aber nicht nur Kompaktkameras, also kleine „Knipsen", betraf, sondern auch hochwertige System- und Spiegelreflexkameras wesentlich schlechter verkauft wurden als früher, stellt sich die Frage, ob ein überzeugter Fotofan, der bislang bereit war, mehrere Tausend Euro für eine Systemkamera zu investieren, sein Kauf- und Nutzungsverhalten von solchen Features beeinflussen lässt? Würde ein überzeugter Spiegelreflexnutzer aufhören, neue High-End-Kameras zu kaufen, nur weil sein Smartphone die deutlich schlechteren Bilder auch versenden kann? Da braucht man schon viel rhetorisches Geschick, um hierfür eine glaubwürdige Geschichte herzuleiten.

Dazu kommt dann auch noch der Zeitfaktor: Disruptive Änderungen besitzen auch einen stürmischen Charakter – und werden aktuell sogar noch immer schneller:

- Das Auto hat die Pferdekutschen (und damit den Pferdemist!) binnen 20 Jahren abgelöst.
- Das Fax hat noch zehn Jahre benötigt, um das Telex zu ersetzen.
- Der PC hat die Schreibmaschine binnen fünf Jahren ersetzt.
- Und das Smartphone brauchte ganze zwei Jahre, um das herkömmliche Handy abzulösen. Fragen Sie mal Nokia – die haben diesen Sturm voll abbekommen!

Und nun schauen wir noch wieder auf Kameras und Smartphones: Einzelne Handys mit Kamerafunktion gab es seit 1998. Smartphones hatten seit dem ersten Modell 2007 diese Module immer eingebaut. Ein radikaler, disruptiver Einfluss auf den klassischen Kameramarkt würde man dann also ab 2008 oder spätestens 2009 erwarten. Aber nichts geschah: Fünf weitere Jahre lang hatten Smartphones und ihre Kamerafunktion keinerlei Einfluss auf den Verkauf von Kameras – im Gegenteil: Die Kamerazahlen wuchsen ebenfalls und erreichten Jahr um Jahr neue Rekorde. Und Systemkameras kletterten sogar noch zwei weitere Jahre – insgesamt also sieben Jahre nach der legendären Keynote von Steve Jobs – von Rekord zu Rekord.

Sieben Jahre, die eine Technologie in einer anderen Form keinen negativen Einfluss auf eine ähnliche, existierende hat – kann man das noch eine disruptive Technologie nennen? Selbst für einen normalen, revolutionären Westwind sind sieben Jahre viel zu lang. Tatsächlich ist der Wechsel von der Kamera zum Smartphone also eher gemächlich verlaufen, was für einen evolutionären Wechsel spricht. Und für die Gefährlichkeit solcher evolutionären Veränderungen. Denn die Anbieter der klassischen Fotografie haben sich nach fünf Jahrzehnten kontinuierlichem Wachstum gefühlt in einem stabilen Markt befunden.

Die meisten typischen Marktmodelle, wie zum Beispiel Michael Porter's „Four Corner Konzept" (Porter 2013), gehen davon aus, dass in stabilen Märkten ein relativ stabiles Gleichgewicht der Marktteilnehmer herrsche – eine Sichtweise, die auch die meisten Manager in solchen Märkten wohl schnell bejahen würden. Aber solche Gleichgewichte sind trügerisch, weil die Märkte häufig nur mangels alternativer Handlungsoptionen stabil sind: Mindestens einer der Marktteilnehmer ist doch eigentlich irgendwie unzufrieden, hat in der Regel jedoch keine Wahl. Sobald sich jedoch durch den Eintritt eines neuen Wettbewerbers, eines neuen Geschäftsmodells oder durch eine neue Technik eine alternative Option bietet, verändert sich der Markt.

Bei vielen technischen Produktkategorien sehen wir genau diesen Effekt. Dort sind es die Verbraucher, die keine Wahl haben: Wer von uns hat nicht schon über die komplexe Bedienbarkeit von Videorekordern, Windows Vista oder die besagten Kameras geschimpft? Sobald aber eine ernst zu nehmende Kaufalternative entsteht, wird dieses verborgene Ungleichgewicht offensichtlich – und Kunden wechseln das Pferd.

- *Vorher:* Wer fotografieren wollte (und wer wollte das nicht?) hatte keine Wahl: Eine Kamera musste her – auch wenn man für sein Geld viel mehr Komplexität bekam, als man bedienen wollte.
- *Nachher:* Das Produkt Smartphone habe ich ohnehin, es kommt qualitativ an meine Ansprüche an Bilder heran, ist leicht zu bedienen, und meine Investition tätige ich (gefühlt) nicht für Funktionen, die ich ohnehin nicht nutze.

Schleichende, weil evolutionäre Veränderungen sind deshalb so gefährlich, weil die Marktteilnehmer sie lange nicht wahrnehmen. Und wenn der Wechsel dann eingetreten ist, sind sich die „völlig überraschten" Protagonisten über die Ursache unklar. Könnte es sein, dass deshalb die wenigen neuen Kameras auch heute noch mit zehn oder mehr Schaltern, Tasten und Einstellrädern das Licht der Welt erblicken, während die (technisch deutlich leistungsfähigeren) Smartphones mit einem auskommen?

4.2 Menschen, Technik, Geschäftsmodelle

Schaut man mal genauer auf die Erfolgsgeschichten vom Apple-Gründer Steve Jobs, dann kommt man zu der überraschenden Erkenntnis, dass alles, was er als Produkte zu großen Erfolgen geführt hat, vorher schon existiert hat – wir sprachen schon in Abschn. 3.10 darüber. Aber warum genau hat ein ebenfalls großer Innovator wie Bill Gates es nicht geschafft, sein wesentlich früher vorgestelltes Tablet zum Erfolg zu machen, während es Steve Jobs scheinbar leicht viel? Weshalb waren Nokia oder Blackberry mit High-End-Mobiltelefonen nicht erfolgreich, während Jobs' erstes iPhone schon durch die Decke ging?

In beiden Fällen war die Funktionalität der Geräte ähnlich – Apples Angebot war möglicherweise technisch etwas weiter gediehen –, allerdings erklärte das nicht die außerordentlich unterschiedlichen Erfolge. Eine Erkenntnis, die für alle an die pure Macht der Technik glaubenden Entwickler eine wirklich kalte Dusche bedeutet. Und eine klare Absage an die Feature-verliebten Prospekte der Elektronikmärkte: Mehr Funktion verkauft sich eben keineswegs automatisch besser!

Was also hat das iPhone, den iPod und das iPad so viel erfolgreicher gemacht? Die Antwort scheint so einfach wie offenkundig zu sein: Es war die Bedienbarkeit der Produkte – das GUI (graphical user interface), technologisch gesprochen. Mit dem iPhone hielten Menschen das erste Mal einen bis an Rand mit Technik gefüllten Computer in der Hand, der ihnen doch nicht mehr abverlangte als einfaches Wischen und Tippen. Das Ganze dann noch so intuitiv aufgebaut, dass man nur dann tiefer in die Funktionalität einsteigen musste, wenn man dazu bereit war. Der Anfang aber war so einfach, dass tatsächlich dreijährige diese Produkte schon bedienen konnten – und auch heute noch können.

Sie fragen sich, ob das alles gewesen sein soll? Haben Sie noch eine funktionierende Kamera zuhause herumliegen? Wie tief sind Sie in die Bedienung dieser Kamera jemals eingestiegen? Haben Sie die Unterschiede auf dem kleinen Drehrad mit den Buchstaben S, A und P jemals verstanden? Und wenn diese Kamera beim Kauf damals teuer war – mehr als 200 €, um mal eine Zahl zu nennen –, hatten Sie nicht auch irgendwie immer ein schlechtes Gewissen, weil Sie sich nie die Zeit genommen haben, da tiefer eingestiegen zu sein? Wie viel besser könnten Ihre Fotos aus dem letzten Fernurlaub gewesen sein, hätten Sie nur … Und nun die Frage: Hatten Sie jemals ein ähnlich schlechtes Gewissen, weil Sie sich nie die Mühe gemacht haben, tiefer in die Foto-App Ihres 600 € teuren Smartphones zu schauen?

Sie sind Ihrem Smartphone näher, weil es Ihnen Lösungen bietet, wo andere Produkte Ihnen Probleme (in der Bedienung) machen. Es bietet Ihnen einen emotionalen(!) Vorteil gegenüber anderen technisch vergleichbaren Lösungen. Im Jahr 2006 schrieben die drei Soziologen Barnekow, Sven und Braun-Thürmann, Holger dazu: (Barnekow et al. 2006)

„Der Soziologie käme es hier zu, das Schnittstellenmanagement zwischen Produzenten und potenziellen Anwendern im Entwicklungsprozess zu übernehmen und existierende Innovationsprojekte auf kulturelle Lücken hin zu analysieren. […] Hierbei können diese Erkenntnisse nicht nur wie in der Fallstudie ex post zur möglichen Rekonfiguration nach dem Marktgang, sondern vor allem auch prospektiv in einer ersten Phase der Innovationsgenese genutzt werden, um anwendungsgerechtere Gestaltungsoptionen an die Entwickler zurück zu koppeln."

Anders ausgedrückt: Menschen haben schon immer mit Technik gehadert, die schwer zu verstehen oder nur mit Mühe zu handhaben war. Neben der Technik an sich spielt also die Akzeptanz des Produkts durch die Menschen, die sie anwenden sollen, die zweite große Rolle für ein Angebot, das einmal als Game-Changer einen Markt verändern soll. Nicht sicher bin ich übrigens, ob Steve Jobs jemals seine Wischtechnik erfunden hätte, wenn ein Soziologe ihn beraten und auf „kulturelle Lücken" hingewiesen hätte.

Aber noch ein dritter Faktor spielt eine Rolle bei der Frage, ob ein neues Angebot einen Markt revolutionieren wird oder eher nicht: der schnöde Mammon! Eine Idee mag noch so fortgeschritten sein und (Soziologie!) von Menschen bereitwillig angenommen werden – wenn es dazu kein tragfähiges Businessmodell gibt, wird der Anbieter dieser Lösung finanziell austrocknen. Denken Sie nur kurz an die bedenkliche Situation, dass eigentlich kaum jemand bereit ist, im Internet für Informationen zu bezahlen – Zeitungsverlage suchen deshalb immer noch nach einem guten, funktionierenden Geschäftsmodell! Das ging auch dem kleinen Start-up Google Inc. im Jahr 1998 so: Dort hatte man zwar eine geniale Idee, wie man eine Suchmaschine für das Internet bauen könnte, die alles bisher Dagewesene in den Schatten stellen und Inhalte auf der ganzen Welt plötzlich auffindbar machen würde, aber wie sollte man damit Geld verdienen? Pro Suchbegriff einen Dollar, bitte? Es dauerte zwei weitere Jahre, bevor das Problem gelöst war und die ersten 350 Werbungstreibenden die Beta-Version eines Anzeigenverkaufs – Google AdWords – nutzen konnten (Wikipedia 2020).

Wenn Sie sich also auf die Suche nach der Zukunft Ihres Marktes machen und für Ihr Unternehmen die passende Strategie entwickeln wollen, sollten Sie vorher diese drei Fragen kritisch betrachten:

- Ist Ihr geplantes Angebot (technisch) wirklich machbar?
- Was bietet Ihr geplantes Angebot, um eine breite emotionale Akzeptanz bei Ihrer Zielgruppe zu finden?
- Haben Sie ein belastbares Businessmodell?

4.3   Zukunft, die Sie übersehen haben?

Natürlich ist es absolut sinnvoll, sich um die zukünftige Entwicklung Ihrer Branche und Ihres Unternehmens Gedanken zu machen – eine Reise, die je nach Branche ein langer, steiniger Weg sein kann. Bevor Sie diesen Weg beschreiten (tun Sie das auf jeden Fall!), sollten Sie jedoch unbedingt zwei Abkürzungen prüfen, die Ihnen auch schon kurzfristig neues Geschäft bescheren können.

Da sind zum einen die ungenutzten Chancen im aktuellen Geschäft: Während ich dieses Buch schreibe, beklagen sich gerade Kaufhausketten öffentlich darüber, dass sie nicht die gleichen Chancen wie die Onlineshops hätten, und fordern deshalb häufigere Sonntagsöffnung. Eine ansatzweise eigentlich paradoxe Situation, hat doch noch vor wenigen Jahren kaum einer dieser Shop-Betreiber an die Zukunft des Onlinegeschäfts geglaubt. Die MediaMarkt-Kette zum Beispiel hat erst unter dem Druck des Marktes – und möglicherweise deshalb viel zu spät – ernsthafte Schritte zum Aufbau eines Onlineshops ergriffen. Interne Abstimmungsprobleme verzögerten den Start fast endlos. Zu dem Zeitpunkt verlor die Kette jedoch schon Jahr um Jahr Marktanteile. Und wie MediaMarkt ging es vielen Handelshäusern. Man betrieb allenfalls halbherzig Onlineshops neben dem Ladengeschäft. Nur wenige Betreiber haben bis heute die Vorteile des physischen Angebots im Laden mit denen des Onlineshops miteinander verknüpft und strategische Omnichannels begründet. Und damit meine ich nicht nur das eher harmlose Buy-online-and-pick-up-at-store-Prinzip: Wirkliche Omnichannel-Lösungen sehen deutlich smarter aus als die Multichannel-Lösungen, die von vielen Parallelbetreibern aktuell umgesetzt wurden. Die heutigen Sonntagsöffnungs-Forderer haben sich also über Jahre keine Gedanken über die Zukunft gemacht, nutzen heute die Vorteile nicht aus, die physische Ladengeschäfte gegenüber reinen Online-Plattformen bieten, und fordern stattdessen Gesetzesänderungen zum Erhalt ihres Geschäftsmodells …

Bevor Sie sich also an die Gestaltung Ihrer Zukunft machen, sollten Sie sicher sein, dass Ihr Unternehmen die heute schon vorhandenen Chancen richtig erkannt hat und sie auch nutzt. Ohne diesen Schritt laufen Sie Gefahr, dass sich bietende Möglichkeiten im Zukunftsprozess von den beteiligten Kollegen oder der Geschäftsleitung ebenfalls übersehen – oder, schlimmer noch, als Science-Fiction abgetan werden.

Die zweite „Abkürzung" zu neuem Geschäft hat dann schon wieder direkter mit Zukunft zu tun. Gibt es in Ihrer Branche ein neues Geschäftsmodell oder einen neuen Trend? Schauen Sie dabei nicht nur in Richtung auf den heimischen deutschen Markt, sondern auch in Richtung Japan, USA und Großbritannien. Viele

Veränderungen entstehen in einem dieser vier Märkte und schwappen dann erst, quasi zeitversetzt, in andere Länder. Diese Zeit kann man nutzen und solche Ideen als Erster in andere Märkte exportieren. Die Zeit, die Sie dazu haben, hängt vom Produkt und dem Ausbreitungsgrad eines Trends ab. Ein Verbrauchertrend aus UK oder den USA kann ein Jahr brauchen, bevor er in Deutschland ankommt – aus Asien braucht er auch schon mal länger. Und bevor solche Entwicklungen Ungarn, Italien oder Israel erreichen, können auch zwei Jahre vergehen. Noch länger dauert dieser Prozess im Bereich der B2B-Angebote.

So gestalten Sie heute schon Zukunft mit – wenn auch möglicherweise nicht dort, wo Sie sonst geschäftlich aktiv sind.

4.4 Präziser planen durch Feedback-Schleifen

Über Philip Tetlock sprachen wir ja schon mehrfach. Das war der US-Wissenschaftler mit der unendlichen Geduld, der 20 Jahre darauf warten konnte zu erfahren, ob irgendeiner seiner Experten etwas halbwegs Sinnvolles vorausgesagt hatte. Eben dieser Philip Tetlock sagt in seinem Buch *Super Forecasting* auch den wesentlichen Satz zum Thema Prognosen (Tetlock und Gardner 2016, S. 23):

> „In den meisten Fällen werden Vorhersagen abgegeben, und dann passiert gar nichts. Es wird selten überprüft, wie korrekt sie waren, und schon gar nicht mit ausreichender Regelmäßigkeit und Wissenschaftlichkeit, um daraus irgendwelche Schlussfolgerungen zu ziehen."

Auch, wenn Sie vielleicht erst nach Ende der Lektüre dieses Buches mit der planmäßigen Vorbereitung auf die Zukunft beginnen – geplant und vorhergesagt wird in Ihrem Unternehmen doch auch jetzt schon: Wirft man bei Ihnen nicht auch mithilfe von Excel und PowerPoint hoffnungsvolle Blicke auf das kommende Jahr (oder sogar auf längeren Perioden)? Vermutlich ist das eine in allen Unternehmen gängige Praxis.

Und? Glauben Sie, dass diese Tabellenkalkulations-Wunderwerke die Realität des folgenden Jahres in Ihrem Unternehmen auch nur halbwegs wirklichkeitsnah abbilden? Wenn Sie das noch nie überprüft haben, empfehle ich Ihnen, diese Aufgabe spaßeshalber mal durchzuführen: Nehmen Sie die präzise vorgeplanten Werte des letzten Jahres und legen Sie sie über das Ergebnis ein Jahr später. Es wird Sie vermutlich nicht überraschen, wenn ich Ihnen vorhersage, dass Ihre Zahlen alle nicht besser sein werden, als der Tetlock'sche Affe beim Dartspiel. Und nein, egal was Sie auch tun, Sie werden niemals (!) perfekte Prognosen abliefern können (oder geliefert bekommen, wenn Sie in der wenig beneidenswerten Position sind, solche Planzahlen beauftragen zu müssen). Soweit sollten wir in diesem Buch ja schon gekommen sein: Eine perfekte Vorhersage kann es nicht geben – auch nicht mit Excel. Aber …

Beispiel

Freuen Sie sich doch mal für einen kurzen Moment auf Ihren nächsten Urlaub. Der Abreisetag rückt näher und Sie beginnen, den Koffer zu packen. Die Wettervorhersage sagt sonniges Wetter bei Tageshöchsttemperaturen von 16 °C voraus. Was packen Sie ein? Oder besser noch, was packen Sie nicht ein? Die Badehose zum Beispiel. Oder die kurzärmeligen Hemden und die kurze Hose (sehr geehrte Leserin: Bitte übersetzen Sie diese Aufzählung bei Bedarf auf weibliche Kleidungsstücke – ich kenne mich mit männlichen Koffern einfach besser aus). Sie werden eher Frühjahrskleidung und natürlich „noch etwas Warmes" mitnehmen – schließlich könnte es morgens und abends ja doch merklich kühler sein.

Was aber, wenn ich Ihnen nun sagen würde, dass die Temperaturangabe in der Wettervorhersage keineswegs ein sicherer Wert ist, sondern, ebenso wie zum Beispiel die Regenvorhersage, nur eine Zahl mit einer gewissen Wahrscheinlichkeit? Es könnte also sowohl kälter als auch wärmer als 16 Grad werden. Auf Ihren Koffer hat das Ganze nun deshalb großen Einfluss, weil es gut wäre zu erfahren, in welcher Größenordnung sich die Meteorologen über die Temperatur wohl unsicher sind und wie weit diese deshalb von den besagen 16 Grad abweichen kann. Sprechen wir über ein Grad mehr oder weniger, ändert das noch nichts an Ihrem Koffer. Was aber, wenn die Temperaturangabe nur auf etwa 6 Grad genau wäre? Das hieße, Ihr Urlaubserlebnis könnte zwischen einer Tageshöchsttemperatur von 10 Grad oder 22 Grad schwanken. Keine Frage: Sie müssten definitiv den ganz großen Koffer packen, um für diese großen Unterschiede gewappnet zu sein.

Es ist also weit weniger wichtig, die vorhergesagte Temperatur zu wissen, als vielmehr die mögliche Abweichung davon. Genau dasselbe gilt aber auch für Ihre Planzahlen des kommenden Jahres. Die genaue Absatzmenge pro Produkt und Land werden Sie niemals genau treffen. Aber Sie sollten versuchen, die Genauigkeit der Vorhersagen zu ermitteln und gegebenenfalls für die kommenden Jahre zu verbessern. ◄

Stellen Sie sich einfach vor, Sie erhalten von drei Landesverantwortlichen eine Mengenplanung für ein Jahr. Am Ende des Jahres stellen Sie fest, dass zwei sehr deutlich vom Plan abgewichen sind, der dritte aber im Schnitt über alle seine Kunden einen ganz guten Plan abgegeben hat. Nun können Sie durch zwei Methoden recht einfach die Fehlerquote sofort verringern:

- Mathematisch könnten Sie die mittlere Abweichung der Planung ermitteln und im kommenden Jahr diese einfach in die Planungen der beiden „abweichenden" Kollegen einberechnen. Sie ermitteln sozusagen den Umfang des menschlichen Fehlers. Machen Sie das ein paar Jahre hintereinander, dann haben Sie eine immer besser werdende Abschätzung realistischer Planzahlen.
- Die zweite Alternative ist, den Kollegen diese Fehlergrößen jedes Jahr zurückzuspielen. Der Vertriebsleiter, der immer deutlich zu hoch schätzt, wird damit vorsichtiger – und der, der zu niedrig plant, etwas mutiger[2].

Diese beiden Methoden hat – etwas vereinfacht dargestellt – Philip Tetlock übrigens angewendet, um die Qualität von Zukunftsprognosen insgesamt zu erhöhen. Er suchte sich dazu Menschen, die überdurchschnittlich häufig richtig lagen, und hat deren Vorhersagen mathematisch miteinander verknüpft.

Wenn Sie sich also in Ihrem Unternehmen auf den Weg machen wollen, der Zukunft besser vorbereitet zu begegnen, empfehle ich, mit dem regelmäßigen Abgleich aller Planungsannahmen mit der späteren Realität zu beginnen. Denken Sie bitte daran: Es ist nichts Ehrenrühriges daran, mit den Prognosen für seinen Markt und sein Geschäft daneben zu liegen. Man sollte nur wissen, wie weit man daneben lag.

4.5   Gibt es ein „richtiges" Mindset?

Bis hierhin ging es primär um die Methodik – darum, was man wissen sollte, bevor man beim Zukunftsmanagement in vermeidbare Fallen tappt. Allerdings fängt eine erfolgreiche Veränderung immer im eigenen Unternehmen an. Die Art, wie man an Marktänderungen herangeht, welche Arbeits- und Denkweisen im Unternehmen üblich oder verpönt sind, spielt dabei eine ganz erhebliche Rolle. Aus meiner Arbeit, aber auch aus der Analyse vieler erfolgreicher – und noch mehr nicht-erfolgreicher – Unternehmen hat sich über die Jahre eine Arbeitsweise entwickelt, die ich mit Ihnen erläutern möchte.

---

[2]Wichtig dabei ist jedoch, dass Ihr Unternehmen Boni an Vertriebskollegen nicht mehr nur nach absoluter Zielerreichung ausschüttet – was der Niedrig-Planer immer bevorzugt –, sondern dass Planungsgenauigkeit mit Teil des Bonus-Berechnungssystems wird.

4.5.1 Resilienz: Bleiben Sie veränderungsbereit!

Beginnen wir mit einer Eigenschaft, ohne die es wirklich nicht geht: Veränderungsbereitschaft. Wenn Sie diesen Abschnitt gelesen haben, bitte ich Sie um Ehrlichkeit hinsichtlich des Wechselstatus Ihres Unternehmens: Sind Sie bereit, kritisch mit Ihren Glaubenssätzen umzugehen und diese bei Bedarf auch über Bord zu werfen? Sind Ihre Führungskräfte und Ihre Mitarbeiter dabei, wenn es um notwendige neue Gedanken geht? Wenn Sie den geringsten Zweifel haben, dass Sie diesen ersten Punkt noch nicht erreicht haben, sollten Sie die weiteren Schritte noch nicht gehen, denn Sie erreichen kein gutes Ergebnis für Ihren Zukunftsprozess. Das ist so ähnlich wie die Situation damals im Freibad auf dem Drei-Meter-Brett: Solange man dort oben nicht mit der richtigen Einstellung steht, macht Springen einfach keinen Spaß!

Es gibt durchaus Märkte, die über eine scheinbar lange Zeit stabil zu sein scheinen. Erst wenn man zurückblickt, erkennt man, dass sich auch solche Märkte drastisch verändert haben. Wenn Sie in so einem Markt tätig sind, versuchen Sie sich kurz vorzustellen, was vor 30 oder 40 Jahren anders war: Welche Produkte, welche Techniken gab es damals noch nicht? Wie haben sich Kundenstrukturen, Geschäftsmodelle oder auch die „rules of the game", also die Spielregeln Ihres Marktes, verändert?

Ich habe zwar keine Chance, mit Ihnen jetzt darüber zu diskutieren, bin mir aber absolut sicher, dass Ihnen viele Beispiele solcher Veränderungen einfallen. Und dies ist die schon wichtigste Erkenntnis auf dem Weg zu einem guten Zukunftsmanagement:

▶   Ihr Markt hat sich in der Vergangenheit dauernd verändert. Und deshalb wird er sich auch in Zukunft weiter verändern.

Das mag banal klingen, ist aber tatsächlich – wie wir schon am Anfang des Buches gesehen haben – eine der größten Hürden vieler Unternehmen: Eine Veränderung des eigenen Geschäfts wird entweder ganz ausgeschlossen oder aber so weit in die gedankliche Zukunft geschoben, dass man sich damit jetzt noch nicht auseinandersetzen müsse. Diese grundsätzliche Akzeptanz der kontinuierlichen Veränderung des eigenen Marktes ist aber der erste wichtige Schritt, den Sie unbedingt machen müssen!

Der zweite wichtige Erfolgsfaktor im Mindset der Unternehmensführung ist etwas, was unterschiedliche Forscher übereinstimmend als *resilience* beschreiben (Bhattarai 2018) – frei übersetzt Elastizität. In der deutschen Literatur wird hingegen gerne von „Flexibilität" gesprochen, was mir aber zu kurz gesprungen erscheint: Resilienz beschreibt die Fähigkeit und die Lust einer Organisation, sich auch zu strecken und zu dehnen und auf diese Weise Methoden, Tools und Produkte weit über die aktuelle Situation hinaus anzupassen, wenn der Markt es erfordert.

Ein schönes Beispiel für Elastizität im Mindset ist das Mission Statement, das man Walt Disney für sein Unternehmen zuschreibt: Er soll schon in den 60er-Jahren formuliert haben, sein Unternehmen hätte die Aufgabe, Menschen glücklich zu machen *(to make people happy)*. Nur so war es möglich, das Angebot von (gedruckten) Comics auf Filme, TV, Erlebnisparks und Musicals auszuweiten und damit völlig neue Märkte zu erschließen. Stellen Sie sich nur vor, er hätte darauf bestanden, dass die Kernkompetenz des Unternehmens das Zeichnen von Comics wäre und er sich, dem Rat vieler Unternehmensberater folgend, spitz aufgestellt hätte. Vieles von all dem bezaubernden, kommerziell erfolgreichen Imperium wäre nie entstanden …

Als die größte Hürde für dieses Ziel, als Organisation – und persönlich als Führungskraft – elastisch bleiben zu wollen, entpuppt sich die eigene Erfahrung. Denn Erfahrung zu haben heißt eigentlich nur, Erlebtes als Muster abzuspeichern und so für zukünftige Entscheidungen abrufen zu können. Jemand mit viel Erfahrung kann also auf mehr Muster zurückgreifen als jemand, dem diese Erfahrung fehlt. Eine eigentlich gute Eigenschaft, die aber – wie wir schon in den vorherigen Abschnitten gesehen hatten – dazu verleitet, in der Betrachtung möglicher zukünftiger Entwicklungen unterbewusst auch vermehrt Muster sehen zu wollen.

Also seien Sie vorsichtig und hüten Sie sich vor Ihrem Wissen und Ihrer Erfahrung; es könnte sein, dass sie Sie zu falschen Annahmen verleiten. Die Beispiele von Kodak und Olympia, aber auch positiv jenes von Rügenwalder, zeigen, wie schnell man alleine an diesem ersten Punkt gewinnen oder scheitern kann. Oder, um Albert Einstein zu zitieren:

▶ „We can't solve problems by using the same kind of thinking we used when we created them."

4.5.2 Die unendliche Geschichte: Zukunftsmanagement endet nie!

Wir sprachen schon darüber: Sollten Sie dieses Buch gekauft haben, um sich einmal dem Thema Zukunft zu widmen und dann wieder für zehn Jahre Ruhe zu haben, muss ich Sie enttäuschen. Ganz bitter sogar. Zukunft verändert sich laufend. Jede neue Erfindung, jede neue Dienstleistung, jedes neue Angebot sorgt geschäftlich für neue Wege, und manchmal haben sogar Ereignisse, die nichts mit Ihrem Geschäft oder Ihrer Branche zu tun haben, radikale Auswirkungen – Corona war das beste Beispiel für einen abrupten Wechsel in allen weltweiten Märkten! Wer also auf einen einmaligen Prozess gehofft hat, um sein Unternehmen zukunftsfit zu machen oder auch nur seine Zukunftsstrategie überprüfen zu wollen, der sollte jetzt bitte umdenken.

In der Automobilwirtschaft galt bis 2015 die einhellige (veröffentlichte) Meinung, dass Elektromobilität und autonomes Fahren noch in den Bereich Science-Fiction gehörten. Der damalige Porsche-Chef Matthias Müller sprach zum Thema selbstfahrender Fahrzeuge sogar von einem Hype, der durch nichts gerechtfertigt sei (Spiegel Online 2015). Nur zwei Jahre später wirkte sich der Dieselskandal bei VW und anderen so drastisch aus, dass neben Fahrverboten plötzlich verstärkt über Elektrofahrzeuge diskutiert wurde und man misstrauisch nach China schielte, wo das Thema inzwischen mit Hochdruck angegangen wird. Und 2019 wurde E-Mobilität dann sogar zur höchsten Priorität des VW-Konzerns.

Und das autonome Fahren? Am 22.06.2017 trat in Deutschland eines der ersten Gesetze weltweit in Kraft, welches unter bestimmten Bedingungen den Einsatz selbstfahrender Fahrzeuge erlaubt. 2018 kamen in Hamburg die ersten hundert selbstfahrenden Busse zum Einsatz. Ach ja, und Matthias Müller – der das alles für einen Hype hielt – war zwischendrin mal Vorstandschef von VW und führte damit ein Unternehmen, das ab 2021 unter dem Markennamen Sedric selbst autonom fahrende Carsharing-Angebote bereitstellen will (Grundhoff 2017). Innerhalb von nur zwei Jahren hat sich die Bewertung der Zukunft eines der größten deutschen Industriezweige vollständig geändert!

Zukunft ändert sich also schneller, als uns häufig bewusst ist. Wenn Sie Ihr Unternehmen darauf vorbereiten wollen, geht das nur in einem regelmäßigen Prozess, der sicherstellt, dass Sie neue Entwicklungen – auch schleichende! – rechtzeitig erkennen und diese in Ihre Zukunftsstrategie einfließen lassen. Wichtiger als die operative Vorbereitung ist jedoch die mentale Einstellung, die ein Unternehmen dem Neuen gegenüber mitbringt.

Time/system war in den 80er-Jahren eine Art Statussymbol des Europäischen Managements – so wie es der *filofax* in den angelsächsischen Ländern war. Wer „wichtig" war, bekam von seinem Unternehmen einen Managementkalender dieses Unternehmens zur Eigenorganisation zur Verfügung gestellt. Grundpreis nach heutigen Preisen etwa 200 € – in der Executive-Ledervariante ab 500 € – plus das erforderliche Zeitmanagementseminar ab 800 €. Es gab praktisch kein Unternehmen von Rang und Namen mehr, in dem dieses Selbstplanungstool nicht verfügbar war. Anfang der 90er-Jahre war das Unternehmen auf dem Höhepunkt seiner Verbreitung und der Niedergang begann. Mit den ersten Vorläufern des Smartphones, den digitalen Organizern und deren Verknüpfung mit der ersten, noch recht rudimentären Terminplanung auf PCs, hatte das Papier weitestgehend ausgedient. Das Unternehmen hatte noch einen tadellosen Ruf – eine wertvolle Marke, würde man heute sagen –, konnte sich aber nicht zu einer grundlegenden Änderung der Produktpolitik entschließen. Die Chance, am Boom der elektronischen Planung teilzuhaben, wurde vergeben, weil das Management den Fokus der Geschäftätigkeit nicht von dem DIN A5 großen Ursprungsprodukt[3] nehmen wollte: Man probierte zwar viele zusätzliche Produkte – Seminare, Software, Kalendarien mit kleineren Formaten –, die man aber immer nur als Ergänzung zum Ursystem, niemals jedoch als Alternative für die Zukunft sah. Heute ist das Unternehmen nach verschiedenen Eigentümerwechseln nur noch ein Schatten seiner selbst.

▶ Wenn Sie sich an Ihre Zukunft machen, etablieren Sie also eine Denk- und Arbeitsweise, die Neues willkommen heißt und Mitarbeiter wie Geschäftsführung neugierig sein lässt.

4.5.3 Mitarbeiter einbinden

Sie haben sich also nun entschieden, der gezielten Entwicklung einer Zukunftsstrategie Ihres Unternehmens mehr Raum zu geben. Herzlichen Glückwunsch! Das Falscheste, was Sie jetzt allerdings tun können, wäre zu überlegen, welcher Abteilung Sie diese Aufgabe zuteilen wollen, damit diese dort im Kellergeschoss leise „erledigt" würde. Zum einen ist die Frage des Zukunftsmanagements, wie wir später noch sehen werden, nicht die Aufgabe eines bestimmten Bereichs. Zum anderen ist es aber wichtig, dass Sie den Plan, sich als Unternehmen gezielt mit der Zukunft zu beschäftigen, schnell und zügig im Unternehmen bekannt machen (wohlgemerkt, es geht dabei um die Bekanntmachung der Absicht, nicht der Ergebnisse).

Das hat neben der Motivation der Kollegen vor allem eine langfristig extrem wichtige Auswirkung: Sie erhöhen schlagartig Ihren Input für den geplanten Prozess. Sobald die Mitarbeiter Ihres Unternehmens wissen, dass Sie auf der Suche nach Entwicklungen für die Zukunft sind und dass diejenigen, die den Prozess

---

[3]Das DIN A5-formatige Kalendarium begründete den Erfolg des Unternehmens.

steuern, Anmerkungen, Kommentare und gefundene Quellen willkommen heißen, beginnen sie, jede möglicherweise interessante Information weiterzuleiten. Statt weniger Spezialisten, die sich auf die Suche nach interessanten Entwicklungen machen zu müssen, haben Sie plötzlich Hunderte von Augen und Ohren, die aus Zeitungen, TV und dem Internet Informationen zusammentragen. Denken Sie kurz an das G-Shock-Beispiel. Es waren nur wenige Meldungen, die auch noch über die ganze Welt verstreut waren, deren Input man bei Casio zu einem vagen Bild zusammengesetzt hat. Die Kunst bestand jedoch weniger darin, das Muster zu erkennen – darin sind wir Menschen ja wirklich gut –, sondern darin, diese Informationen überhaupt erst einmal zu bekommen.

▶   Achten Sie auch darauf, welcher Ihrer Mitarbeiter die interessantesten Informationen beisteuert: Er oder sie könnte ein wichtiger Baustein für Ihr Zukunftsmanagement werden.

4.5.4   Ganzheitlich denken und arbeiten

Ihre Vorbereitungen für das Zukunftsmanagement laufen also auf vollen Touren, Ihre Mitarbeiter wissen Bescheid und versorgen Ihr Unternehmen schon mit allerlei Input zu möglicherweise interessanten Entwicklungen. Aber wem geben Sie das Projekt jetzt? Wer sollte sich darum kümmern?

Marketing ist für so etwas immer prädestiniert. Die sind auch kreativ genug, um mal „rumzuspinnen". Andererseits: Man muss schon verstehen, über welche Technologien wir überhaupt verfügen. Also doch eher das Produktmanagement … oder besser der Finanzbereich? Die haben ja so eine Funktion „strategische Unternehmensplanung" … Die Antwort lautet: Am besten alle – und noch ein paar mehr.

Natürlich müssen Sie einen Prozess wie den, über den wir später noch sprechen werden, von jemandem verantworten und steuern lassen. Aber vermeiden Sie auf jeden Fall den Fehler, Ihre Unternehmenszukunft bei einer speziellen Abteilung zu parken, wie es in Konzernen gang und gäbe ist.

Beispiel

Ich habe mal in einem Unternehmen gearbeitet, das einen Bereich namens „NBD" (New Business Development) ins Leben gerufen hatte, um Entwicklungsprojekte unserer Forschungsabteilungen ins Leben zu bringen und damit Umsätze zu generieren. Ein echter Silo – da dieser Bereich nicht in das Geschäft der regulären Vertriebsabteilungen eingebunden war, gab es nur wenig Austausch, und noch weniger Produkte migrierten aus dem Entwicklungsstadium in langfristig nachhaltiges Geschäft. Die Folge war, dass sich die Vertriebsabteilungen neuer Ideen der Entwicklung nur annahmen, wenn sie vielversprechend waren und ins übliche Beuteschema passten. Für alles andere war man schließlich nicht zuständig, dafür gab es ja NBD. Dort wiederum gab man sein Möglichstes, aus jeder zum Produkt gewordenen Idee ein Maximum an Umsatz zu generieren und betrat, da die Absatzkanäle der klassischen Vertriebsabteilungen natürlich tabu waren, auch bei der Distribution unabgestimmtes Neuland. Ein heilloses Durcheinander, was frustrierend für die Mitarbeiter aller Abteilungen war und das Unternehmen keinen Schritt näher an eine Zukunftsperspektive brachte. Der NBD-Bereich wurde irgendwann aufgelöst und von den vielen, zum Teil hochkreativen Produktkonzepten hat es kein einziges in das reguläre Produktangebot geschafft. ◄

Die personelle Limitierung, die Mittelständler verglichen mit Konzernen haben, wirkt sich sogar positiv für den geplanten Prozess aus: Verzichten Sie auf die Gründung einer Zukunftsabteilung und machen Sie stattdessen Ihr Zukunftsprojekt bunt. Mischen Sie möglichst viele Erfahrungen und Sichten auf Ihr Unternehmen und binden Sie diese in die Prozesse ein. Nur so gelangen Sie zu einer holistischen Sicht auf Ihre Aktivitäten – und die Ihrer Wettbewerber – wie sie im Casio-Beispiel deutlich wird. Und:

▶   Suchen Sie für Ihr Projekt in Ihrer Firma nach den echten Querdenkern – solchen, die ungewöhnliche Sichtweisen auch dann äußern, wenn es unbequem wird.

Die Betonung liegt auf „echt", denn nach Meinung verschiedener Personalberater suchen Unternehmen nominell zwar in jeder zweiten Ausschreibung nach solchen Mitarbeitern, stellen dann aber eher angepasstere Bewerber ein, deren Querdenker-Fähigkeiten sich darauf beschränken, Excel-, Word- und PowerPoint-Dateien mit bunten Charts und Bilder aufzupeppen. Die helfen Ihnen bei dieser Aufgabe nicht!

4.5.5   Szenarien entwickeln

Von Philip Tetlock wissen wir schon, dass Experten hinsichtlich der Zukunft nur wenig besser abschneiden als ein Schimpanse beim Dart spielen. Denn sie erstellen konkrete (jedenfalls hin und wieder!) Voraussagen über die Zukunft.

Dummerweise nur wird die Zukunft ja in die Ferne hin immer undeutlicher und die Zahl der Möglichkeiten, wie sich Zukunft entwickeln könnte, wird immer größer – Sie erinnern sich noch an dieses Bild in Abb. 4.1?

Eine Prognose hat also nur eine kleine Chance, tatsächlich einzutreffen – und eine sehr große, daneben zu liegen. Das ist einer der Gründe, weshalb viele selbsternannte Zukunftsexperten gerne vage bleiben, insbesondere – so sagt Philip Tetlock – je häufiger sie im Fernsehen zu sehen seien und damit ihr Geld verdienten. Irgendwie stimmt da der Satz mit den Propheten, die im eigenen Land nichts gelten, merkwürdigerweise so gar nicht … Tetlock empfiehlt deshalb, wenn man dennoch auf Experten setzen wolle, sich auf solche zu stützen, deren Aussagen konkret – und damit nachprüfbar – seien.

„Wir werden in Zukunft wahrscheinlich ohne Autos auskommen" ist beispielsweise eine denkbar ungenaue Voraussage, denn sie enthält nicht einmal eine Angabe zum Zeitfaktor. Alle, die nun auf den Eintritt dieser Prognose warten, könnten dies eigentlich für immer tun – ohne eine Zielzeit kann eine solche Vorhersage zwar richtig (sofern wir morgen die Autos abschaffen sollten), aber niemals falsch sein. Denn solange nichts passiert, ist die Prognose ja immer noch gültig …

Aber auch andere Teile der Formulierung sind nicht geeignet, als Basis für zukünftige Entscheidungen zu dienen: Autos – sind damit Kfz gemeint, wie

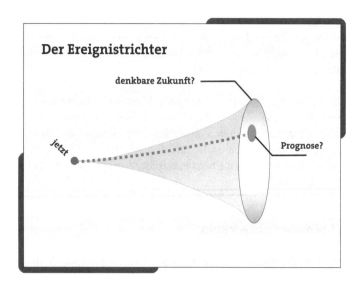

Abb. 4.1 Ereignistrichter

wir sie heute kennen, oder auch alles, was sich zukünftig flach über die Straße fliegend bewegt? Wenn selbstfahrende Elektrofahrzeuge zukünftig eMobs heißen und die übernächste Generation das Wort Auto nur noch aus alten Filmen kennt, war die Prognose dann auch richtig?

Und dann achten Sie mal auf den Teil, der von der Wahrscheinlichkeit spricht. Was verstehen Sie unter dieser Aussage: „Wahrscheinlich wird ein vorhergesagtes Ereignis eintreten"? Erwarten Sie, dass die Vorhersage zu 80 % eintritt? Oder reichen 70 %? Wenn eine Situation nur zwei Möglichkeiten hat – entweder/oder sozusagen –, dann ist sogar eine Möglichkeit mit 51 % Trefferquote schon wahrscheinlicher als die andere. Aber reicht Ihnen das als „gute" Prognose?

Eine gute Prognose ist also nicht eine, die man irgendwie und irgendwann mal als eingetroffen interpretieren könnte, sondern eine, die konkrete und messbar formulierte Aussagen mit einer Zeitlinie liefert. Allerdings: Solche punktuellen Prognosen treffen wegen der Logik des Ereignistrichters eher selten zu. Das hatte auch das Mineralölunternehmen Royal Dutch Shell in den 60er-Jahren erkannt und – wir sprachen schon darüber – die einfache Prognose durch ein System abgelöst, welches heute als Szenariotechnik bekannt ist (s. Abb. 4.2).

Statt eine einzige Vorhersage zu wagen, besteht der Trick darin, sehr genau zu erarbeiten, von welchen externen Faktoren die Entwicklung Ihres Marktes oder

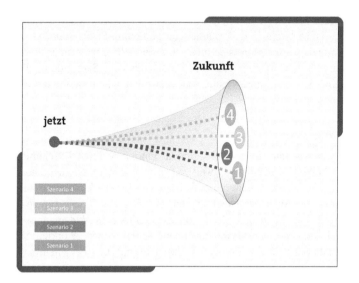

Abb. 4.2 Der Ereignistrichter in der Szenariotechnik

Ihrer Branchen abhängig sein könnten, deren denkbare Veränderungen („steigt an", „fällt ab") zu bestimmen und durch sinnvolle Kombinationen solcher Ausgangswerte dann streng logisch in die Zukunft zu schauen. Das klingt ein wenig theoretisch, ist es am Ende aber gar nicht. Später werden Sie sehen, dass diese Methode sogar Spaß machen kann. Als Ergebnis hat man dann nicht eine einzige Prognose, sondern eine Reihe von Vorhersagen – Szenarien eben –, die man wie die schon erwähnten Eckfahnen eines Fußballfelds nutzen kann: Sie zeigen einem ungefähr das Spielfeld, in dem man sich bewegen sollte – ein Prozess, den wir Zukunfts-Framing nennen.

▶   Hüten Sie sich unbedingt vor singulären, punktuellen Prognosen. Entwickeln Sie stattdessen für Ihre Branche und Ihr Unternehmen sinnvolle und glaubwürdige Szenarien, die Sie in Form verständlicher Geschichten mit Ihren Mitarbeitern und Vorgesetzten teilen.

4.5.6   Ihre Kunden kennen die Zukunft auch nicht

Steve Jobs tat es. Henry Ford tat es. Tun Sie es doch auch: Ignorieren Sie Kunden bei der Frage der Zukunftsgestaltung Ihres Unternehmens. Oder genauer gesagt: Ignorieren Sie die Meinungen Ihrer Kunden dazu, wie Zukunft wohl aussehen könnte. Steve Jobs sagte in einem Interview der Business Week in 1998 (Lange 2011): „Es ist sehr schwierig, Produkte von Marketing-Fokusgruppen kreieren zu lassen. Oftmals wissen Menschen nicht, was sie wollen, bis man es ihnen zeigt." Und Henry Ford wird zum gleichen Thema mit dem Satz zitiert: „Wenn ich meine Kunden vorher gefragt hätte, was sie wollen, hätten sie gesagt ,schnellere Pferde'."

Beispiel

1996 war das Jahr, in dem die digitale Fotografie ihren Durchbruch feiern sollte. Anlässlich der damals weltweit größten Fotomesse, der Photokina in Köln im September, stellte eine Vielzahl von Unternehmen erstmals digitale Kameras vor. Auch das Unternehmen, bei dem ich damals gerade an Bord gegangen war, hatte eine Serie solcher Produkte in Vorbereitung. Und so flog ich kurz vor der Messe mit einem Koffer voller „Working Samples", also funktionstüchtiger Prototypen, durch Europa und begleitete sogenannte

Fokusgruppen-Interviews in den wichtigsten europäischen Märkten. Das Ergebnis war niederschmetternd: Niemand der teilnehmenden Verbraucher hatte eine echte Idee, was er oder sie mit einer digitalen Kamera anfangen würde. Das meiste Lob bekam noch das Feature „Bilder sofort ansehen können" durch den eingebauten LCD-Bildschirm. Aber kaufen? Nein, angesichts der erwarteten Preise von 1000 € aufwärts war der Enthusiasmus der Befragten doch arg eingeschränkt, kosteten die damals üblichen, vergleichbaren Film-Kompaktkameras doch gerademal zwischen 50 und 100 € – bei deutlich besserer Bildqualität. Ich hatte nur Glück, dass zwischen der Marktforschung und der Präsentation auf der Messe nur wenige Wochen lagen und ein „Zurück" ohnehin nichts gerettet hätte. Und so standen wir also, gemeinsam mit all unseren Wettbewerbern und den nagelneuen Digitalkameras, auf den Messeständen und wurden von der Nachfrage dort geradezu erschlagen. ◄

Gleich, ob Sie Fokus-Gruppen mit 15 Teilnehmern oder repräsentative Untersuchungen mit mehreren tausend Teilnehmern beauftragen, um die Zukunftsfähigkeit einer Idee ergründen zu wollen: In aller Regel können und sollten Sie sich dieses Budget sparen: Konsumenten können sich Zukunft auch nicht besser vorstellen als Ihr Marketing-Team.

▶   Tatsächlich haben Menschen echte Schwierigkeiten, sich Zukunft und noch nicht erfundene Produkte vorzustellen. Sogar, wenn ein Produkt schon existiert, aber noch nicht verbreitet ist, werden Sie Kundenbefragungen überall hinbringen – nur nicht in die Zukunft.

4.5.7   Auch winzige Änderungen revolutionieren einen Markt

Natürlich wäre es schön, wenn man die eigene Unternehmenszukunft dadurch gestalten könnte, dass einem so etwas Geniales wie die Idee des Autos, des Computers oder des Smartphones einfiele. Aber mal ehrlich: Wer kann das schon? Tatsächlich sind die meisten Neuerungen, welche unternehmerische Zukunft gestalten, eher kleine Änderungen des Angebots oder unauffälligere Erfindungen. Denken Sie nur einmal an den Kaffeefilter: Ein Stück Löschpapier seitlich gefalzt – wie traurig sähe unser Frühstück ohne diese Erfindung aus?

Beispiel

Das Unternehmen AirBnB beispielsweise vermittelt private Unterkünfte. Diesem Geschäft haben sich davor schon Hunderte anderer Websites gewidmet – mit denkbar mäßigem Erfolg. Der wesentliche Unterschied zwischen AirBnB und den anderen, eher vergeblichen Versuchen ist, dass die Macher von AirBnB sich gefragt haben, warum Gastgeber so unterschiedliche Erfolge in der Vermietung erzielen. Als Ergebnis wurden die Bilder identifiziert, die Gastgeber auf die Vermittlungsplattform stellten. Viele der Bilder waren Amateuraufnahmen, mit einfachen Kameras oder sogar Handys aufgenommen – eher geknipst als fotografiert. AirBnB tat einen ungewöhnlichen Schritt und bot potenziellen Gastgebern an, kostenlos[4] einen professionellen Fotografen zu schicken, der die zu vermietenden Zimmer fotografierte – das Ergebnis sprach für sich: Die vermittelten Unterkünfte schnellten in die Höhe, der Umsatz stieg und AirBnB ist heute einer der größten Konkurrenten für die Hotelketten der Welt – mit 46 Mrd. US$ wertvoller als Mariotts, die größte Hotelkette der Welt (Reiche 2019). ◄

Und es gibt zahlreiche weitere Beispiele. Casio, der japanische Multi-Elektronikkonzern, lebte viele Jahre nur von dem unersättlichen Drang des Gründers Kazuo Kashio, neue Produkte erfinden und vermarkten zu wollen. Schon in den 80er-Jahren zeichnete sich das Unternehmen dadurch aus, dass es durchschnittlich jeden zweiten Tag ein neues Produkt auf den Markt brachte. Dabei wurde weder auf Marktforschung noch auf die eine, ganz große Produktneuheit gesetzt, sondern auf eine Vielzahl Produkte, die manchmal nur leicht verändert durch Kombination zweier bekannter Technologien entstanden. So schuf das Unternehmen Rechner und Uhren mit allerlei Sonderfunktionen, Musikinstrumente, Minifernseher oder Digitalkameras eher aus purer Lust am Neuen, als dass hier eine Excel-basierte Top-down-Planung gegriffen hätte – eine für viele Unternehmer grauenhafte Vorstellung! Aber: Das Unternehmen entwickelte sich dadurch immer weiter und ist bis heute am Puls der Zeit, auch wenn es unter den vielen Neuprodukten immer wieder Flops gab. Aber das gehörte bei Casio halt dazu.

---

[4]In 2017 hat AirBnB dieses Konzept dann geändert: Heute bietet das Unternehmen nur noch die Vermittlung eines professionellen Fotografen an, der dann kostenpflichtig diese Aufnahmen macht (https://www.airbnb.de/professional_photography).

Ebenfalls den Weg der kleinen Lösungen beschritt Unilever, als man eine Düse brauchte, die flüssiges Waschmittel so zerstäubte, dass daraus Pulver gewonnen werden konnte. Top-down funktionierte auch hier nicht, sodass man sich entschloss, auf Evolution zu setzen statt auf Revolution: Man fing einfach an zu probieren. Dazu wurde eine Reihe von Varianten der Düse gebaut und dann getestet, welche Variante am besten für die Aufgabe geeignet war. Diese wurde wieder in verschiedenen Varianten gebaut und getestet. Nach 45 Verbesserungszyklen hatte man dann eine hochkomplexe Düse erschaffen, die die gewünschte Aufgabe erfüllte – ohne dass irgendwer erklären konnte, warum diese Düse so viel besser war (Wolf 2012). Innovation braucht manchmal eben auch die Lust am Spielen!

▶   Erfolg entsteht also keineswegs immer durch die großen, revolutionären Ideen, bei denen allen Menschen vor Staunen die Spucke wegbleibt. Am häufigsten sind es die kleinen Entwicklungsschritte, die Unternehmen voranbringen. Evolution statt Revolution.

4.5.8   Außenseiter: Gefahr von der Seite

Schauen wir noch einmal auf die schon besprochenen Beispiele guter und schlechter Zukunftsstrategien. Da war zum Beispiel Olympia, jenes Unternehmen, das so felsenfest davon überzeugt war, dass die Zukunft der Schreibmaschine die stetig weiter verbesserte, vollelektronische Schreibmaschine sei, dass es die wahre Konkurrenz nicht einmal dann wahrnahm, als sie der Firma schon mit maximaler Geschwindigkeit seitwärts in die Flanke fuhr. Oder nehmen wir die Digitalkameras, die erst dann von den klassischen Kameraherstellern angeboten wurden, als der Konkurrent aus der Elektronik sich schon auf dem Markt befand.

Aktuell sehen wir ein solches Beispiel live und in Farbe in der Automobilindustrie: Während die Traditionshersteller Elektromobile noch für Science-Fiction hielten, begann Tesla – ein Start-up! – mit dem Verkauf serienreifer Fahrzeuge, die in puncto Fahrkomfort, Beschleunigung und laufenden Kosten sogar die besten klassischen Autos in den Schatten stellten. Damit nicht genug: Da von keinem der Anbieter ein passendes Angebot für einen kleinen elektrisch betriebenen Stadttransporter vorgelegt werden konnte, kaufte der Logistikdienstleister DHL kurzerhand ein Start-up namens Streetscooter und entwickelte seine Elektrofahrzeuge selbst. Mehr noch, ab 2017 verkaufte DHL diese

Fahrzeuge auch an Drittunternehmen und war damit ebenfalls Wettbewerber für die Automobilindustrie geworden.

Ich bin mir sehr sicher, dass in Ihrem Unternehmen der Blick auf die Konkurrenz stetig und mit Argusaugen erfolgt. Wer jedoch bei seinen Zukunftsszenarien nur auf die Entwicklung des Marktes schaut, so wie er heute ist, übersieht möglicherweise den Branchenprimus von morgen. Das wird in der Zukunft sogar noch häufiger passieren, da das Thema Software zukünftig die größere Bedeutung bekommen und ganze Geschäftsmodelle einfach umdrehen wird.

So hat sich das schon erwähnte Unternehmen AirBnB mit einem Unternehmenswert von 46 Mrd. US$ zum teuersten Hotelunternehmen der Welt entwickelt – ohne ein einziges Hotel zu besitzen. Ähnlich geht es dem Taxigewerbe mit Uber oder in Deutschland den Essens-Lieferdiensten mit Lieferando.de. Beide haben sich in kürzester Zeit zu De-facto-Marktführern aufgeschwungen, ohne je ein eigenes Auto besessen oder eine Pizza in den Backofen geschoben zu haben – wobei man in dem ein oder anderen Fall sicher über die verwendeten Geschäftspraktiken diskutieren könnte.

Als Verantwortlicher eines „traditionellen" Unternehmens mag man sich darüber aufregen, dass man praktisch nur mit Software solche Marktstellungen erreichen kann. Facebook beispielsweise gehört aktuell (Forbes 2020) zu den sechs wertvollsten Unternehmen weltweit, obwohl es doch nur eine Plattform anbietet, die ausschließlich durch die Nutzung der User Wert erlangt und deren Software angeblich sogar auf einen USB-Stick passen soll.

Dennoch: Software wird das zukünftige Geschäftsleben dominieren und damit den Wettbewerb in allen Branchen neu definieren. Die gute Nachricht jedoch ist, dass Sie das jetzt wissen! Denn damit können Sie nicht nur Ihre Marktbeobachtung ausweiten und so rechtzeitig Verteidigungspositionen einnehmen, sondern Sie können bei Entwicklung Ihrer Zukunftsstrategie überprüfen, welche Ihrer Kompetenzen sich dazu eignet, vollständig neue Märkte und Branchen anzugreifen – solche, in denen Sie heute noch nicht tätig sind.

Dabei ist allerdings wichtig, sich über die Kompetenzen des eigenen Unternehmens kritisch Gedanken zu machen. Zeitungsverlage zum Beispiel haben früh erkannt, dass ihre Kompetenz mehr darin liegt, Nachrichten zu produzieren als darin, diese auf Papier zu drucken. Lag Olympias Kompetenz darin, perfekte Schreibautomaten zu produzieren oder eher in der jahrzehntelangen Erfahrung um perfektes Schreiben? Liegt die Kompetenz der Kamerahersteller darin, Geräte mit einem ganz bestimmten Formfaktor zu produzieren oder in ihrer optischen und fotografischen Erfahrung? Sie sehen:

▶ Es lohnt sich, sich am Anfang des Zukunftsmanagements klar darüber zu werden, inwieweit das Mission/Vision-Statement des Unternehmens (soweit es eines gibt) eigentlich noch aktuell ist und die Firma und die Marke aktuell, richtig und ehrlich beschreibt.

4.5.9 Machen Sie sich selbst Konkurrenz

Kodak hatte es in der Hand: Mit beinahe unglaublichem Vorsprung hatten sie die Idee der digitalen Kamera und damit das Killerprodukt zur klassischen film-basierten Fotografie entwickelt – zwei Jahrzehnte, bevor japanische Unternehmen auf der Photokina 1996 der Idee der digitalen Fotografie einen breiten Durch-bruch verschafften. Und dennoch wurde das Konzept nur halbherzig weiterver-folgt – wenn überhaupt. Das hatte sicher mit dem Stand der Technik zu tun, denn der Sensor, das CCD, war anfangs mit 10.000 Pixeln meilenweit davon entfernt, eine für Verbraucher akzeptable Bildqualität zu liefern. Aber Kodak hätte neben der Zeit auch das Geld und das Wissen besessen, aus dem Hardware-Monster des Jahres 1975 marktfähige Kameras zu entwickeln. Die Kodak-Manager wollten nicht, weil sie keine Konkurrenz zum aktuellen Geschäft aufbauen wollten.

Aus Sicht eines Anteilseigners könnte man nun argumentieren, dass die Ent-scheidung richtig war, hat sie dem Unternehmen doch zwischen der Erfindung der Digitalkamera 1995 und dem eigentlichen Start des digitalen Marktes 1996 über 20 Jahre Milliardenumsätze und -gewinne beschert. Andererseits haben eben diese Investoren auch die Last dieser Entscheidung zu tragen: Die Kodak-Aktie, die im Februar 1997 noch einen Wert von fast 94 US$ hatte, fiel zwischenzeitlich auf weit unter einem Dollar. Das ehemals neuntgrößte Unternehmen der Welt ist heute, gemessen an seinem ursprünglichen Wert von über 30 Mrd US$, praktisch nichts mehr wert. Hätte Kodak heute noch eine größere Bedeutung, wenn das Management sich damals anders entschieden und die Digitalkamera aktiv weiter-entwickelt hätte? Das kann man nicht sicher sagen. Aber die Chance dazu hätte das Unternehmen sicher gehabt. Vor allem hätte Kodak es in der Hand gehabt, zusätz-lich und vor allen Wettbewerbern die für digitale Bilder notwendige Infrastruktur zu konzipieren, umzusetzen und sich diese abermals patentieren zu lassen.

Die Rügenwalder Mühle ist ein schönes Beispiel für den möglichen Erfolg: Nur 30 Monate nach Start des Projekts „vegetarische Fleischprodukte" betrug der Umsatzanteil mit diesen Produkten schon 20 % – zusätzlich!

▶ Wenn Sie also vor der gleichen Situation stehen, dann zögern Sie nicht!

4.5.10 Noch einmal: Zukunftsmanagement endet nie!

Als ich mit meinem Team für einen Kunden im Automotive-Bereich das erste Mal einen Strategieworkshop durchführte, waren autonomes Fahren und E-Mobilität noch kein Thema. Nur zwei Jahre später waren die ersten Ansätze erkennbar, dass die Branche und damit auch unser Kunde sich damit befassen müsste. Ein weiteres Jahr später stieß der VW-Dieselskandal alles um und E-Mobilität rückte plötzlich in greifbare Nähe.

Sich um die Zukunft Ihres Unternehmens oder Ihrer Branche kümmern zu wollen ist daher ein nie endendes Projekt – darüber sollten Sie sich von vornherein klar sein. Denken Sie nur einmal kurz zurück an den Ereignistrichter: Je näher Sie an eine Zukunft herankommen, desto mehr Informationen stehen Ihnen zur Verfügung – desto enger wird der Trichter und desto genauer können Ihre Szenarien für diese Zukunft werden.

Der schon häufiger zitierte Philip Tetlock drückt das in seinem Buch *Superforecasting* so aus (Tetlock und Gardner 2016, S. 175):

> „Eine Vorhersage, die aktualisiert wird, um die neuesten verfügbaren Informationen einzubeziehen, ist offensichtlich näher an der Wahrheit als eine, die auf weniger Informationen basiert."

Auch wenn das möglicherweise wenig motivierend klingen mag: Wenn Sie bis hierhin gehofft haben, dass das Thema Zukunft sich mit ein paar netten Workshops erledigen ließe – begraben Sie diese Hoffnung jetzt! Wenn Sie einen dauerhaften Zukunftsprozess in Ihrem Unternehmen installieren wollen, dann endet dieser Prozess niemals, denn Sie müssen von nun an

- permanent nach neuen Ideen Ausschau halten, die Ihrer Marke und Ihrem Unternehmen neues Leben einhauchen oder es tödlich verletzen können – je nachdem, ob Sie diese Idee zuerst finden oder Ihr Wettbewerber.
- dauerhaft nicht nur Ihre direkten Wettbewerber beobachten, sondern eben auch Start-ups oder Unternehmen, die am Rand Ihres Marktes agieren. Achten Sie dabei besonders auf scheinbar sinnlose Schachzüge – und fragen Sie sich, welche verdeckte Strategie sich hinter so einem Schachzug verbergen könnte.
- besonderes Augenmerk auf Ihre jüngsten Mitarbeiter und Ihre jüngsten Kunden werfen. Tun diese etwas, was Sie nicht tun? Falls ja, sind das Frühwarnsignale, auf die Sie achten sollten?

▶   In Zeiten sich stetig verändernder Märkte darf Ihre Entscheidung für ein Zukunftsmanagement kein kurzfristiges Engagement sein – es benötigt ebenso viel kontinuierliche Aufmerksamkeit wie z. B. Ihr Controlling oder Ihre Unternehmenskommunikation.

4.6   Mal offen gefragt: Sind Sie der richtige Manager für die Aufgabe?

Ich weiß, diese Frage ist vielleicht ein wenig heikel. Aber denken Sie bitte einmal einen Moment lang an all die Menschen, die Sie in Ihrer Funktion als Unternehmenslenker in den vergangenen Jahren eingestellt oder auch nicht eingestellt haben. Menschen, die eine bestimmte Fähigkeit oder eine bestimmte Denkweise hatten – oder nicht hatten-, die für eine ausgeschriebene Aufgabe erforderlich war. Als Vorgesetzten ist uns allen klar, dass es Aufgaben gibt, für die ein bestimmter Typus Mensch von Vorteil oder sogar zwingend erforderlich wäre. Und auch bei Spitzenaufgaben arbeitet eigentlich jedes Unternehmen mit Spezialisten – dem Finanzvorstand, dem Personalvorstand, dem Vertriebsvorstand etc.

Aber: Führungsaufgaben im Unternehmen verändern sich, weil sich das Unternehmen verändert. Es gibt einen kaum beachteten Lebenszyklus für Unternehmen, der in den unterschiedlichen Phasen verschiedene Typen von Entscheidungsträgern erfordert. Lassen Sie uns einen Blick auf eine typische Entwicklung eines mittelständischen Unternehmens werfen (Abb. 4.3):

Phase I: Kreativer Beginn als Start-up

In ganz jungen Jahren, als Start-up, macht das Unternehmen, da das Geschäftsmodell stimmt, eine gute Anfangsphase durch. Die Mannschaft, die ein Unternehmen oder einen Unternehmensbereich aufgebaut und erfolgreich gemacht hat, hat das Talent dazu, aus dem Nichts heraus einen funktionierenden und prosperierenden Firmenorganismus zu erschaffen. Sie haben „ein Händchen" dafür – oder ein Näschen –, die richtigen Strukturen bereit zu halten, die richtigen Maßnahmen zu ergreifen, die richtige Kommunikation zu starten. Sie können „aufbauen", sind also die Innovatoren unter den Führungskräften.

Phase II: Das Unternehmen ist etabliert

Das Start-up wächst, erreicht bald eine „nie erhoffte" Größe – und stagniert dann. Das Produkt ist nicht mehr neu; die Kunden der ersten und zweiten Generation

Lebenszyklen eines Unternehmens

Lebensphase	I	II	II
Beschreibung	Startup	Etabliertes Unternehmen	Change-Prozess im Markt/ End-of-Life
Aufgabe	Strukturen müssen aufgebaut und Geschäftschancen ergriffen werden	Strukturen (intern, Kundennetzt etc.) werden ausgeweitet und optimiert	Neue Märkte müssen erschlossen werden
Entscheidungs-matrix:	Innovativ	Konsolidierend	Innovativ
Budgetstruktur	Investition	Gewinnmaximierung	Investition

Abb. 4.3 Lebenszyklusmodell

sind erreicht und haben gekauft; die Aufbauphase ist vorüber. Jetzt müssen Maßnahmen her, die den Erfolg dauerhaft sichern und das ehemalige Start-up im Markt etablieren.

Zu häufig passiert dann dies: Der ehemalige Jung-Unternehmer oder die Führungsriege verstärkt die bisherigen Anstrengungen, macht all das, was bisher zum Erfolg geführt hat, mit noch mehr Energie und Ausdauer, beschafft möglicherweise noch mehr Kapital – und scheitert dann doch. Scheinbar nichts aus der alten Werkzeugbox wirkt noch. Der Zauber des Anfangs ist irgendwie verflogen. Das Unternehmen dümpelt von da an vor sich hin – oder schlimmer noch – stirbt. Diese Phase der Ungläubigkeit und des „sich mehr Anstrengens" ist tatsächlich ein häufig zu beobachtendes menschliches Phänomen. Ein Neurowissenschaftler erzählte mir dazu mal diese Geschichte:

Übersicht

Schließen Sie in Ihrem Unternehmen mal eine Tür ab, die sonst immer offen ist, und beobachten Sie, wie Ihre Kollegen mit dieser Situation umgehen. Ich wette, die Begegnung mit der Tür läuft etwa so ab:

- Der Kollege geht auf die Tür zu und betätigt den Türdrücker.
- Nachdem diese sich nicht wie gewohnt öffnet, stutzt er einen kurzen Moment, um dann
- den Türgriff erneut drei-/viermal herunterzudrücken.

Erst nach dieser Aktion wendet er sich ab und versucht, seinen Weg anders fortzusetzen. Der Kollege (und alle anderen auch!) drückt den Türgriff nicht noch einmal herunter, sondern drei- bis viermal.

Der Hintergrund dazu ist (wieder einmal) unser Hirn und die Macht das Unterbewussten, denn so etwas Profanes wie eine Tür öffnen zu wollen, läuft natürlich erst im Unterbewusstsein ab – wir sprachen schon kurz darüber. Das Ganze dem Bewusstsein übergeben zu wollen, wäre schließlich reine Energieverschwendung. Die langjährig gelernte Situation (Tür ist immer offen) wird dabei vom Unterbewusstsein höher bewertet als die eben erstmalig gemachte Erfahrung (Tür ist abgeschlossen) und versucht deshalb, die automatische Lösungsmethode einzusetzen. Dreimal, viermal – solange eben, bis das Bewusstsein den Job übernimmt und feststellt „geschlossen, du Idiot. Such eine andere Lösung".

Was, außer einem Riesenspaß, hat das nun mit Unternehmen zu tun? Nun, der Unternehmenslenker des eben skizzierten Start-ups hat über einige Jahre gute Erfahrungen gemacht. Seine Methode, das Unternehmen zu führen und die Entscheidungen, die er dafür getroffen hat, zeigten Erfolge. Er ist in seinem Handeln bisher immer positiv bestärkt worden und hat so gelernt, dass diese Arbeitsweise wohl „die Richtige" sei. Deshalb schließt er aus, dass der Fehler (sprich: das Unternehmen nun keine Erfolge mehr feiert) in seiner Arbeitsweise oder den damit getroffenen Entscheidungen liegen könnte. Es hat schließlich bis jetzt auch alles mit diesen Methoden funktioniert! Der Kollege sucht den Fehler außerhalb und erhöht deshalb seine Anstrengungen – immer wieder mit den gleichen Lösungsansätzen. Wie der Türgriff eben. Dabei ist in diesem Fall die Sache vermutlich recht einfach – und vor allem leider anders: Der Kollege hat für den aktuellen Lebenszyklus des Unternehmens vermutlich nicht die richtigen Handlungs- und Entscheidungsmuster.

Das Unternehmen hat die Phase der Konsolidierung erreicht: Jetzt ändert sich die Aufgabenstellung. Es geht nun darum, über klassische Vertriebsprozesse, Ausbau des Line-ups und regelmäßige Marktkommunikation den Betrieb und den Umsatz zu konsolidieren und einfach organisch wachsen zu lassen. Für einen Innovator ist das aber eigentlich ein stinklangweiliges Geschäft, zu dem er mit seinen Fähigkeiten wenig beitragen kann. Nicht wenige Innovatoren verlassen das Unternehmen dann – oder übergeben die Führung an eine neue Generation.

Das ist auch gut so, denn Start-ups oder Unternehmensbereiche, die neu entstehen, brauchen völlig unterschiedliche Entscheidungsprioritäten als etablierte Unternehmen. Müssen am Anfang Innovation und der Aufbau im Mittelpunkt aller Entscheidungen stehen, braucht das Unternehmen (oder der Unternehmensbereich) eine andere Führungscrew, sobald es in der Lebensphase der Konsolidierung angekommen ist: Sind am Anfang *Innovatoren* gefragt, braucht es nun, in der zweiten, der etablierten Phase, die *Konsolidierer,* also Menschen, die Spaß daran haben, eine existierende Organisation effizienter und mit einem existierenden Geschäft und existierenden Angeboten den Wettbewerbern Marktanteile streitig zu machen.

Phase III: Der Abschwung

Und damit kommen wir endlich zur Zukunft, denn irgendwann erlebt das „erwachsene", etablierte Unternehmen Krisen, die erneut mit Stagnation oder sogar Umsatzverlust einhergehen. Liegen die Ursachen hierfür nicht beim Unternehmen selbst, sondern im Markt, der vor möglicherweise radikalen Umwälzungen steht, tritt es in die nächste Lebensphase ein: Es hat per Definition mit dem aktuellen Geschäftsmodell das Ende der Lebenszeit erreicht.

In dieser dritten Phase ändern sich die Prioritäten erneut, denn nun muss wieder nach neuen Ansätzen gesucht werden, mit dem man das Unternehmen in neue Zeiten transferieren kann: Nach neuen Produkten und Angeboten, nach neuen Vertriebswegen oder gar nach völlig neuen Märkten.

Tatsächlich besteht einer der größte Fehler in dieser Periode darin, mit den Methoden der Phase II auf den möglicherweise zurückgehenden Markt zu reagieren. Erinnern Sie sich bitte an die Beispiele von Olympia, Polaroid oder der Kameraindustrie: In allen diesen Beispielen haben Unternehmen auf einen Marktrückgang mit Rückzug reagiert, statt sich auf die Suche nach den für sie passenden Innovationen zu machen. Konkret hat man Unternehmensangebote, die nicht mehr in ausreichender Menge nachgefragt wurden, einfach geschlossen. Die Aufgabe der Kompaktkameras, der Rückzug aus dem Sofortbildgeschäft oder die Zerschlagung des ganzen Unternehmens Olympia wurde zur Strategie erklärt. Aus Sicht der handelnden Personen war das möglicherweise sogar eine valide Strategie – denn als die Unternehmen die Schwierigkeiten ihrer Märkte erkannten, befanden sie sich in der zweiten Phase, und die Unternehmenslenker waren mental gesehen eher *Konsolidierer*. Für jemanden mit diesem Handlungs- und Entscheidungsmuster steht im Vordergrund, die negativen finanziellen Auswirkungen eines Problems auf jeden Fall zu minimieren. Sparen, Verlust bringende Bereiche reformieren und Organisationen schlanker zu gestalten ist eine richtige Methode in der zweiten Phase – aber eben nicht, wenn es um die Investition für die Zukunftsplanung in sich veränderten Märkten geht.

Aber woher hätte die Geschäftsleitung eines Unternehmens in der zweiten Phase erkennen können, dass der Umsatzeinbruch kein temporäres Problem war, welchem man mit den bekannten Maßnahmen hätte begegnen können? Hätte man in den genannten Beispielen den Untergang vermeiden können? Eine Binse, denn die Antwort muss klar ja lauten: Schließlich gibt es in jeder Branche Unternehmen, die aus so einer Marktkrise sogar gestärkt hervorgehen! Allerdings wäre es erforderlich gewesen, dass sich die Verantwortlichen über die eigenen Stärken und Schwächen bewusst sind.

Während ein *Innovator* sich selbst irgendwann – meist schon aus purer Langeweile – aus einem Bereich zurückzieht, wenn das Geschäft sich so verändert, dass es keine Innovation mehr braucht, erfordert es von einem *Konsolidierer* große Weitsicht zu erkennen, wann er die Lenkung abgeben oder zumindest einen Innovator hinzuziehen sollte.

Anders als der *Innovator* beim Übergang vom Start-up zum gesettelten Unternehmen bekommt der *Konsolidierer* den Übergang zur dritten Phase nicht eindeutig angezeigt. Der Rückgang des Marktes könnte ja schließlich auch nur eine kleine negative Delle sein. Denken Sie nur kurz an die Geschichte von Apple: Steve Jobs' erste Karriere endete bei Apple 1985, als der Macintosh eingeführt war und die Firma scheinbar stabile Unternehmensstrukturen brauchte. Die insgesamt drei nachfolgenden, konzernerfahrenen CEOs des Unternehmens (alle eher Typus *Konsolidierer*) konsolidierten die Firma, verloren aber im sich immer noch schnell bewegenden Computermarkt den Anschluss und Apple wurde spätestens 1996 zum Sanierungsfall. 1997 übernahm der Innovator Jobs wieder und setzte mit völlig neuen Themen wie dem iPod oder dem iPhone alles auf eine Karte. Jobs rettete mit Innovationsstrategien den Konzern vor dem sicheren Aus.

Eine der entscheidendsten Fähigkeiten einer Führungskraft zur Zukunftsgestaltung ist deshalb, sich der eigenen Fähigkeiten und Limitierungen bewusst zu sein und damit sich selbst und Mitarbeiter zum richtigen Zeitpunkt an die richtigen Schalthebel setzen zu können. Haben Sie Ihre Stärke eher in der Innovation oder in der Organisation? Sind Sie jemand, der Abläufe eines Unternehmens mit Leidenschaft durchforstet und sie so effizienter und profitabler

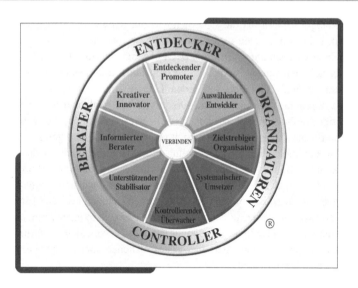

Abb. 4.4 Das Rollenmodell am Beispiel des Team Management Rades von Margerison-McCann. (Quelle: Das Team Management Rad von Margerison-McCann ist ein geschütztes Warenzeichen. Nutzung mit freundlicher Genehmigung durch TMS Development International Ltd, York/UK. www.tmsdi.com)

gestaltet? Oder lieben Sie es eher, quer zu denken und sich heute schon um übermorgen zu kümmern? Gleich, was Ihre Präferenzen sind – Sie müssen sie nur möglichst exakt kennen, um Ihr Team aufzustellen und so Ihre Abteilung oder Ihr Unternehmen in die richtigen Bahnen lenken zu können.

Zum Thema der rollenspezifischen Führungs- und Entscheidungsprozesse gibt es übrigens eine Reihe von Abhandlungen und Seminaren, die fast alle auf den Archetypen-Theorien des Schweizer Psychiaters Carl Gustav Jung basieren[5]. Ein Beispiel hierfür ist das Modell in Abb. 4.4.

Deshalb prüfen Sie genau, in welcher Phase sich Ihr Unternehmen befindet und ob Sie heute schon die richtigen Ressourcen an Bord haben, um auch die nächste Phase gut vorzubereiten. Der Versuch, Unternehmen mit den gleichen

---

[5]Wenn Sie sich damit – und insbesondere mit Ihrer eigenen Rolle – näher auseinandersetzen möchten, empfehle ich insbesondere das Managementmodell des Team Management Systems der australischen Wissenschaftler Charles Margerison und Dick McCann, welches in Deutschland u. a. durch die Team Management Services GmbH (2017) angeboten wird.

Denk- und Arbeitsweisen in notwendig gewordene Veränderungsprozesse führen zu wollen, mit denen man sie in der Vergangenheit groß gemacht hat, kann nur schiefgehen.

▶ Wer mit alten Methoden gegen Wände rennt, übersieht die Tür!

Literatur

Barnekow et al (2006) Soziologie zwischen Produktion und Nutzung von technischen Innovationen. Z Sozialwissenschaften und Berufsprax 29:30–42

Bhattarai RK (2018) Enterprise resiliency in the continuum of change: emerging research and opportunities. IGI Global, Information Science Reference, Hershey

Forbes (2020) GLOBAL 2000 The world's largest public companies. https://www.forbes.com/global2000/. Zugegriffen: 16. Mai 2020

Grundhoff S (2017) Der VW von morgen hat kein Lenkrad und hört aufs Wort. https://www.focus.de/auto/elektroauto/vw-sedric-uber-fluessig_id_6748066.html. Zugegriffen: 20. Mai 2020

Lange L (2011) What Steve Jobs taught us as entrepreneurs. https://www.forbes.com/sites/lizlange/2011/10/17/what-steve-jobs-taught-us-as-entrepreneurs/#678fb209750e. Zugegriffen: 20. Mai 2020

Porter M (2013) Wettbewerbsstrategie: Methoden zur Analyse von Branchen und Konkurrenten. Campus, Frankfurt

Reiche L (2019) Airbnb strebt Direct Listing an. Manager Magazin. https://www.manager-magazin.de/finanzen/boerse/airbnb-direct-listing-geplant-bewertung-soll-bei-46-milliarden-liegen-a-1289852.html. Zugegriffen: 16. Mai 2020

Spiegel Online (2015) Porsche-Chef bezeichnet selbstfahrende Autos als „Hype". https://www.spiegel.de/auto/aktuell/porsche-chef-matthias-mueller-bezeichnet-autonomes-fahren-als-hype-a-1052688.html. Zugegriffen: 18. Mai 2020

Tetlock PE, Gardner D (2016) Superforecasting – Die Kunst der richtigen Prognose. Fischer, Frankfurt a. M.

Wolf A (2012) Sich durchwursteln: Die Kunst der Improvisation. Z Psychol heute 5:20–25

Wikipedia (2020) Google Ads. https://de.wikipedia.org/wiki/Google_Ads Zugegriffen: 15. Apr. 2020

Toolbox für die Zukunft

5

Zusammenfassung

Im Rahmen des Aufbaus eines strategischen Zukunftsmanagement müssen Sie unterschiedlichste Methoden anwenden und miteinander kombinieren. Da solche Werkzeuge aber nicht nur für das Zukunftsmanagement geeignet sind, finden Sie in diesem Kapitel die wichtigsten Kreativtools etwas ausführlicher beschrieben.

Für die Arbeit mit der Zukunft brauchen Sie Werkzeuge. Da es in der Natur der Sache liegt, dass niemand die Zukunft kennt, müssen wir sie uns mit viel Fantasie vorstellen. Und so wundert es Sie vielleicht auch nicht, dass die Werkzeuge, die ich Ihnen auf den folgenden Seiten vorstellen werde, allesamt eher kreative Tools sind, mit denen Lösungen fast schon spielerisch erarbeitet werden können. Aber täuschen Sie sich bitte nicht – nur weil die Arbeit in „Business Wargames" oder dem „Google-Day" den Mitarbeitern Spaß machen, heißt dies nicht, dass die Methoden weniger ernst zu nehmen sind. Der spielerische Aspekt sorgt eigentlich durchgängig nur dafür, dass die teilnehmenden Kollegen für den Zeitraum des Workshops ihr bisher eingeübtes Denken verlassen und – zumindest für eine kurze Zeit – neue Wege beschreiten. Und genau darum geht es beim Arbeiten an Zukunftsstrategien!

Und noch ein Hinweis sei mir gestattet. Die Tools, die ich Ihnen im Folgenden vorstelle, habe ich danach ausgesucht, dass sie den Zukunftsprozess Ihres Unternehmens voranbringen können. Aber viele dieser Tools lassen sich auch ohne so ein übergreifendes Konzept einsetzten: Sie haben ein neues Konzept für Ihr Handelsmarketing? Überprüfen Sie die Idee mit einem Business Wargame. Sie wollen sich mehr als früher mit dem Thema Krisenmanagement für Ihr Unternehmen beschäftigen? Erarbeiten Sie sich typische Krisen als Szenarien mit der Szenariotechnik (mehr dazu in Kap. 8).

© Springer Fachmedien Wiesbaden GmbH, ein Teil von Springer Nature 2020   133
H. Hilbig, *Zukunftsmanagement für den Mittelstand*,
https://doi.org/10.1007/978-3-658-31246-6_5

5.1   Recherche-Methoden

▶   **Das Grundprinzip** Systematisch suchen statt „googeln". Entwickeln Sie
ein System, wie Sie immer wieder das gleiche Set von Informationen
zusammentragen. Aus den Veränderungen bei jedem Suchlauf erkennen
Sie mögliche Bewegungen Ihrer Wettbewerber und Ihres Marktes.

Eigentlich ist es doch wohl völlig unnötig, eine „Anleitung" über das
Recherchieren zu schreiben, oder? Man gibt das, was man wissen will, in Google
ein und hat sofort die wichtigsten Ergebnisse. Ist das so? Zugegeben, Google hat
die Aufgabe, etwas zu recherchieren, deutlich verändert gegenüber alten Zeiten,
in denen man Quellen noch in großen dunklen Bibliotheken suchen musste. Aber
ist eine Recherche seither einfacher geworden? Eher nicht, denn Sie erhalten mit
einer einfachen Suche niemals alle Ergebnisse – geschweige denn die für Sie
wichtigsten. Seit Google Ergebnisse daraufhin sortiert, was Ihnen wohl am besten
gefallen könnte, was also Ihrem bisherigen Suchverhalten, Ihrem Standort, Ihrer
bevorzugten Sprache und ähnliche Kriterien am besten entspricht, seither erhalten
Sie auf den vorderen Seiten leider nur gefilterte Informationen.
   Lassen Sie uns also einmal beispielhaft eine typische Recherche durchgehen:
Dazu nehmen wir an, dass Sie für Ihre Planung alle Informationen suchen, die Sie
über Ihren Markt, Ihre Wettbewerber, zukünftige Entwicklungen und zukünftige
Wettbewerber finden können. Dann besteht Ihre schwierigste Aufgabe zunächst
einmal darin, all Ihr Wissen, Ihre Erfahrung und Ihre persönlichen Kontakte,
die Sie durch Ihre lange Tätigkeit in diesem Markt haben, hintenan zu stellen:
Gerade wenn Sie schon lange in einem Markt erfolgreich tätig sind, laufen Sie
Gefahr, bislang Informationen aus dem Tunnelblick heraus gesammelt zu haben
(s. Abschn. 2.3, „Olympia"). Auch wenn Sie sich einen stabilen Markt mit den
ewig gleichen fünf Wettbewerbern teilen, kann es sein, dass Sie selbstverständ-
liche Informationen eher glauben zu wissen, als dass Sie sie wirklich kennen. Ich
kann diesen Aspekt nicht häufig genug betonen.
   In der Beratung habe ich mir angewöhnt, regelrechte Profile für alle Wettbewerber – sowie potenzielle zukünftige Wettbewerber – zu erstellen. Nahezu
alle Informationen dazu finden Sie offen im Web, und es bedarf eigentlich nur
der richtigen Suchtechnik sowie einiger Erfahrung, um daraus solche Profile zu
erstellen.
   Einer unserer Auftraggeber hatte einmal sehen wollen, wie gut die Wettbewerber mit Entwicklungsingenieuren ausgestattet sind, wie groß der Anteil der
Entwicklungskosten am Umsatz ist und wie sich diese Zahlen im Laufe der Jahre

verändert haben. Während das Management noch darüber nachdachte, welche Art von Wirtschaftsinformationsdiensten man legal für diese Informationen beauftragen könnte, haben wir die jährlichen Finanzberichte der jeweiligen Wettbewerber analysiert und die gewünschten Informationen (zusammen mit vielen anderen) daraus systematisch herausgezogen. Sie glauben nicht, was man alles an Informationen im Netz findet – übrigens auch über Ihr Unternehmen!

Auf diesen Teil des Prozesses sollten Sie viel Energie verwenden: Es gibt Unternehmen und Führungskräfte, die den Begriff Recherche mit der Nutzung einer Suchmaschine gleichsetzen. Ein fataler Irrtum! Wie wir in Abschn. 1.7, „Big Data") schon gesehen haben, erhalten Sie von Google & Friends Daten, keine Informationen. Zudem gehört auch zum erfolgreichen Umgang mit Google eine gute Portion Know-how. Die richtigen und wichtigen Informationen finden Sie in der Regel nämlich nicht auf den ersten drei Ergebnisseiten. Allein über dieses Thema könnte man schon ganztägige Seminare abhalten oder Bücher schreiben.

Vier Praxistipps möchte ich Ihnen dennoch schon an dieser Stelle mitgeben, damit Ihre Recherche besonders erfolgreich verläuft:

Tipp 1: Legen Sie fest, was Sie finden wollen
Bevor Sie mit der Recherche starten, erstellen Sie sich eine Art Regiebuch:

- Welche Fragen möchten Sie genau beantwortet wissen? Sie werden nicht immer genau die Antworten finden, die Sie haben möchten – das Internet ist halt kein strukturiertes Lexikon. Aber je genauer Sie diese Frage vorher klären, desto dichter kommen Sie an das Wunschergebnis heran. Sie benötigen z. B. die Zahl der jährlich neuzugelassenen Fahrzeuge eines EU-Landes nach Typen? Diese Zahlen werden Sie nicht in jedem Land finden. Aber vielleicht finden Sie stattdessen in einem Newsletter Zahlen zum gesamten Fahrzeugbestand des Landes. Und durch die kontinuierliche Beobachtung dieser Quelle lassen sich die Neuzulassungen schnell errechnen …
- Welche Struktur würde Ihnen helfen, Ihre Wettbewerber gut vergleichen und Veränderungen schnell erkennen zu können? Bauen Sie hier eine KPI-Struktur auf für die Beobachtung aller Wettbewerber. Neben Umsatz und Gewinn vielleicht auch Werte wie Mitarbeiterzahlen, Anzahl Niederlassungen, Anzahl vertriebener Produkte, Investitionen in Forschung und Entwicklung, Grundbesitz etc. Wieder werden Sie vielleicht nicht zu jedem Wert bei jedem Wettbewerber exakte Angaben finden – aber Sie glauben nicht, was alles an Informationen frei verfügbar ist, wenn man nur sucht. Nun bauen Sie aus all diesen Informationen ein Übersichtschart samt dem beobachteten Quellen und

aktualisieren dieses regelmäßig, mindestens einmal jährlich. Allein durch die
beobachteten Veränderungen gewinnen Sie massiv neue Erkenntnisse, versprochen! Ihr Wettbewerber hat in den letzten Jahren sein Entwicklungsbudget
um 15 % erhöht und stellt aktuell neue Außendienstmitarbeiter ein, ohne
jedoch im aktuellen Produktangebot etwas zu verändern? Achtung! Er plant
möglicherweise die Einführung einer neuen Produktgruppe.

Tipp 2: Suchen Sie so, wie Sie eine Webseite zu dem Thema gestalten würden
Viele Menschen suchen Informationen mit anderen Begriffen im Internet, als professionelle Anbieter sie auf den Webseiten verwenden: Sie suchen
Informationen über Dosengemüse oder tiefgefrorene Pommes? Mit diesen
Suchbegriffen finden Sie viele Chat- und Blog-Seiten. Für Brancheninsider und
Hersteller heißen solche Kategorien aber Tiefkühlgemüse oder Gemüsekonserven
und so werden diese Produkte auf Webseiten auch genannt. Weil Webmastern
solcher B2C-Anbieter dieses Thema meistens bekannt ist, berücksichtigen sie das
bei der Planung der sogenannten Keywords, also der Suchbegriffe, die man den
Suchmaschinen als Hilfestellung mitgibt.

Nicht so jedoch im Bereich B2B oder den Bereichen, in denen Unternehmen
über sich selbst sprechen (zum Beispiel auf Seiten wie „Über uns" oder „Investor
Relations"). Dort sind keineswegs alle Webseiten so suchorientiert aufgebaut,
und der Aufwand, den Webmaster in diesen Bereichen mit dem Keyword-Aufbau
betreiben, ist eher gering. Da Sie aber bei der Wettbewerbsbeobachtung genau auf
solche Seiten angewiesen sind, drehen Sie den Spieß einfach um und suchen so,
als ob Sie die Webseite selbst erstellen würden.

Tipp 3: Suchen Sie auch auf Englisch
Gerade wenn Ihre Branche auch international agiert oder Sie auch internationale
Wettbewerber haben, sollten Sie auf den weltweiten Seiten nach Inhalten suchen.
Auch ein Vierteljahrhundert nach Einführung eines kommerziell nutzbaren Inter-
nets sind fast 60 % aller Webseiten (und noch mehr der Inhalte) auf Englisch und
weniger als 3 % auf Deutsch (W3 Techs 2020) Insbesondere Kommentare und
Diskussionen, die Ihnen wertvolle Hinweise und Links bieten können, finden rein
zahlenmäßig häufiger auf englischen denn auf deutschen Seiten statt – es sei denn,
Sie suchen nach Themen wie „Bayerisches Bier" oder „Hamburger Aalsuppe".

Theoretisch zeigt Google zwar auch internationale Ergebnisse an. Aus
eigener Erfahrung kann ich aber nur empfehlen, solche mit angezeigten internationalen Suchergebnisse hauptsächlich daraufhin zu analysieren, welche
weiteren interessanten Suchbegriffe Sie nutzen sollten, um den gewünschten
Informationen ein Stück näherzukommen. Denn die wenigsten von uns sind so

fließend in der englischen Sprache, dass man jedes Synonym auch kennt. Überlegen Sie nur einmal, wie viele Worte Ihnen im Deutschen zum Thema Auto einfallen: Auto, Automobil, Pkw, Kfz … und so weiter. Dazu kommen noch eine Vielzahl umgangssprachlicher Begriffe, gerade in den Diskussionsforen und Blogs. Und weil das in allen Sprachen so ist, kann man sich durch das Studium gefundener fremdsprachiger Seiten schließlich zu den „richtigen" Suchbegriffen für Google führen lassen.

Tipp 4: Stellen Sie Google auf englischsprachige Suchergebnisse um
Google erlaubt Ihnen inzwischen recht einfach, Ihre Suchmaschine auch temporär auf englische Suchergebenisse umzustellen (Stand Mai 2020): Dazu suchen Sie nach einem beliebigen Begriff und finden auf der Ergebnisseite unterhalb des Suchfensters auf der rechten Seite den Menüpunkt „Einstellungen". Den bitte klicken und erneut „Sucheinstellungen" wählen. Unter „Sprachen" können Sie nun wählen, welche Ergebnisse in anderen Sprachen als Ihrer Muttersprache noch angezeigt werden sollen.

Wichtig: Wenn Sie sich normalerweise „auf Deutsch" durch das Internet bewegen, weiß Google dies in aller Regel und wird Ihnen dann gleichrangige Ergebnisse in Deutsch vor denen auf Englisch anzeigen. Für die Recherche empfehle ich daher, Ihre Muttersprache explizit auszuschalten – so sehen Sie tatsächlich englischsprachige Ergebnisse gleich auf den vorderen Seiten Ihrer Suche.

Als zweites sollten Sie noch die Priorität der Ergebnisherkunft einstellen. Dies ist insbesondere dann wichtig, wenn Sie vermuten, dass in einer speziellen Region interessante Informationen veröffentlicht oder diskutiert werden – etwa dann, wenn Ihre Wettbewerber dort z. B. das Headquarter oder eine zentrale Entwicklung etabliert haben. Wählen Sie dazu den Reiter Sucheinstellungen und ganz unten auf der Seite dann die Regionen.

Wichtig: Die Checkpoints
Einmal im Jahr sollten Sie sich mindestens einen Gesamtüberblick über die Wettbewerbsinformationen verschaffen. Vereinbaren Sie dazu unbedingt feste Checkpoints mit den zuständigen Mitarbeitern, also Termine, an denen Sie die über Wochen gesammelten Informationen immer mal wieder in Gänze sichten. Nur so vermeiden Sie die Gefahr, im Watt vom lustig gluckernden Wasser umzingelt zu werden. Sie erinnern sich? Viele Änderungen Ihres Marktes kündigen sich nur durch kleine und kleinste Neuigkeiten an, die man, einzeln wahrgenommen, leicht übersieht und

die zusammen betrachtet möglicherweise schon deutliche Signale aussenden. Abhängig von Ihrer Branche könnte es durchaus zu spät sein, wenn
Sie diese Sichtung erst zum jährlich stattfindenden Strategiemeeting vornehmen – es könnte sein, dass Sie, ohne es zu merken, dann schon einen
Seenotrettungskreuzer brauchen.

Planen Sie deshalb zusätzlich zu Ihrem jährlichen Strategiemeeting
unbedingt auch mindestens einen weiteren Termin zur Sichtung, Analyse
und Interpretation der bisher gefundenen Informationen ein.

5.2   Google-Day

▶   **Das Grundprinzip** Sie fördern die Lust Ihrer Mitarbeiter auf
kreative, unkonventionelle Denk- und Arbeitsweisen und lassen sie
mit klaren Spielregeln einen Tag lang an einem Projekt ihrer Wahl –
völlig losgelöst von normaler Tagesarbeit – arbeiten. Neben einer
Einstimmung auf andere Kreativprozesse gewinnen Sie womöglich
ganz unerwartete Ideen.

Ein wirklich tolles Tool, um die Kreativität eines Prozesses zu steigern, ist der
Google-Day. Genau genommen gehört dieses Tool nicht explizit in das Thema
Zukunftsmanagement: Es kann eigentlich immer dann eingesetzt werden, wenn
eine Organisation oder eine Mitarbeitergruppe an explizit kreative Arbeitsweisen
herangeführt werden soll.

Seien wir mal ehrlich: Für viele Unternehmen gehört es keineswegs zum
Tagesgeschäft, kreativ sein zu müssen – Agenturen und Comedians vielleicht
mal ausgenommen. Und deshalb ist kaum etwas weniger sinnvoll, als die Auf-
forderung an die Mitarbeiter: Lasst uns jetzt mal kreativ sein!

Andererseits, wenn es darum geht, in die Zukunft zu blicken, braucht man
genau das: Anders denken. Rumspinnen. Sich Dinge vorstellen können, die es
heute noch nicht gibt. Wenn Sie einen Workshop beginnen, ohne dass die Teilnehmer auf die kreative Arbeit eingestimmt sind, kann es Ihnen passieren, was
ich bei meinem ersten internationalen Wargame erlebte, an dem hauptsächlich Japaner teilnahmen: Pünktlich um halb neun Uhr morgens waren alle im
Tagungsraum versammelt (der Workshop sollte um neun starten), saßen an

den noch nicht weggeräumten Tischen mit aufgeklappten Laptops vor sich und blickten mich erwartungsfroh an. Wie stimmt man so eine Gruppe darauf ein, Regeln zu brechen und gedankliche Hürden zu überspringen – insbesondere auch kulturelle? Wenn es eine Unternehmenskultur gibt, bei der „Lass uns jetzt alle mal kreativ sein!" so überhaupt nicht funktioniert, dann ist das sicher die Japanische. Aus diesem Vorfall habe ich viel gelernt und beginne daher Zukunftsworkshops gerne mit einer Anwärmphase, die ich noch nicht zum eigentlichen Workshop zurechne: Gerne auch mit dem Google-Day.

Wer einmal die Chance hatte, eine Google-Niederlassung zu besuchen, wird fasziniert sein von so viel „Unkonvention": Als ich einen Termin im Büro in Hamburg hatte, war der Fußball-Kicker, der neben dem Empfang stand, noch die kleinste Abweichung von klassischen Büroräumen. Am meisten hat mich der (nachgebaute) Zug der Hamburger U-Bahn begeistert, der einige der Konferenzräume beherbergte. Grüne Besprechungsoasen, Schwimmbäder … wer Lust hat, sollte sich die Bilder im Netz einfach mal ansehen. Aber Google umgibt seine Mitarbeiter nicht nur mit ungewöhnlichen Arbeitsräumen, sondern fördert auch sonst deren Kreativität. Nicht aus purer Menschlichkeit, versteht sich: Google profitiert natürlich davon, wenn Mitarbeiter neue Ideen produzieren – wie verrückt auch immer die sein mögen. Und so soll es eine Regelung bei dem Suchmaschinen-Giganten geben, wonach jeder Mitarbeiter einen Tag in der Woche von seinen normalen Aufgaben freinehmen und sich einem absolut selbst gewählten Thema widmen kann. Google gibt nichts vor, bietet aber neben der Zeit auch die Ressourcen, um im Kleinen an eigenen Projekten zu arbeiten. Tatsächlich geht es darum, aus „verrückten" Ideen Konzepte zu entwickeln, aus den Konzepten dann möglicherweise Projekte und daraus wiederum sogar Geschäftsmodelle. Viele der Dinge, die wir bei Google heute tagtäglich nutzen, sollen so entstanden sein.

Um Ihren geplanten Workshop nun ohne aufgeklappte Laptops und in der jahrelang gelernten Meeting-Kultur-Erfahrung starten zu können, sollten Sie die Teilnehmer ein wenig von der Erwartungshaltung abbringen. Dazu ist der Google-Day bestens geeignet.

Jeder der Teilnehmer erhält einige Tage vor dem Workshop einen Brief, am besten unterzeichnet von einem hochrangigen Firmenvertreter. Darin wird er auf den Workshop eingestimmt und erhält für den Google-Day seine Anweisungen. Hier ein Auszug des Inhalts – der Schreibstil sollte natürlich Ihrem Unternehmen angepasst sein.

Beispiel

Am Tag vor dem Workshop bitten wir Sie, nicht wie üblich zu arbeiten. Stellen Sie bitte sicher, dass Sie weder per Smartphone, Telefon oder durch Mitarbeiter in Versuchung geraten, normales Tagesgeschäft zu bearbeiten. Kein „nur mal kurz am Arbeitsplatz vorbeischauen", bitte! Gleich, wie wichtig Ihre Arbeit auch ist, der Zukunftsworkshop ist wichtiger.

Nutzen Sie diesen Tag, um stattdessen ein beliebiges Thema zu bearbeiten. Eine Idee, die Sie immer schon mal verfolgen wollten. Einen Gedanken, dem noch das Konkrete fehlt. Oder sogar ein handfestes Thema. Suchen Sie es sich aus. Es muss absolut nichts mit Ihrem Arbeitsbereich zu tun haben – Sie dürfen Themen aus jedem Unternehmensbereich bearbeiten. Sie sind dabei auch völlig frei, ob Sie das an Ihrem Arbeitsplatz tun wollen oder woanders – oder von Zuhause aus. Sie dürfen sich dafür auch mit maximal einem weiteren Kollegen der Workshop-Teilnehmer zusammentun.

Es gibt für diesen Tag nur zwei Bedingungen:

- Das von Ihnen gewählte Thema oder Projekt muss im weitesten Sinne etwas mit unserem Unternehmen zu tun haben.
- Sie müssen an dem Tag soweit kommen, dass Sie Ergebnisse Ihres Tages [am nächsten Tag] präsentieren können. ◀

Wichtig ist, dass der festgelegte Präsentationstermin tatsächlich stattfindet und wertschätzend durch die Unternehmens- oder Projektleitung abläuft, sodass die Arbeit dieses Tages den Teilnehmern eben nicht wie „Spielerei" vorkommt. Was immer an dem Tag geschieht – Ihre Teilnehmer haben sich einen ganzen Tag außerhalb ihres normalen Denkschemas bewegt und werden z. B. einen danach geplanten Workshop so ganz sicher nicht mit aufgeklappten Laptops als normales Meeting erwarten. Und als Unternehmensleitung werden Sie erstaunt sein, wie viele kreative Ideen aus diesem Tag entstehen werden!

5.3   Framing the Future: Zukunftsszenarien

▶   **Das Grundprinzip** Statt zu raten, wie die Zukunft Ihrer Branche wohl aussehen könnte (das wäre eine Prognose), versuchen Sie über die Abschätzung der wichtigsten Einflussfaktoren und deren Kombination verschiedene „wahrscheinliche" Bilder der Zukunft zu erstellen – die Szenarien.

In diesem Abschnitt geht es um die Erstellung von Zukunftsszenarien, die auf keinen Fall mit Zukunftsprognosen verwechselt werden dürfen. Zukunftsszenarien erzählen Geschichten aus der Zukunft, die durch streng logische Ableitungen aus der Gegenwart entstehen könnten. Und damit wird offensichtlich, worum es bei diesem Teil eines Workshops geht: Sie werden verschiedene glaubwürdige, folgerichtig abgeleitete Geschichten entwickeln, die das zukünftige Umfeld Ihres Marktes beschreiben könnten.

Um den Unterschied und auch die Vorgehensweise bei der Erstellung von Szenarien zu verdeutlichen, werfen Sie bitte einen Blick auf folgende Sätze:

> Wir werden nicht mehr lange genug Rohöl fördern können, um in Zukunft so viele Autos wie heute fahren lassen zu können. Und weil batteriebetriebene Fahrzeuge die Reichweite heutiger Autos niemals erreichen werden, werden in 20 Jahren 330 Mio. wasserstoffbetriebene Kfz durch Europa fahren.

Das ist eine klassische Prognose, also eine Vorhersage zu einem bestimmten Thema („Zukunft des Automobils") – sogar überprüfbar, weil der Ersteller sogar ein Datum angegeben hat (in 20 Jahren) – basierend auf vier konkreten Annahmen:

- Erdöl wird knapp.
- E-Mobile werden die heutigen Pkw-Reichweiten nicht erreichen.
- In 20 Jahren fahren (immer noch) 330 Mio. Pkw durch Europa (Statista 2020).
- Wasserstoff als Treibstoff für Autos wird marktreif und attraktiv.

Für die Szenariotechnik müssen wir diese Aussagen aber noch feiner granulieren in Einflussfaktoren und Ausprägungen:

- **Einflussfaktoren** sind die Themen außerhalb des eigenen Unternehmens, die Einfluss auf die Entwicklung des eigenen Marktes haben könnten. Im obigen Beispiel wären dies die Vorräte an Erdöl, die Reichweite von batteriegetriebenen Fahrzeugen, der Fahrzeugbestand in Europa und die Marktreife und Marktattraktivität von Wasserstoff als Treibstoff für Autos.
- **Ausprägungen** sind die angenommenen Werte dieser Einflussfaktoren, also im obigen Beispiel: Der Erdöl-Vorrat wird sich **drastisch verschlechtern,** batteriebetrieben Fahrzeuge werden sich technisch **nicht wesentlich verbessern,** der Pkw-Bestand wird auf dem aktuellen Level **verharren** und Wasserstoff wird wirtschaftlich und technisch **attraktiv.** Eine Ausprägung ist also sozusagen die Bewertung des jeweiligen Einflussfaktors.

Das traurige an Prognosen ist, dass nur eine einzige Annahme nicht eintreffen muss, damit die Prognose einen unrühmlichen Tod stirbt. Was, wenn batteriebetriebene Fahrzeuge sich doch technisch wesentlich verbessern? Was, wenn diese Vorhersage wesentliche Einflussfaktoren schlicht nicht berücksichtigt hat?

Und genau darum geht es bei der Erstellung der Szenarien. Lassen Sie uns die Workshop-Arbeit Schritt für Schritt entwickeln:

Schritt 1: Bestimmen Sie die Einflussfaktoren
In einem Workshop würde man als erstes alle wesentlichen Einflussfaktoren für Ihr Marktgeschehen identifizieren. Hier bietet sich die Arbeit in kleinen Gruppen sowie die Präsentation und Verdichtung in der Gesamtgruppe über Moderationskarten an. Achten Sie bei der Verdichtung unbedingt darauf, dass die Formulierung der Einflussfaktoren konkret und keinesfalls schon wertend ist. Für das obige Beispiel könnten dies sein:

- Verfügbarkeit und Preis von Erdöl für die Nutzung in Verbrennungsmotoren
- Technische Entwicklung der E-Mobilität
- Technische Entwicklung autonomer Fahrzeuge
- Sharing-Konzepte oder Kfz-Besitz

„Werden wir überhaupt noch genug Öl fördern können?" hingegen wäre ein Beispiel für eine wertende Formulierung. Versuchen Sie, sich auf wenige, entscheidende Faktoren zu konzentrieren. Aus meiner Erfahrung sind vier Kernthemen gerade noch handhabbar.

Schritt 2: Definieren Sie die Ausprägungen
Sobald sich das Workshop-Team auf die Einflussfaktoren geeinigt hat, geht es wieder in die Gruppenarbeit, um für jeden Einflussfaktor ein Set von Ausprägungen zu beschreiben. Natürlich könnten Sie die Ölvorräte in fünf oder zehn Abstufungen beschreiben (wir haben kein Öl – wir haben ein bisschen Öl – wir haben genug Öl – wir haben viel Öl etc.), allerdings empfehle ich aus Gründen der Komplexität, unbedingt nur zwei Annahmen für die Ausprägungen zu wählen. Sie werden diese Sets später miteinander kombinieren, was schnell die Zahl der Szenarien in die Höhe treibt. Würden Sie für das obige Autobeispiel vier Einflussfaktoren mit jeweils zwei Ausprägungen kombinieren, kämen Sie schon auf $2^4 = 16$ Szenarien, die Sie überprüfen müssten. Wählen Sie drei Ausprägungen (gut, mittel, schlecht) pro Einflussfaktor, sind Sie schon bei $3^4 = 81$ Szenarien!

Arbeiten Sie mit zwei Ausprägungen, könnten Sie eine „konservative" sowie eine „progressive" Annahme entwickeln lassen. Jede Gruppe definiert die

Ausprägungen nun durch einen beschreibenden Satz: Also nicht nur „wir haben wenig Öl", sondern eher „Öl verknappt sich dramatisch, Preis steigt massiv". Je konkreter diese Beschreibungen werden, desto einfacher wird der dritte Schritt.

Nachdem alle Gruppen diese Aufgabe erledigt haben, wird wieder an der Moderationswand präsentiert, verdichtet und zusammengeführt. Ihr Ergebnis könnte so aussehen wie in Abb. 5.1.

Schritt 3: Definieren Sie sinnvolle Szenarien
Nun wird es leider etwas formal: Nehmen Sie jetzt alle Einflussfaktoren (in der Tabelle als A, B, C und D gekennzeichnet) und „bewerten" diesen mit einer der beiden Ausprägungen (1 oder 2). Dann erhalten Sie ein Set in der Form A1-B1-C1-D1 etc. Insgesamt hätten Sie im obigen Beispiel 16 solcher Sets gebildet.

Allerdings macht nicht jedes Set Sinn. So kann man zum Beispiel die Kombination A2 (Öl verknappt sich dramatisch und Öl wird unbezahlbar teuer) mit allen konservativen Ausprägungen B1, C1 und D1 (alles bleibt eigentlich wie es ist) als Szenario ausschließen, weil schon im Ansatz erkennbar ist, dass eine

Einflussfaktoren		Ausprägungen	
		1: konservativ	2: progressiv
A	Verfügbarkeit und Preis von Erdöl als Basis für Verbrennungs-motoren	Verfügbarkeit ok, Preis steigt mäßig weiter.	Öl verknappt sich dramatisch, Preis steigt massiv.
B	Technologische Entwicklung E-Mobilität	Entwicklung geht schleppend, Infrastruktur, Ladezeit und -kapazität wächst nur mäßig, Autos bleiben teuer	E-Mobilität macht einen großen Schub. Schnellladestationen gibt es an jedem Parkplatz. Eine Batterieladung reicht im Schnitt für 500 km und Fahrzeuge werden günstiger als Fahrzeuge mit Verbrennungsmotoren
C	Technologische Entwicklung autonomes Fahren	Entwicklung verläuft nur schleppend	Technologie macht große Sprünge und funktioniert in wenigen Jahren nahezu einwandfrei
D	Car Sharing statt Autokauf	Car Sharing bleibt eine weitere, eher kleine Option neben den regulären Mietwagen, dem öffentlichen Nahverkehr und dem Individual-verkehr im eigenen Fahrzeug	Car Sharing-Modelle werden die dominante Transportmethode und praktisch ein Teil des öffentlichen Nahverkehrs

Abb. 5.1 Beispiel-Tabelle zur Erstellung von Szenarien

dramatische Veränderung beim Öl dazu führen wird, dass sich die Menschheit deutlich intensiver nach anderen Lösungen umsehen muss und wird.

Im Workshop wäre es ideal, wenn Sie die Sets mit den Inhalten auf A3 ausdrucken und an einer Wand aufhängen könnten. Anschließend lassen Sie die Gruppen vor jeder Kombination selbst z. B. über Stickerbewertungen entscheiden, welches die sinnvollsten Sets sind, die weiterverfolgt werden müssen. Entfallen sollten Sets, die sehr unwahrscheinlich oder sogar sinnlos sind. Das Ziel ist, am Ende ungefähr vier solcher Sets für den nächsten Schritt ausgewählt zu haben.

Schritt 4: Die Szenarien – schreiben Sie Geschichte
Zukunft beschreiben ist keine rationale Sache. Wer kreative Wege dahin sucht, muss Menschen mitnehmen, die möglicherweise nicht Teil des Workshops waren. Aus diesem Grund gilt es nun, zu jedem der (vier) Sets eine kleinere oder größere Geschichte zu schreiben, die einem Nicht-Teilnehmer deutlich macht, in welcher Welt wir uns befinden könnten. Diese Geschichten (mit den dahinter liegenden Beschreibungen von Einflussfaktoren und Ausprägungen) sind die gesuchten Zukunftsszenarien, ein Quasi-Blick in die Zukunft. Beschreiben Sie, was die Menschen in jedem der angenommenen Sets bewegen wird. Was kann passieren, wenn dieses Szenario tatsächlich eintritt? Jede Überlegung ist denkbar, solange sie eine logische Konsequenz der vorher definierten Annahmen ist.

Ob Sie diese Geschichten von den Gruppen schreiben lassen – oder nur Stichworte notieren, die dann außerhalb des Workshops ausgearbeitet werden, hängt nur vom Aufbau Ihres Workshops ab. Die folgenden Beispiele könnten Ergebnisse der Gruppen sein – die ersten beiden noch in Stichworten, das dritte Beispiel schon in einer partiell ausgearbeiteten Variante, die so bereits als Basis für eine Managementpräsentation und die weitere Planung dienen könnte.

Beispiel

- **Szenario 1: Evolution des Individualverkehrs (A1-B1-C1-D1)**
  Der Individualverkehr entwickelt sich evolutionär weiter. Neue Techniken wie E-Antriebe oder autonomes Fahren erobern nur langsam den Markt. Die existierenden Player haben Zeit, sich mit den neuen Techniken vertraut zu machen. Erfolg im Markt wird durch eigenes Tun sowie Wettbewerbsaktivitäten definiert.
- **Szenario 2: Revolution durch E-Mobilität (A1 oder A2-B2-C1-D1)**
  E-Mobilität und Techniken zum autonomen Fahren entwickeln und verbreiten sich schlagartig. Existierende Player sind möglicherweise sehr gefährdet, weil die neue Antriebstechnik weniger Spezialkenntnisse

erfordert und das erforderliche Wissen zu Stromspeichertechnologien bzw. zur elektronischen Fahrzeugsteuerung nicht zur Kernkompetenz der heutigen Fahrzeuganbieter gehören. Der Bedarf an Strom und Netzkapazität steigt schlagartig an und führt zum massiven Nachfrageschub nach regenerativen Energien. Das immer noch hauptsächlich mechanische Kfz-Werkstattwesen wird wesentliche Einbußen erleiden, weil es deutlich weniger Verschleißteile in E-Autos gibt. Stattdessen gibt es einen radikal höheren Bedarf an Elektronikspezialisten, an die existierende Werkstätten nicht herankommen. Fahrzeuge werden häufiger „online" repariert und gewartet. Massive Auswirkungen auf Ölfirmen. Schlagartiger Wertverlust existierender Fahrzeuge, da auch gebrauchte Modelle mit Verbrennungsmotoren kaum noch einen Markt finden (insbesondere bei Variante A2).

- **Szenario 3: Disruption des Marktes (A1 oder A2-B2-C2-D2)**
  - Der Markt verändert sich bedingt durch E-Mobilität wie in Szenario 2. Außerdem: Durch autonomes Fahren reduzieren sich Verkehrsunfälle dramatisch, was massive Auswirkungen auf die 40 % (s. GDV 2019) der Versicherungsunternehmen hat, die hauptsächlich von Kfz-Versicherungen leben. Staus entfallen, solange nur automatische Fahrzeuge die Straßen nutzen. Durch die erkennbaren volkswirtschaftlichen Vorteile wird das „Fahrzeuge selbst steuern" vom Gesetzgeber durch entsprechende Steuerlasten unattraktiv gemacht, was den Wechsel vom eigengesteuerten zum autonomen Fahrzeug weiter beschleunigt.
  - Durch das autonome Fahren wird unwichtig, ob ein Fahrzeug attraktiv aussieht, wie es fährt oder über welche Leistungsdaten es verfügt. Stattdessen rücken die Innenausstattung und die Frage in den Mittelpunkt, was Passagiere im Fahrzeug während der Fahrt tun können. Die Ausstattung mit Unterhaltungs-, Kommunikations-, Arbeits- und Ruhemöglichkeiten wird zum wichtigsten Auswahlkriterium. Die individuelle Ausstattung je nach Anlass wählen zu können, macht die mietweise Nutzung der Fahrzeuge interessanter als den Kauf. Carsharing wird das Taxi-Gewerbe der Zukunft und extrem günstig, weil Anschaffungs- und Betriebskosten durch den Wegfall der Fahrer deutlich niedriger sind als bei heutigen Taxis. Durch die Online-Anbindung an Bus- und Bahnfahrpläne (die ja ebenfalls autonom fahren werden) entwickelt sich das selbstfahrende Individualfahrzeug zum Zubringer des öffentlichen Verkehrs. Gleichzeitig entfallen die meisten privaten Fahrzeuge und damit die Notwendigkeit, dafür Parkplätze vorhalten zu müssen.

- Durch den Wegfall der Parkplätze und weil elektronische Fahrzeuge im Straßenverkehr enger getaktet fahren können, ohne Staus zu produzieren, können Straßen auch in den Metropolen radikal zurückgebaut werden. Die Folgekosten für Straßenbau reduzieren sich dramatisch.
- Angesichts der vielen offensichtlichen Vorteile werden diese neuen Verkehrssysteme gefördert und herkömmliches, selbst gesteuertes Fahren schrittweise steuerlich benachteiligt und zum Schluss sogar durch Verbote eingeschränkt.
- Es entsteht durch den schnellen Wechsel für einige Jahre ein drastisches Problem damit, nicht-autonome Altfahrzeuge mit Verbrennungsmotor (allein in Deutschland über 45 Mio. Pkw) zu entsorgen, für die es nirgends mehr Nachfragen gibt. Eine intelligente, jedoch nur wenige Jahre aktive Kfz-Recycling-Industrie entsteht.
- Da „Strom tanken" eine andere Infrastruktur braucht und ein anderes Nutzungsverhalten der Menschen verursachen wird, werden reguläre Tankstellen in dem Maße vom Markt verschwinden, wie auch Kfz mit Verbrennungsmotoren verschwinden. Damit reduziert sich die Verfügbarkeit einer Nahversorgung außerhalb der Ladenöffnungszeiten ebenfalls. Hieraus entstehen vermutlich neue Geschäftsfelder.
- Parkhäuser und Tiefgaragen in den Städten werden nicht mehr benötigt und werden entweder zurückgebaut, umgewidmet oder geschlossen.
- Und so weiter und so weiter und so weiter … ◄

Könnte das die Basis für eine Geschichte sein, mit der Sie das Denken in Ihrem Unternehmen erweitern können? Gibt es darin genügend Ansätze für Geschäftsmodelle, selbst wenn Ihr Unternehmen heute ein Anbieter im herkömmlichen Kfz-Bereich wäre?

Denken Sie nur unbedingt daran, dass diese Geschichte nie allein stehen darf, sondern immer eines von vier oder fünf Szenarien sein muss. Sonst wird daraus wieder eine Prognose. Mit (z. B.) vier Szenarien beschreiben Sie quasi ein Feld, auf dem die Zukunft sich wahrscheinlich ereignen wird. Deshalb nennen wir diese Methode auf „Framing the Future".

Noch ein paar wichtige Anmerkungen zu Szenarien und Prognosen möchte ich Ihnen mitgeben:

Präzision von Szenarien

Prognosen sind prinzipiell eigentlich unmöglich, denn sie sollen ja beschreiben, was tatsächlich passieren wird. Und da kann man, wie wir gesehen haben, bestenfalls rein zufällig mal richtig liegen. Eine Prognose, die aber kaum mehr

als zufällig richtig liegt, ist jedoch eine denkbar schlechte Basis für Ihr unter-
nehmerisches Handeln, nicht wahr? Schon der Erfinder der Szenariotechnik[1]
Pierre Wack (Wack 1985), ein Manager der Royal Dutch Shell, warnt deshalb
davor, in Zeiten, in denen sich die Zukunft täglich ändere, auf eine singuläre
Prognose zu setzen. Das könne nicht funktionieren. Stattdessen führte er schon
in den 60er-Jahren bei Shell die hier abgewandelte Methode der Szenario-
Beschreibung ein. Im Gegensatz zu Prognosen, die beschreiben, was passieren
wird, sollen Szenarien beschreiben, was passieren könnte. Sie

> „... beschreiben angenommene Abfolgen künftiger Ereignisse und basieren auf der
> Zusammenführung verschiedener externer Einflussfaktoren und Triebkräfte, über
> deren künftige Entwicklung eine hohe Unsicherheit herrscht. Szenarien stellen ver-
> schiedene mögliche Ausprägungen der Zukunft dar". (Recklies 2001)

Allerdings: Szenarien bleiben unkonkret. Und auch von denen, die Sie erstellen,
könnte sich möglicherweise keines als real entpuppen. Aber darum geht es
auch nicht, denn am Ende sollen Sie ein Gefühl dafür bekommen, auf welche
divergenten Entwicklungen Ihres Marktes Sie sich einstellen sollten.

Könnte man mehr erreichen, konkretere und fassbarere Ergebnisse erzielen,
wenn man dieses Tool im Rahmen eines Workshops statt in zwei Iterationen in
vier, acht oder hundert durchführt? Ich glaube eher nicht. Okay, ich habe es tatsächlich noch nie versucht, einen Workshop über eine ganze Woche zu gestalten –
interessanter Gedanke – aber nein! Der Grund für diese Meinung ist neben der
Leistungsfähigkeit des Moderators und der dafür erforderlichen Vorbereitung vor
allem das Problem der Motivation. Wenn Sie zwei Tage mit einer hart arbeitenden
Gruppe kreative Workshops durchgeführt haben, lassen das Interesse und die
Konzentrationsfähigkeit nach: Noch eine Gruppenarbeit – oh, bitte nicht! Nicht
schon wieder Moderationskarten anpinnen! Das spielerische Element geht dem
Workshop verloren und Sie verlieren die kreativen Impulse.

Softwarebasierte Zukunftsszenarien?
Wirklich warnen möchte ich vor dem Einsatz softwarebasierter Zukunftsszenarien in Workshops. Doch, das gibt es tatsächlich: Unternehmensberater
bieten an, dass man mit spezieller Software etwa die Randbedingungen für die

---

[1]Genau genommen ist Pierre Wack nicht wirklich der Erfinder. Er hat eine Technik weiter-
entwickelt, die auf Herman Kahn zurückgeht, der sie in der RAND Corporation, einem
vom amerikanischen Verteidigungsministerium gegründeten Institut für Zukunftsforschung,
in Form von militärischen Planspielen einführte. Allerdings wird niemand so oft als erfolgreicher Begründer dieser Methode benannt wie Wack.

Szenarien festhält, mathematische Zusammenhänge zwischen ihnen definiert und Zukunft dann wie KPIs hochrechnet.

Überlassen Sie solche Ansätze gerne den Großkonzernen, die genügend Geld und Manpower für solche zahlenfixierten Lösungen bereitstellen können. Ich lehne solche Systeme selbst rundweg ab, weil zum einen der Spaßfaktor und damit die Kreativität solcher Methoden völlig verloren gehen. Wichtiger noch ist aber, dass man über diese Berechnungen eine Scheingenauigkeit der Ergebnisse suggeriert, die definitiv pseudowissenschaftlich und damit wenig hilfreich ist. Stellen Sie sich (vereinfacht) vor, Ihr Workshop konnte einen mathematischen Zusammenhang zwischen der Ölverfügbarkeit und dem Benzinpreis an der Tankstelle herstellen und Sie errechneten Benzinpreise von 2,67 EUR bis 4,01 EUR. Nach fünf Jahren schaut jemand auf die realen Benzinpreise, die bei 1,50 EUR liegen, und stellt fest, dass Sie mit den entwickelten Szenarien (die dann nämlich als Prognosen gewertet werden) völlig falsch lagen. Und nun? War die ganze Arbeit deshalb etwa nichts wert?

Verzichten Sie bei der Suche nach Ihrer Marktzukunft auf den Einsatz solcher streng formalen Methoden, die häufig einfach nur die Sehnsucht des Managements nach Excel-Tabellen widerspiegeln. Ihre Zukunft können solche quantitativen Ansätze jedenfalls keinesfalls besser beschreiben als die qualitative Methodik.

Auch wenn „Geschichten erzählen" nicht mit der Excel- und PowerPoint-basierten Wirklichkeit des heutigen Managements zusammenpasst: Bleiben Sie dabei, in den Workshops die Ansätze zu Geschichten zu finden, die Sie mit den Szenarien erzählen wollen, und arbeiten Sie diese im Nachgang zu dem Workshop aus. Denken Sie an das, was Pierre Wack gesagt hat. Szenarien sind dazu da, die Optionen in den Köpfen der Unternehmensführung zu erweitern. Und Shell sollte es ja schließlich wissen, oder?

5.4   Business Wargame

▶ **Das Grundprinzip** Mit einer möglichst heterogenen Gruppe von Mitarbeitern spielen Sie die Reaktionen verschiedener Stakeholder auf Markt- oder Strategieänderungen durch.

Ein Wargame ist eine Art interaktives Rollenspiel und soll die Teilnehmer in die Lage versetzen, sich ganz mit der gespielten Rolle zu identifizieren. Diese Rolle könnten Wettbewerber sein, aber auch – je nach Marktlage – Kunden, Händler, Behörden, Gesetzgeber oder Nicht-Regierungsorganisationen. Wichtig für den

Erfolg dieses Elements ist, dass Sie die Teilnehmer in einen spielerischen Wettbewerbsmodus versetzen können. Nur dann werden die Beteiligten wie im realen Leben wirklich anfangen, miteinander um Marktanteile zu kämpfen. Übrigens: Auch wenn in diesem Buch der Fokus auf dem Zukunftsprozess liegt, Wargames eignen sich durchaus für sehr unterschiedliche Strategiechecks. Teilnehmer können nicht nur das eigene Handeln überprüfen, sondern finden auch kreative Lösungen dazu.

Beispiel

Eines meiner Wargames sollte die operativen Abläufe eines neuen, langsam groß und „erwachsen" werdenden Produktbereichs optimieren. Durch das schnelle Wachstum des Bereichs waren Abläufe, Kommunikationswege und Entscheidungsprozesse nicht schnell genug mitentwickelt worden und es kriselte an allen Enden. Frust machte sich in der asiatischen Zentrale, dem Europäischen Headquarter und den über 30 Niederlassungen breit. In einem Wargame stellten wir diese Situation mit den Kollegen des Europäischen Headquarters nach. Als Störfaktor agierten die Moderatoren, die zum Beispiel über „Produktionsprobleme" oder als Händler, Kunden oder Journalisten beständig mit neuen Anfragen in das Spiel eingriffen. Die Kommunikation zwischen den Gruppen fand durch „E-Mails" (Moderationskarten, die jeweils auf eine Eingangspinnwand geheftet wurden) statt, die wie im richtigen Leben, bitte schnell beantwortet werden sollten. Wir spielten quasi im Zeitraffer das Tagesgeschäft mit den unterschiedlichen Beteiligten nach. Dieses Spiel begann recht steif, wurde aber durch immer schnellere Interaktionen angeheizt. Irgendwann hatten die Teilnehmer die Scheu verloren und spielten ihre Rollen wirklich gut. Die Atemlosigkeit stieg und wuchs sich bis zur Erschöpfung aus. Die auch im wirklichen Leben auftretenden Probleme – Überlastung, Unverständnis für die immer neuen Anforderungen der jeweils anderen Gruppen und die Unzufriedenheit mit den manchmal wenig konkreten Antworten des Headquarters – wurden im Spiel ersichtlich. Aber auch die wesentliche Ursache – fehlendes Verständnis für die Rolle, die Fähigkeiten und die Grenzen der Möglichkeiten der anderen Parteien – konnte identifiziert und durch nachfolgende Module des Workshops positiv verändert werden. ◀

In einem Zukunftsworkshop hat das Wargame die Aufgabe, die grundsätzliche Denkweise anderer Marktteilnehmer in die Zukunftsüberlegungen mit einfließen zu lassen und, wenn es schon konkrete Strategieansätze gibt, diese einem ersten Check zu unterziehen. Mit den Ergebnissen eines Wargames haben Sie also tatsächlich die Chance, mögliche Reaktionen des Marktes frühzeitig zu antizipieren und so die eigene Strategie entsprechend anzupassen.

Welche „Rollen" sollten teilnehmen?

Ist doch klar: die Konkurrenz! Vorsicht! Ganz so einfach ist diese Frage nicht.
Zum einen sollten für einen Workshop nur eine begrenzte Anzahl (höchstens vier
bis fünf) Stakeholder dargestellt werden, denn sonst wird aus einem kreativen,
erfolg- und ergebnisreichen Workshop schnell eine zähe Weiterbildungsmasse.
Zum anderen sind auch Ihre Wettbewerber meist gar nicht so verschieden, als
dass es sich lohnte, sie alle zu diesem Workshop „mitzubringen". Deshalb bilden
wir meist mehrere Cluster ähnlich strukturierter Konkurrenten, aus denen wir
dann einen Wettbewerber stellvertretend zum Workshop „einladen".

Wer nimmt an dem Workshop teil?

Ganz klar, Ihre Mitarbeiter. Aber wer genau? Jim Collins, der US-Autor, der in
den 90ern große Unternehmen daraufhin untersuchte, ob sie einen gemeinsamen
Erfolgsfaktor hatten (s. Collins 1994), beschrieb einmal ein Workshop-Konzept,
mit dem Unternehmen sich des Themas Vision und Mission annehmen können.
Zur Auswahl der Teilnehmer definierte er die sogenannte Mars-Gruppe (Collins
2002). Danach solle man sich vorstellen, dass man sein Unternehmen jetzt auch
auf dem Mars gründen und erfolgreich machen könne. Leider hätte die Rakete
nur beschränkte Kapazitäten, weshalb man eben nicht jeden mitnehmen könne
und daher selektieren müsse. Ziel sei es, in die Rakete nicht unbedingt die
Lamettaträger des Unternehmens zu setzen, sondern die Menschen mitzunehmen,
die man brauche, um sein Unternehmen idealerweise auf dem Mars spiegeln zu
können – mit allen Stärken und positiven Eigenschaften.

Ich fand diese Beschreibung so schön, dass ich unseren Kunden diese Auswahl eigentlich für jeden Workshop vorschlage. Es geht also darum, eine
Gruppe kreativer und engagierter Köpfe zu finden, die einen Querschnitt Ihres
Unternehmens darstellen. Und dabei sollte keine Rolle spielen, ob derjenige zum
inneren Führungskreis gehört oder nicht. Insbesondere sollten Sie auf Feigenblatt-Teilnehmer unbedingt verzichten: Ein Workshop, in dem Teilnehmer sitzen,
die nur qua Amt oder Rang dort hineindelegiert wurden, wird scheitern. Bitte
bedenken Sie, dass es im Business Wargame primär darum geht, die Reaktionen
Ihrer Wettbewerber bestmöglich „erahnen" zu können. Je unterschiedlicher
und bunter der Teilnehmerkreis zusammengesetzt ist, desto vielversprechender
werden die Ergebnisse sein.

Eine Frage, die immer wieder gestellt wird, ist, ob Externe an so einem Workshop teilnehmen sollten oder nicht. Hierzu kann ich Ihnen keinen abschließenden Rat geben, aber einige Überlegungen dazu möchte ich mit Ihnen teilen:

- In diesem Workshop werden Sie möglicherweise sehr intime Details Ihrer Firmenstrategie besprechen und bearbeiten. Wenn Sie über die Teilnahme externer Teilnehmer nachdenken, berücksichtigen Sie, ob diese Details für die infrage kommenden Teilnehmer freigegeben werden können bzw. ob diese damit umgehen können. Wenig Zweifel hätte ich dabei mit einem Notar oder Ihrem Leibarzt, die von Amtswegen schon zum Schweigen verpflichtet sind. Andererseits stellt sich möglicherweise die Frage, was Notare und Leibärzte für einen kreativen Workshop beitragen können. Aber wie sieht es mit anderen Lieferanten aus, die möglicherweise – jetzt oder später – auch von Ihren Wettbewerbern Mandate annehmen?
- Bedenken sollten Sie auch, dass Externe wie zum Beispiel Agenturen oder Unternehmensberater auch immer eine eigene Agenda haben, die Ihren Workshop beeinflussen kann – auch Dienstleister sind Unternehmer und wollen etwas verkaufen. Daran ist an sich nichts Verwerfliches, denn das ist nun einmal das Geschäftskonzept des jeweiligen externen Partners. Andererseits kann ein Dienstleister, der das Unternehmen gut kennt, helfen, den schon öfter erwähnten Tunnelblick auszugleichen. Wägen Sie also ab: Kann der Lieferant sich für den Workshop von seiner eigenen Agenda lösen, sind solche externen Stimmen definitiv bereichernd.
- Schließlich gibt es Situationen, in denen externes Know-how hilfreich und dem Ergebnis überaus förderlich sein kann. Denken Sie zum Beispiel an eine Automobilmarke, die die Strategie eines Zukunftsautos überprüfen möchte. Experten der Batterieindustrie, der Umweltverbände oder sogar des Bundeswirtschaftsministeriums können da absolut wertvolle Beiträge liefern.

Sollte Sie also Externe in den Workshop einbinden? Nun, der Engländer würde vermutlich sagen: „It all depends ..."

Wie groß muss/kann der Teilnehmerkreis werden?
Die unterste Zahl der Teilnehmer, die Sie quasi als Vertreter jedes Stakeholders benötigen, ist sicherlich drei: Mit zwei Menschen einen Kreativprozess initiieren zu wollen, wäre schon herausfordernd. Dann werden Sie mindestens drei Stakeholder plus die Vertreter des eigenen Unternehmens abbilden müssen, womit wir bei der absoluten Mindestteilnehmerzahl von zwölf Personen wären. Wie sieht es nach oben hin aus? Mehr als fünf Stakeholder im Workshop macht die Prozesse

langweilig und in jeder Stakeholder-Gruppe sind fünf Teilnehmer ideal. Darüber hinaus wird es eher wieder schwierig. Lassen Sie uns daher als Ziel formulieren, dass man mindestens zwölf, maximal aber 25 Teilnehmer für ein Wargame haben sollte.

Das „Drehbuch"

In einer idealen Welt könnte man das Business Wargame ganz spontan stattfinden lassen: Die Teilnehmer kennen in aller Regel ja das Unternehmen, die Produkte und die Wettbewerber. Aber wer lebt schon in einer idealen Welt? Sie benötigen also eine Art Rahmenhandlung, die Sie am besten in einem Drehbuch beschreiben. Allerdings besitzen nur Sie selbst die komplette Fassung. Für Ihre Teilnehmer erarbeiten Sie Auszüge der jeweiligen Rolle, die die Kollegen übernehmen sollen. Hinzu kommen allgemeine Informationen über den Markt, um den es geht (nur eindeutige Fakten, keine Interpretationen!), sowie mögliche vorrecherchierte Übersichten. Sie können solche Recherchen natürlich auch von den Teams während des Workshops selbst durchführen lassen, allerdings rate ich davon ab, weil sich Teams möglicherweise in der Rechercheaufgabe verlieren und Ihnen so schlicht aus Zeitmangel andere wichtige Ergebnisse entgehen.

Lassen Sie uns nun anhand des erwähnten halb-fiktiven Beispiels eines Angebotsmarktes die Struktur zweier Rollen-Drehbücher ansehen. Das eigene Unternehmen bezeichne ich zur Abgrenzung von den Konkurrenzunternehmen als Gastgeber.

Beispiel

(1) Gastgeber-Rolle

Allgemeines Markt-Briefing: Sie sind ein Anbieter für Rasenmäher mit einem etwas kleineren Marktanteil. Der Markt ist insgesamt stabil und hat seit Jahren eine gleich verteilte Marktanteilsstruktur, angeführt von zwei dominanten Marktführern. Das Marktvolumen verteilt sich im Wesentlichen auf zwei streng getrennte Kundengruppen, die sich entweder für Elektro- oder Benzinmotormäher entscheiden. Andere Techniken, insbesondere Handmäher, Akkumäher, Aufsitzmäher und Rasenmähroboter spielen mengenmäßig eher eine untergeordnete Rolle.

Aus einer Marktforschung wissen Sie, dass es eine große Zahl Gartenbesitzer gibt, die die Idee der Mähroboter grundsätzlich begrüßen, jedoch so teure Produkte (Anschaffungspreise ab 800 EUR) nicht unbeaufsichtigt Tag und Nacht im Garten laufen lassen möchten. Zudem ist das Problem des verbleibenden Rasenschnitts für diese Kunden ungelöst.

Strategischer Zug: Sie planen, über eine Kooperation mit einem Anbieter für E-Mobilität, ein komplett neues Roboter-Mähsystem auf den Markt zu bringen, das mit ausgesprochen starken Motoren ausgestattet ist, um die Laufzeit auf wenige Stunden wöchentlich zu reduzieren. Im Gegensatz zu existierenden Mährobotern wird das autonome Fahren durch eine Anlernphase gesteuert: Nachdem man mit diesem Roboter einmal die Außengrenzen der Mähwege abgefahren hat, fährt der Roboter zukünftig genau diese Strecke wieder ab. Als sehr positiver Nebeneffekt lässt sich dadurch ein wesentlich besseres Rasenbild erreichen. Der Roboter ist zudem in der Lage, den Rasenschnitt selbstständig an einem vorgegebenen Ort zu entleeren.

Sie wollen mit diesem Produktsegment die langjährige Marktführerschaft der beiden großen Wettbewerber angreifen, deren wirtschaftliche Basis die herkömmlichen Mähprodukte sind.

Informationen zur Gastgeber-Rolle: <Hier folgen Daten und Fakten, die für den Workshop relevant sein können.>

Informationen zur Wettbewerber-Rolle 1, 2 oder 3: <Hier folgen für jeden Wettbewerber bzw. jede Gruppe von Wettbewerbern Informationen sowie vorrecherchierte Inhalte.>

(2) Wettbewerber-Rolle

Allgemeines Markt-Briefing: Sie sind einer der beiden Marktführer im Bereich Rasenmäher. Das Marktvolumen verteilt sich im Wesentlichen auf zwei streng getrennte Kundengruppen, die sich entweder für Elektro- oder Benzinmotormäher entscheiden. Andere Techniken, insbesondere Handmäher, Akkumäher, Aufsitzmäher und Rasenmähroboter spielen mengenmäßig eher eine untergeordnete Rolle.

Strategischer Zug: Ein kleinerer Wettbewerber plant, ein komplett neues Mähsystem auf den Markt zu bringen, welches die Vorteile der bisherigen Rasenmäher mit denen eines Mähroboters vereint. Das neue System zeichnet sich dadurch aus, dass es autonom auch große Gärten binnen zwei Stunden mähen kann, elektrisch angetrieben wird, extrem wenig Lärm verursacht – somit auch sonntags einsetzbar ist – und sogar den Rasenschnitt selbstständig entsorgen kann. Diese neue Produktkategorie wird von Ihren Technikern und Verkäufern als geeignet angesehen, das eigene Geschäft nachhaltig anzugreifen. Eine Patentrecherche läuft noch, aber eine erste Sichtung hat ergeben, dass Ihr Unternehmen zurzeit nicht einfach identische Konzepte anbieten kann.

Informationen zu Wettbewerber-Rolle 1, 2 oder 3: <Hier folgen für jeden Wettbewerber bzw. jede Gruppe von Wettbewerbern Informationen sowie vorrecherchierte Inhalte>

Informationen zur Rolle aller anderen Spielerteams: <Hier folgen Daten und Fakten, die für den Workshop relevant sein können.> ◄

Dies sind nur grobe Beispiele für die Struktur solcher Drehbücher, aus denen sich aber schon ein Teil der vorher notwendigen Recherche ergibt.

Übrigens müssen Sie keineswegs in 60-seitigen Prosawerken denken, wenn Sie die Drehbücher vor Augen haben. Spannender wird das Ganze, wenn Sie quasi Scrap-Books, also Bücher mit gesammelten Zeitungsausschnitten, Links zu Webseiten etc. zusammenstellen, denn dadurch bekommt das Ganze für die Teilnehmer einen echten Wettbewerbscharakter. Sie müssen auch nicht mehr (wie früher notwendig) alle Informationen Ihrer Recherche zusammentragen, denn Ihre Teams sollten im Workshop Laptops dabeihaben, um selbst recherchieren zu können. Es reicht also, wenn Sie zum Beispiel einen Link auf eine besonders erfolgreiche Google-Suche abbilden.

▶   Je professioneller Sie diesen Teil des Workshops vorbereiten, desto größer wird die Akzeptanz der Teilnehmer für den Prozess und die eigenen Ergebnisse. Wenn die Drehbücher dann noch professionell aussehen, erhöhen Sie den Spaßfaktor der Kollegen immens!

Der Workshop-Ablauf

Ein Business Wargame wird in zwei bis drei iterativen Schleifen durchgeführt. Wenn Sie das nicht schon vorher getan haben, bilden Sie Gruppen, die jeweils das gastgebende Unternehmen, die wichtigsten Wettbewerber und/oder andere Stakeholder darstellen. Achten Sie unbedingt darauf, dass Ihre Gruppen heterogen besetzt sind, sodass Einschätzungen möglichst von vielen unterschiedlichen Seiten her beleuchtet werden können. Alle Gruppen erhalten gemeinsam dasselbe Briefing über die geplante Änderung der Strategie des Gastgeberunternehmens und ziehen sich danach in unterschiedliche War Rooms, also die Hauptquartiere der jeweiligen Wettbewerber, zurück.

▶   **Tipp** Versuchen Sie, den Gruppen durch Dekoration der Räume und andere Utensilien (T-Shirts in Firmenfarben und mit Logo der Wettbewerber) einen möglichst spielerischen Einstieg in das Wargame zu ermöglichen. Ihrer Fantasie sind dabei keine Grenzen gesetzt. Das mag für typischerweise seriöse Mittelständler etwas albern klingen. Aber: Je mehr Ihre Teams sich im spielerischen Wettkampfmodus befinden, desto besser und genauer werden die Ergebnisse Ihres Games! Bedenken Sie, dass die lustigen Meetingräume bei Google genau deshalb existieren.

Iteration 1 (Dauer inkl. Präsentation 2 bis 3 h) Die Teams ziehen sich also zurück und müssen in einem ersten Durchgang nun zwei Fragensets beantworten:

a) *Wer sind wir? Was zeichnet uns aus? Wie sind wir als Organisation mental gestrickt? Über welche Ressourcen verfügen wir? Was ist unsere Ansicht über den Markt?*
Mit den Fragen dieses Sets sollen die Gruppen eine interne Sicht des vertretenen Mitbewerbers oder Stakeholders erarbeiten: Wenn VW als VW auf Opel schaut, gibt das ein anders Bild, als wenn Opel sich selbst beschreiben würde. Mit dieser Übung wollen wir versuchen, möglichst dicht an die interne Sicht des Wettbewerbers zu gelangen. Wie denken die? Wie fühlt sich der Markt für die an? Was freut, was ärgert die Mitarbeiter des Wettbewerbers? Erst, wenn die Gruppe das erste Set beantwortet hat, wird der zweite Teil bearbeitet.

b) *Was bedeutet die geplante Strategieänderung des gastgebenden Unternehmens für die repräsentierte Gruppe? Welche Gegenmaßnahmen, die auf den verfügbaren Ressourcen und der beschriebenen Mentalität des Wettbewerbers beruhen, wird dieser ergreifen?*
Bei diesen Fragestellungen gibt es zwei Gruppen, für die es Anpassungen geben muss: Zum einen ist da das Gastgeberunternehmen. Meistens wird man hierfür ein eigenes Team nominieren (welches dann übrigens aus psychologischen Gründen als einziges im großen Raum bleiben sollte – hat das „Heimrecht"). Ich habe allerdings auch schon Wargames gespielt, in denen alle Mitarbeiter abwechselnd die Konkurrentenrollen und die des gastgebenden Unternehmens gespielt haben. Offensichtlich benötigt man hier, je nach gewähltem Ausgangspunkt, Anpassungen dieser Fragen. Die Fragen (a) sollte aber auch das gastgebende Unternehmen beantworten: Es soll ja durchaus Unternehmen geben, in denen schön formulierte Leitsätze im Intranet oder in einem Bilderrahmen im Geschäftsleitungsbüro die Unternehmenswirklichkeit nicht ganz vollständig abbilden … Zum anderen brauchen natürlich auch weitere Stakeholder, wie zum Beispiel Verbraucher in Nachfrage-Märkten, leicht geänderte Spielregeln, da es sich bei ihnen ja eher um die Abschätzung der Reaktionen als um Gegenmaßnahmen handelt. Hier müssen Sie für Ihr Drehbuch sinnvolle, individuelle Anweisungen erstellen.

Vertrauen Sie darauf, dass Sie für jedes Set-up die richtigen Kombinationen finden werden! Nach Ablauf von etwa zwei Stunden kommen alle Gruppen wieder zusammen, legen die Rollen ab und stellen zunächst einmal nacheinander die Antworten auf die Fragen (a) (wen stellt man dar) vor. In jedem Fall diskutiert das Forum (falls notwendig) darüber und gibt das Feedback an die Gruppe für die zweite Runde mit. Danach stellen die Gruppen wieder nacheinander die erarbeiteten Gegenstrategien vor, sodass am Ende ein Bild entsteht, was in diesem Markt vermutlich geschehen würde, wenn der ursprünglich vorgestellte Strategieplan umgesetzt würde.

Der nun folgende Schritt ist einer der wichtigsten des Wargames. Sie sollten sich dafür auf jeden Fall Zeit lassen und ihn nur durchführen, wenn Ihre Teams noch frisch genug sind. Sind sie es nicht, verschieben Sie diesen Teil auf den nächsten Tag.

Gegenstrategie (Dauer: ca. 3,5 h) Die Teams setzen für den folgenden Prozess bildlich gesprochen die Mützen des Gastgeberunternehmens wieder auf (oder ziehen ganz real die T-Shirts dazu an) und begeben sich nun in die Position, die Reaktionen des Marktes und der Mitbewerber auf die Ursprungsstrategie zu kennen. Alle Teams versetzen sich nun in die Rolle des Gastunternehmens und diskutieren in Kleingruppen die folgenden Fragen:

- Macht es Sinn, die Ursprungsstrategie unverändert durchzuziehen?
- Falls nein, was ändern wir?

Laden Sie die Gruppen ein, an alles denken zu dürfen und über jede Ressource des Unternehmens verfügen zu können. Erlauben Sie, in Produkten ebenso zu denken wie in Maßnahmen. Einzige Ausnahme: Vorschläge, die nur durch endlose Budgets funktionieren (immer gerne genommen: eine riesige, alle Wettbewerber erdrückende Marketingkampagne), sind tabu, solange damit nicht auch qualitative Vorschläge verbunden sind (also zum Beispiel: „das Geld benötigen wir, um in einer Guerilla-Marketing-Kampagne jedem Fahrradfahrer den Vorteil eines Fahrzeuges mit geschlossenem Dach zu verdeutlichen").

Jede Gruppe soll sich dabei aber auf nur einen, ihrer Meinung nach vielversprechendsten Lösungsansatz beschränken. Neue Produkte *oder* Vertriebsstrategien *oder* ein neuer Marketingansatz *oder* … Setzen Sie dabei auf die Vielfalt der unterschiedlichen Vorschläge, die Sie bekommen werden.

Nach Ablauf der Zeit treffen sich die Teilnehmer wieder im Forum und stellen die Vorschläge vor. Sofern man durch die Diskussion zu dem Schluss kommt, dass die bisher geplante Strategie (allein) nicht ausreichend sein wird, sollte auch eine Empfehlung ausgesprochen werden, welche der diskutierten Maßnahmen die vielversprechendste ist.

Iteration 2 (Dauer inkl. Präsentation 2 h) Schließlich sollten Sie die Aufgabe noch in einer zweiten Iteration durchdenken: In einem letzten Akt des Wargames ziehen die Teilnehmer wieder die Wettbewerbs-Shirts an und begeben sich in die Rolle der Wettbewerber: Durch ein ‚leakage', also eine nicht-autorisierte Veröffentlichung in der Presse, haben Sie von den revidierten Plänen des Gastgeberunternehmens erfahren. Was bedeutet das für Sie und Ihr Unternehmen? Wie werden Sie darauf reagieren?

Auch hier wird das Ergebnis nach etwa einer Stunde im Forum zusammengetragen und gegebenenfalls diskutiert. Alle Ergebnisse der drei Durchgänge (also Iteration 1, Gegenstrategie und Iteration 2) sollten nach dem Workshop gut dokumentiert der Unternehmensführung übergeben werden. Sie stellen die ideale Ausgangsbasis für die reale Planung dar!

5.5 Das Strategiediagramm

▶ **Das Grundprinzip** Durch Erstellung einer Aktivitätenmatrix Ihres Wettbewerbers erkennen Sie dessen Schwachpunkte und können Strategien entwickeln, die genau auf diese Schwachpunkte wirken.

Strategien zu entwickeln scheint ein echtes Hexenwerk zu sein, welches nur wenige „Magier" beherrschen: Sucht man auf Amazon Deutschland nach dem Begriff „Werbung", findet man in der Kategorie Bücher über 50.000 Ergebnisse – unter dem Suchbegriff „Strategieentwicklung" sind es gerade mal 343 (Stand 22.4.2020). Wer mit Strategieentwicklung beinahe geniale, weltverändernde Konzepte verbindet, wird auch in den 343 Büchern leider nicht fündig. Die gute Nachricht jedoch lautet, dass in den meisten Märkten gefühlt 90 % aller erfolgreichen Strategien auf systematischen Analysen und dann punktuell eingesetzten Maßnahmen beruhen. Und genau das tut das fast schon triviale Tool, das ich Ihnen jetzt ans Herz legen möchte: Das Strategiediagramm. In nur fünf Schritten erstellen Sie hiermit einen Plan, an dessen Ende Sie die Maßnahmen ablesen können, die Sie ergreifen sollten.

Schritt 1: Wer ist Ihr Wettbewerber?

Gegen wen richtet sich die geplante Strategie? Das mag ein wenig harsch und kriegerisch klingen, solche Formulierungen sind aber notwendig, wenn wir uns über wirksame Strategien unterhalten wollen. Denken Sie einen Moment an Schach – auch hier gilt es, die Strategien danach zu wählen, welches Ihr nächstes Ziel ist: der Turm, der Springer oder sogar die Dame des Spielpartners.

Die einfachste Antwort auf diese Frage könnte lauten: „Wettbewerber? Das ist doch jeder andere Anbieter in im Markt!" Aber Vorsicht – so einfach ist das Strategiespiel leider nicht. Keinesfalls sollten Sie jeden Marktteilnehmer gleichzeitig im Fokus haben. Die wichtigsten vier Gründe dafür sind:

- **Grund 1: Die Marktreife** – Sie haben kurzfristig gar keinen unmittelbaren Gegner. Der Normalfall ist eigentlich, dass Märkte schon so lange bestehen, dass der Wettbewerb blüht. Der Markt ist ein Nachfragemarkt, in dem Kunden aus einer Vielzahl unterschiedlicher Angebote wählen können – und dies auch tun. Das Gegenstück dazu ist der Angebotsmarkt, in dem es ein mengenmäßig oder qualitativ eingeschränktes Angebot gibt. Der kaufwillige Kunde muss sich zwischen einer beschränkten Auswahl entscheiden. Beispiele hierfür sind die Top-Riege der Smartphones (im Jahr 2020: Samsung S20 oder doch lieber iPhone 12) oder die Anfangszeiten der guten alten Lieferdienste (Joeys, Smileys oder doch die Pizza selbst beim Italiener um die Ecke abholen?). Typische Angebotsmärkte findet man also in Anfangszeiten einer neuen Branche oder Produktkategorie sowie recht häufig auch im Bereich besonders nachgefragter Konsumgüter-Elektronik. Ist Ihr Markt noch in dieser Lebensphase, macht es schlicht keinen Sinn, Strategien zur Markteroberung oder -verdrängung zu erdenken – damit verbrennen Sie nur unnötig Geld! Arbeiten Sie vielmehr daran, der erste Anbieter zu sein, der die Nachfrage auch befriedigen kann. Und was Sie dafür benötigen, ist eine ausreichende Menge an qualitativ hochwertiger Ware.
- **Grund 2: Ihre Ressourcen** – Sie können schlicht nicht überall sein. Gehen wir also ab hier davon aus, dass Sie eine Strategie für einen Nachfragemarkt benötigen, der von mindestens fünf – eher natürlich mehr – Unternehmen beschickt wird. In so einem Markt geht es in aller Regel hauptsächlich um Marktverdrängung. Halten Sie nun alle Wettbewerber dauernd im Blick, antworten auf Preisschwankungen aller fünf? Reagieren Sie in jedem Land und jedem Vertriebskanal, sobald einer der fünf dort einen Zug tut? Natürlich nicht – das kann kein Unternehmen wirklich durchhalten. Tatsächlich ist dies nach meiner Erfahrung einer der Hauptgründe wirkungsloser Unternehmensstrategien: Aktionen und Taktiken werden mit der Gießkanne eingesetzt, statt fokussiert auf nur wenige Wettbewerber entwickelt zu werden. Budgets und Ressourcen werden verschwendet statt gebündelt. Und am Ende verpufft

die ganze schöne Strategie, weil schlicht die Kraft nicht da ist, jeden Wettbewerber in jedem Marktsegment zu stellen.

- **Grund 3: Ihre Marktposition** – verteidigen oder angreifen? Soweit also klar: Sie befinden sich im Nachfragemarkt und fokussieren Ihre Strategie jetzt darauf, einige wenige Wettbewerber zur Seite zu drängen. Jetzt ist ganz wesentlich, wo Sie im Markt stehen: Sind Sie die Nummer 1 im Markt, ist Ihr natürlicher erster Marktgegner die Nummer 2 – und Ihre Strategie muss eine Verteidigungsstrategie sein. Sie müssen Ihren ersten Platz gegen den Zweiten verteidigen. Sind Sie aber Nummer 2, brauchen Sie zwei Strategien: Zum einen müssen Sie den Marktprimus angreifen – Ihr Ziel ist die Marktführerschaft –, Sie brauchen also eine Angriffsstrategie. Andererseits müssen Sie den Marktdritten abwehren und brauchen dafür eine Abwehrstrategie. Sind Sie Neuling im Markt oder unter „ferner liefen" einzuordnen, müssen sich Ihre Marktaktivitäten wieder völlig anders darstellen.
- **Grund 4: Das Unbekannte** – schärfen Sie Ihren Rundumblick! Über diesen Fall sprachen wir schon und die Beispiele aus Abschn. 2.1 zeigen, wie gefährlich es ist, sich „nur" auf die bekannten Wettbewerber zu fokussieren. Als das Elektronikunternehmen Casio von der Seite kommend den Fotomarkt mit seinen ersten Digitalkameras aufzumischen drohte, entwickelten die führenden Kamerahersteller eine Abwehrstrategie, die nur einen Wettbewerber von außerhalb treffen konnte. Da am Anfang des Marktes keineswegs klar war, ob es sich bei diesen Produkten eher um einen Fotoapparat handelte oder um ein elektronisches Produkt, hing der Erfolg an der Wahl des Vertriebskanals: Elektronikgeschäfte hatten alle Voraussetzungen, um die Vorteile der „elektronischen Kamera" demonstrieren zu können – nur hatten die großen Kamerahersteller keinen Zugang zu diesem Markt. Der Fotofachhandel wiederum konnte diese Produkte aus fotografischer Sicht hervorragend betreuen, hatte aber (Mitte der 90er Jahre) absolut kein Verständnis für PCs und elektronische Produkte. Also investierte die traditionelle Fotowirtschaft, öffnete dem Fotofachhandel mit enormem Aufwand die Tür zur digitalen Welt und hielt so den externen Angreifer Casio aus dem Markt heraus. Ihre Strategie muss also Ihre nächsten Wettbewerber umfassen und, falls Sie marktführend sind, auch externe Anbieter im Auge behalten.

Schritt 2: Die Aktivitäten-Mindmap

Jetzt beginnen wir mit dem Strategiediagramm. In Abb. 5.2 sehen Sie ein anonymisiertes Beispiel. Die Ähnlichkeit mit Mindmaps ist dabei natürlich absolut kein Zufall, denn genau das ist das Ziel.

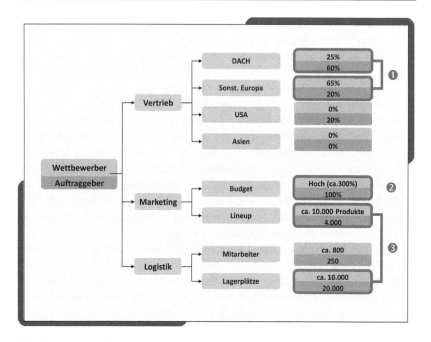

Abb. 5.2 Strategiediagramm

Erstellen Sie eine Mindmap[2] mit allen Aktivitäten Ihres Wettbewerbers, zum Beispiel mit folgenden Fragen:

a) Vertrieb:
   – In welchen geografischen Ländern ist Ihr Wettbewerber tätig?
   – Wo agiert er direkt mit eigenen Niederlassungen, wo mit freien Distributoren?
   – Welche Vertriebskanäle nutzt er?
b) Produktangebot:
   – Wie ist sein Produktangebot strukturiert?
   – Ist er Vollsortimenter oder bietet er nur einige Produkte Ihres Marktes an?
   – Wenn Sie in einem Markt mit einer in die Tausende gehenden Artikel aktiv sind (z. B. Schreibwaren, Kfz-Teile, Baumarkt): Wie viele Artikel umfasst das Sortiment?

---

[2]Sollten Sie mit dem Tool der Mindmaps noch nicht vertraut sein, finden Sie eine kurze Einleitung hier: https://de.wikipedia.org/wiki/Mindmap

c) Marketing:
   – Welche Kanäle bespielt der Wettbewerber?
   – Wie aktiv ist er im Handel?

Das ist wirklich nur ein kleines Beispiel. Die Liste der Fragen, die Sie stellen können und beantworten sollten, ist meist länger und muss – vor allem – marktspezifisch beantwortet werden. Einer meiner Kunden brachte zum Beispiel die Lagergröße des Wettbewerbers mit ins Spiel. Weshalb das sinnvoll sein kann, schauen wir uns gleich genauer an.

Schritt 3: Umfang der Aktivitäten
Jetzt ist Ihr Marktwissen gefragt – sofern Sie nicht durch gute Recherche konkrete Daten zur Verfügung haben, schätzen Sie Anteile und Umfang der Aktivitäten. Beim Vertrieb eines international agierenden Wettbewerbers könnte das so aussehen: Wie viel Umsatz macht er in den USA, wie viel in Asien, wie viel in Europa? Und wie viel in Deutschland (oder DACH – je nachdem wie Sie organisiert sind)? Für das Marketing: Wie viel gibt er für Handelsmarketing aus? Wie viel für klassische Werbung? In welchen Medientypen? Macht er PR? Selbst oder über Agenturen?

Sie kennen die Zahlen nicht? Kein Problem. Schätzen Sie! Denn am Ende ist es nicht wichtig, ob Ihr Wettbewerber echte 12,78 % oder geschätzte 20 % seines Umsatzes in den USA macht – es ist auf jeden Fall der kleinere Teil seines Geschäfts. Wenn dieser Umsatz dann noch mit einem Distributor erfolgt statt mit einer eigenen Niederlassung, dann liegt nahe, dass Ihr Wettbewerber einen Angriff dort nicht so schnell starten wird, wie er es vielleicht in der Kernregion seines Vertriebs täte. Und womöglich würde er dort nicht so schnell reagieren.

Je mehr Details der Aktivitäten Ihres Wettbewerbers Sie konkret schätzen, desto größer ist der Überblick, den sie gewinnen. Und desto leichter finden Sie Schwächen – und damit Angriffspunkte für eine Strategie.

Schritt 4: Ergänzen Sie das Strategiediagramm um die Werte Ihres eigenen Unternehmens
Um zu einer wirksamen Strategie zu kommen, ergänzen Sie dieses Diagramm nun um die Werte, die Ihr eigenes Unternehmen beschreiben.

▶   **Wichtig** Wenn Sie mehrere Wettbewerber analysieren wollen, weil Sie z. B. als Nummer 2 im Markt sowohl eine Angriffs- wie eine Verteidigungsstrategie benötigen, erstellen Sie jeweils ein Diagramm für jeden Wettbewerber.

Weil Ihre Wettbewerber in aller Regel nicht identisch aktiv sind, können diese Diagramme völlig verschieden aussehen: Ihr größter Widersacher ist ein ausländisches Unternehmen, weltweit aktiv, allerdings mit einer klaren Schwäche in Deutschland? Hier sind Vertriebsaussagen zu Umsatzanteilen in den verschiedenen Kontinenten wichtig. Ihr zweiter Wettbewerber ist nur in Deutschland aktiv, hier aber Marktführer – dann geht es vermutlich weniger um Länder und Vertrieb als eher um die Distribution in Deutschland, um Marketing etc.

Schritt 5: Die Strategieentwicklung
Ich muss eines vorab sagen: Ich bin kein Freund von Überbietungsstrategien. Als Volkswagen sich vor etwas mehr als zehn Jahren rühmte, die größte Außenwerbungskampagne durchgeführt zu haben, gab Toyota etwas später geschätzte 40 Mio. EUR dafür aus, die wirklich allergrößte Außenwerbungskampagne in Deutschland durchzuführen. Das Objekt der Begierde war die Einführung eines Kleinwagens namens Auris, der sich – im Nachhinein analysiert – nicht besser verkauft hat als jede Kleinwageneinführung vorher oder nachher (Hilbig 2013). Überbietungsstrategien haben zwei wesentliche Nachteile: Noch mehr auszugeben und noch stärker irgendwo aufzutreten kostet halt deutlich mehr und ist daher immer ein endliches Vergnügen – denn weder Sie noch Ihre Wettbewerber verfügen über endlose Budgets. Und zweitens wird dieses „Mehr" selten durch entsprechend größerer Umsätze gerechtfertigt, wie das Toyota-Beispiel zeigt.

Gereizt haben mich von jeher Strategien, die auf Schwächen des Wettbewerbs oder sogar unerforschtes Terrain eines Marktes zielen. Hierfür ist das Tool des Strategiediagramms ideal, denn es zeigt auf einen Blick, wo es erhebliche Abweichungen zwischen Ihnen und Ihrem Wettbewerber gibt. Und genau diese Unterschiede gilt es proaktiv für sich zu nutzen. Schauen Sie bitte einmal auf das reduzierte[3] Diagramm in Abb. 5.2, mit dem wir während der Spitzenzeit der Corona-Krise für einen unserer Kunden eine Marktverdrängungsstrategie für die Zeit nach dem Lockdown erarbeitet haben.

Der Wettbewerber (grün) hat sein wesentliches Geschäft im europäischen Ausland, wo unser Auftraggeber (rot) noch nicht so präsent war. Er gab im Vergleich zum Auftraggeber viel Geld für Handelsmarketing aus und hatte trotz größerem Produktangebot ein deutlich kleineres Lager. Aus jedem dieser Punkte ließ sich nun ein Ansatz für eine Nach-Corona-Strategie ableiten:

---

[3]Der Übersichtlichkeit halber ist das Diagramm nur auf die für das Beispiel relevantesten Punkte reduziert. Die ursprüngliche Map war natürlich wesentlich komplexer.

- **Angriffspunkt 1: Umsatzschwerpunkt im Europäischen Ausland**
Zum Zeitpunkt der Strategieentwicklung war absehbar, dass Deutschland die Chance hatte, aus der Corona-Krise früher und weniger geschwächt als viele andere Europäische Länder hervorzugehen. Die Stärke unseres Mandanten in Deutschland nutzten wir, um frühzeitig den dortigen Kunden zu signalisieren, dass unser Mandant die ganze Zeit über voll handlungs-und lieferfähig war. Da es sich bei dem Markt um zeitkritische Produkte handelte, war sofortige Lieferfähigkeit ein klarer Wettbewerbsvorteil. Diese Stärke und den zeitlichen Vorsprung im Heimatmarkt nutzte der Kunde, um auch im Rest Europas den Händlern attraktive Wiedereinstiegsangebote zu machen – immer auch mit Hinweis auf die starke Lieferfähigkeit.
- **Angriffspunkt 2: Umfangreiches, teures Handelsmarketing**
Der Markt des Auftraggebers ist ein typischer B2B-Markt. Neben der Präsenz auf Messen ist in so einem Markt Handelsmarketing die mit Abstand teuerste Marketingform. Der Wettbewerber hatte sein Marketing also mit sehr teuren Methoden aufgebaut. Der Kunde wiederum nutzte die Zeit des Shutdowns in Europa, um (sonst) schwer zu erreichende Wege zu gehen. Über viele Monate wurden in den sozialen Netzwerken Multiplikatoren und potenzielle Kooperationspartner gesucht, die ohnehin Produkte des Marktes rezensierten. Und für den Bruchteil der Kosten eines aufwendigen Handelsmarketings wird der Kunde in Zukunft glaubwürdige Empfehlungen für seine Kunden bereitstellen können.
- **Angriffspunkt 3: Kleines Lager mit großem Line-up**
Der Wettbewerber hatte seinen Betrieb ziemlich perfekt auf Just-in-Time-Lieferungen ausgerichtet. Durch eine kontinuierliche Beschaffung konnte er in normalen Zeiten trotz großen Artikelangebots sein Lager klein und so die Eigenkosten niedrig halten. Der Ausfall der Lieferkette in der Corona-Phase – insbesondere aus China – ließ vermuten, dass das Unternehmen nach dem Shutdown nur langsam wieder in die volle Lieferfähigkeit zurückfinden würde. Wir empfahlen also, das eigene Lager im Rahmen des Machbaren aufzustocken und frühzeitig allen Händlern, insbesondere aber den Händlern des Wettbewerbers zu signalisieren, dass man voll lieferfähig sei.

Drei Unterschiede im Strategiediagramm, die man auf drei Ebenen für eine Angriffsstrategie nutzen konnte.

Vielleicht fragen Sie sich jetzt, ob das nicht zu einfach gedacht ist. Kann man wirklich so einfach Marktstrategien entwickeln? Das kann doch nicht funktionieren… Sind das so Ihre Gedanken gerade? Dann lassen Sie mich Ihnen jetzt ein streng gehütetes Geheimnis der Zunft der Unternehmensstrategen verraten: Es ist tatsächlich so einfach! Schauen Sie noch einmal in Kap. 3 mit den (Miss-)Erfolgsgeheimnissen. In der Regel waren es tatsächlich nur ein oder zwei Angriffspunkte, die die jeweiligen Protagonisten nutzten (oder eben leider verpassten). Anders arbeiten meine Kollegen und ich auch nicht. Wir analysieren die Marktsituation, suchen die Schwachpunkte der Wettbewerber … und den Rest kennen Sie ja nun. Viel Erfolg!

5.6   Taktische Priorisierung

▶   **Das Grundprinzip** Wenn die Zukunftsszenarien und die zugehörigen Strategien entwickelt sind, geht es um die Frage, welche Maßnahmen passen Sie zuerst an? Ganz klar: die wichtigsten! Mit dem Prinzip der taktischen Priorisierung und einer Relevanzanalyse sagen Ihnen Ihre B2B-Kunden, Händler oder Mitarbeiter, womit Sie beginnen sollten.

Keine Angst, es wird nicht wissenschaftlich, auch wenn die Überschrift dieses Kapitels es vermuten lässt. Womit wir uns hier beschäftigen, ist ein pragmatischer Weg, von Ihren Kunden zu erfahren, was wirklich wichtig ist. Denn tatsächlich wird die Frage, welche Maßnahmen man nun ergreifen sollte, wenn es um das Ziel „Verbesserung der Marktposition" im Allgemeinen gilt, in ihrer Bedeutung deutlich unterschätzt. Zählen Sie doch kurz einmal durch: Wie viele Werbemittel oder Kontaktpunkte haben Sie allein zu Ihren Kunden im Marketing? Webseite, Newsletter, Produktprospekte, Direct Mail, Soziale Plattformen… da kommen Sie sicher auf 20 bis 30 Maßnahmen, oder nicht? Und nun rechnen Sie bitte noch alle Aktivitäten hinzu, die aus anderen Unternehmensbereichen die Beziehung zu Ihren Händlern und Kunden beeinflussen: Im Vertrieb könnten das die Preisstruktur, die Besuchsfrequenz, die fachliche Kompetenz und die Freundlichkeit der Vertriebskollegen sein. Im Order Processing zum Beispiel die Verfügbarkeit, die Kompetenz der Mitarbeiter am Telefon, im Training die Relevanz der Themen oder die Frequenz von Schulungsterminen usw.

So kommen Sie schnell auf bis zu dreistellige Zahlen an Maßnahmen, die es zu bedenken gilt. Und jede prägt die Beziehung zu Ihren Kunden, Händlern und Mitarbeitern) – mal mehr, mal weniger. Andererseits hat kein Unternehmen die finanziellen und personellen Ressourcen, alle Themen gleichzeitig zu bearbeiten. Also gilt es, sich zu entscheiden, was man zuerst macht: Die Webseite wurde von Ihren Kunden bemängelt? Also die zuerst erneuern? Was aber, wenn die Webseite für Ihren Geschäftserfolg quasi keine Rolle spielen würde? Wenn Ihre Kunden sie zwar kennen, aber nie nutzen und ihre Kaufentscheidung überhaupt nicht von der Webseite abhängig machen?

Sie brauchen also vor einer Bewertung, welche Ihrer Maßnahmen bei Ihren Kunden gut oder weniger gut ankommen, eine Analyse der Relevanz, die jede Aktion für Ihre Kunden hat. Erst die Kombination aus „Wichtig" und „Gut" – aus Relevanz der Maßnahme und deren Bewertung durch Ihren Kunden – ergibt dann einen konkreten Plan, was Sie verändern sollten.

Nun kann man Kunden nicht so einfach befragen, welche Maßnahmen für sie am relevantesten sind. Die Frage „Wie kompetent empfinden Sie unsere Mitarbeiter an der Hotline auf einer Skala von 1 bis 10?" ergibt ein katastrophales Ergebnis, wenn der Befragte sich erst letzte Woche maßlos über den Kundenservice geärgert hat. Allerdings kann es trotzdem sein, dass dies nichts an seiner Kaufbereitschaft verändert, weil ganz andere Faktoren hier eine Rolle spielen. Die Kenntnis der Relevanz jeder Maßnahme ist also hochwichtig, wenn man fundiert einen taktischen Maßnahmenplan entwickeln will.

Für alle Stakeholder, zu denen eine langjährige Beziehung besteht – wie zum Beispiel B2B-Kunden, Händler oder eben auch Mitarbeiter – lässt sich diese Relevanz über eine Kundenbefragung mit Korrelationsanalyse wunderbar ermitteln. In drei Schritten bekommt man praktisch einen „Fahrplan" für die Priorität der taktischen Maßnahmen:

Schritt 1: Ermittlung der Kontaktpunkte/-maßnahmen
In einem ersten Workshop versammeln Sie Vertreter aus allen Unternehmensbereichen mit (direktem oder indirektem) Kundenkontakt und lassen eine Art Mindmap erstellen dazu, welche Kontakte Ihre Kunden mit dem Unternehmen haben und welche Maßnahmen auf sie einwirken. Dabei ist es wichtig, diese Analyse für jede Kundengruppe separat zu erstellen, denn am Ende dürfen Sie die Kunden ja nur nach Kontaktpunkten befragen, die diese auch haben. Wenn Sie für eine bestimmte Händlergruppe Schulungen oder POS-Material zur Verfügung stellen, einer anderen aber nicht, sollten Sie die Frage danach gar nicht erst stellen.

Wichtig Nehmen Sie sich dafür Zeit! Ich habe diesen ersten Workshop einmal mit einem Software-Kunden durchgeführt, der zunächst nicht erkennen konnte, weshalb wir eine so große Gruppe an Mitarbeitern für einen ganzen Arbeitstag einplanten. Am Ende dauerte die Veranstaltung tatsächlich acht Stunden, weil wir lange über vermeintlich klare Punkte wie „anzusprechende Personen" oder die Kundenstruktur diskutierten: Jeder Unternehmensbereich hatte zu diesen Punkten eigene Vorstellungen – ohne dass diese zuvor je abteilungsübergreifend diskutiert worden waren.

Schritt 2: Die Kundenbefragung

Als nächstes führen Sie eine Kundenbefragung durch. Dies kann über ein Online-Umfrage-Tool erfolgen und ermittelt – sehr vereinfacht gesagt – für jeden Kontaktpunkt die Bewertung durch den Kunden. Kontrollfragen zu den Frage-Clustern (Marketing, Vertrieb, Order Processing etc.) ergänzen diese Umfrage.

Schritt 3: Die statistische Auswertung

Am Ende geht es darum, aus der inhaltlichen Bewertung der Überbegriffe und der Details eine Korrelation zu berechnen. Beispielsweise wird ermittelt, wie die Werte aus allen abgefragten Marketingtools mit der Gesamtbewertung für das Marketing korrelieren. Anders als in den ersten fünf Teilen dieses Kapitels (Abschn. 4.5.5 bis 5.5) ist es nur wenig sinnvoll, genauer in das exakte „Wie" dieser Methode einzusteigen – es sei denn, Ihnen stünden statistisches Fachwissen und ein entsprechendes Auswertungsprogramm (wie z. B. SPSS von IBM) zur Verfügung. In aller Regel werden Sie vermutlich externe Unterstützung benötigen. Die gute Nachricht jedoch lautet, dass es entsprechende Angebote für solche Relevanzanalysen als fertige Dienstleistungspakete gibt. Ein Beispiel hierfür sehen Sie in Abb. 5.3.

Abb. 5.3 Relevanzanalyse zum Thema Marketing. (Mit freundlicher Genehmigung von © united communications GmbH [2020]. All Rights Reserved https://www.united-channel-insights.de/)

Auch wenn Sie in diesem Fall also nicht alles mit Bordmitteln umsetzen können, möchte ich Ihnen dieses Tool ans Herz legen, denn es liefert Führungskräften – insbesondere der Geschäftsführung – klare Entscheidungshilfe bei der Frage, wo Ressourcen am sinnvollsten abteilungsübergreifend für die weitere Markteroberung eingesetzt wären.

▶ **Noch ein Tipp** Solche Tools lassen sich nicht nur im strategischen Zukunftsmanagement, sondern auch überall dort einsetzen, wo es einfach nur um die Verbesserung der laufenden Aktivitäten geht. Die einzige Einschränkung ist, dass damit nur Märkte abgefragt werden, in denen Befragte und Fragesteller eine regelmäßige Geschäftsbeziehung haben. Dies könnten neben B2B-Märkten auch alle direkten Handelspartner oder eben auch Mitarbeiter (Employer Branding) sein.

Literatur

Collins J (2002) Creating the Mars group and beyond. http://www.jimcollins.com/pdf/Mars_Group.pdf. Zugegriffen: 20. Mai 2020

Collins J (1994) Built to Last: Successful Habits of Visionary Companies, Harper Business Essentials

Hilbig (2013) Marketing ist eine Wissenschaft – und die Erde ist eine Scheibe. Spinger Gabler, Wiesbaden

GDV (2019) Versicherungsunternehmen nach Sparten. http://www.gdv.de/zahlen-fakten/branchendaten/versicherer/#versicherungsunternehmen-nach-sparten. Zugegriffen: 20. September 2020

Recklies D (2001) Arbeit mit Szenarien. http://www.themanagement.de/pdf/SZENARIO.PDF. Zugegriffen: 20. Mai 2020

Statista (2020) Pkw-Bestand in den europäischen Ländern im Jahr 2018. https://de.statista.com/statistik/daten/studie/163405/umfrage/pkw-bestand-in-ausgewaehlten-europaeischen-laendern/. Zugegriffen: 28. Apr. 2020

W3 Techs (2020) Usage statistics of content languages for websites. https://w3techs.com/technologies/overview/content_language. Zugegriffen: 16. Mai 2020

Wack P (1985) Scenarios: Uncharted Waters Ahead https://hbr.org/1985/09/scenarios-uncharted-waters-ahead. Zugegriffen: 20. Mai 2020

So bauen Sie Ihre Zukunftsplanung auf 6

Zusammenfassung

Strategien für zukünftiges Business müssen regelmäßig überprüft und aktualisiert werden. Das erfordert eine Systematik, um aus dem Marktumfeld die richtigen und wichtigen Daten zu identifizieren, glaubwürdige Einschätzungen zu zukünftigen Entwicklungen vorzunehmen, darauf aufbauend Strategien zu entwickeln und diese vor der Aktivierung einem Stresstest zu unterziehen. Den Weg dahin beschreit dieses Kapitel. Bedenken Sie aber, dass Sie viele kleine Veränderungen des Marktes nur durch regelmäßige Überprüfung erkennen können. Neben diesen Tools benötigen Sie also auch Kontinuität für den Prozess.

Zukunft? Ein, zwei Seminare mit Rednern besuchen, deren spannende Thesen hören, dann ein interner Workshop – so werden schon ein paar neue Ideen ihren Weg in die Organisation finden. Es soll Unternehmen geben, deren Zukunftsmanagement so aussieht. Sogar ein deutsches Wirtschaftsmagazin titelt auf seinem Sonderheft „Innovation" im Juli 2017: *Wie Sie mit neuen Ideen für mehr Umsatz sorgen* (Impulse 2017). Sorry, aber das kann nicht funktionieren! Sie mögen mit neuen Ideen jetzt ein bisschen Erfolg haben. Nachhaltige Zukunftsstrategien sehen anders aus.

Zukunftsplanung ist kein einmaliger Event
Wer sich 1990 mit der Frage nach Trends in der persönlichen Kommunikation beschäftigt hat, kam zu dem Schluss, dass er mit (Festnetz-)Telefon und Telefax gut bedient sei. 2000 waren es dann das Handy und E-Mails, 2010 das Smartphone und WhatsApp, 2020 hat das Corona-Virus Videokonferenzen aus dem Homeoffice populär gemacht – und womit wir in 2030 kommunizieren, weiß

© Springer Fachmedien Wiesbaden GmbH, ein Teil von Springer Nature 2020
H. Hilbig, *Zukunftsmanagement für den Mittelstand*,
https://doi.org/10.1007/978-3-658-31246-6_6

heute noch keiner. Ein einmaliger Workshop erlaubt einen guten Blick in die Zukunft, wie wir sie heute sehen. Morgen wird diese Zukunft aber definitiv schon wieder anders aussehen – so viel kann ich Ihnen sicher vorhersagen!

Keine Frage, Seminare und Workshops sind gute Tools, um, wie Albert Einstein es formulierte, die Gedanken auch mal andere Richtungen einschlagen zu lassen. Um den Anfang zu machen. Aber einmalige, vielleicht sogar spektakuläre Events wie ein Zukunftsworkshop bergen die Gefahr des „Schnell-aus-dem-Sinn": Unternehmen starten den Zukunftsprozess mit großem Elan und viel Engagement, um dann, kurz nach dem heilbringenden Workshop, doch wieder in den bisherigen Trott des Tagesgeschäfts zu verfallen. Verstehen Sie mich bitte nicht falsch: Das Tagesgeschäft zahlt Ihr Gehalt – daran ist also nichts verkehrt. Wer sich jedoch mit der Zukunft des eigenen Geschäfts rechtzeitig beschäftigen will, muss dranbleiben.

Nun mögen Konzerne die Möglichkeit haben, dauerhaft Mittel und Menschen bereitstellen und mögliche Zukunftsentwicklungen frühzeitig erkennen und darauf reagieren zu können – mittelständische Unternehmen mit 50 bis 500 Mitarbeitern haben diese Möglichkeit in der Regel eher nicht. Aber soll man deshalb die Hände in den Schoß legen und Zukunft einfach kommen lassen? Sicher nicht!

In den letzten Jahren habe ich deshalb eine Reihe wirksamer Tools, die ich in unterschiedlichsten Anlässen in Unternehmen eingesetzt hatte, zu einem Prozess zusammengesetzt, den wir inzwischen bei Kunden ab etwa 50 Mitarbeitern erfolgreich implementiert haben (Abb. 6.1). Die meisten Tools haben Sie in Abschn. 4.5.4 schon kennengelernt. Nun geht es darum, hieraus einen runden Prozess zu bauen. Einen Vorschlag dazu finden Sie auf den folgenden Seiten. Wenn Sie diesen Prozess für Ihr Unternehmen einsetzen wollen, prüfen Sie aber bitte kritisch, ob Sie Anpassungen vornehmen müssen.

Das Grundprinzip des Zukunftsmanagements ist die Wiederholung, also der Gedanke, dass man installierte Maßnahmen und die dahinführenden Annahmen regelmäßig prüfen muss:

a) Hat sich seit der letzten Runde etwas in Ihrem Markt getan?
b) Falls ja, wie wirkt sich diese Veränderung auf die entwickelten Zukunftsszenarien aus?
c) Wie müssen Strategien angepasst werden, damit sie auf die modifizierten Zukunftsszenarien einzahlen?
d) Wie werden der Markt und die Wettbewerber auf diese modifizierten Strategien reagieren?

Abb. 6.1 Der Prozess des Zukunftsmanagements

Das Gebilde mag Sie an typische PDCA-Zyklen[1] erinnern, legt aber viel mehr Gewicht als herkömmliche Wirkungskreise auf das P, den Plan. Beginnen wir also mit der Recherche.

6.1 Recherche

Wer tut es? Wenn Sie diesen Prozess beginnen – im ersten Jahr – wird dieser Schritt vermutlich vom Organisator des Workshops durchgeführt. Ist der Prozess erst einmal etabliert, haben Sie ein loses Team, das alle Aufgaben des Zukunfts-managements erledigt. Keine Sorge: Sie müssen niemanden dafür einstellen. Die meisten Aufgaben dieses Prozesses kann auch ein unregelmäßig zusammen-kommendes Team übernehmen. Sorgen Sie nur dafür, dass es einen „Treiber" gibt, der dieses Team regelmäßig zusammenruft und Ergebnisse kommuniziert.

---

[1]PDCA = Plan Do Check Act, https://de.wikipedia.org/wiki/Demingkreis.

Was geschieht? In diesem Schritt suchen Sie alle Informationen zusammen, die Sie über Ihren Markt, Ihre Wettbewerber, zukünftige Entwicklungen und zukünftige Wettbewerber für die nächsten Schritte benötigen. Wichtig ist es, eine Systematik aufzubauen, mit der Sie nach Informationen suchen (siehe Abschn. 5.1). Wildes „Gegoogle" führt zu unstrukturierten Daten, aus denen Sie eines vor allem nicht erkennen können: ob Sie an die wichtigsten Punkte gedacht haben. Erst wenn Sie festgelegt haben, dass z. B. die Mitarbeiterzahlen, Distributionsstrukturen oder Budgets, die Ihre Wettbewerber in Forschung und Entwicklung stecken, wichtige KPIs sind und diese dann entsprechend systematisch recherchieren, erhalten Sie ein halbwegs vollständiges Bild Ihrer Wettbewerbssituation. Die kleinen Dinge, die Sie dann nebenbei noch finden, der Beifang sozusagen, ist dann nur noch das Sahnehäubchen auf Ihrer Recherchearbeit.

▶   Bevor Sie mit der Detailplanung Ihres Zukunftsprozesses beginnen, investieren Sie zunächst Energie und Zeit in eine sorgfältige Recherche. Ich sagte es bereits: Sie werden erstaunt sein, was Sie alles finden!

6.2   Analyse

Wer tut es? Anfangs der Organisator des Workshops. Nach Etablierung des Prozesses das Zukunftsmanagement-Team.

Was geschieht? Suchen Sie in der Recherche die gewünschten Informationen unvoreingenommen. Daten sind Daten und werden erst durch die Analyse zu Informationen. Diesen Schritt sollten Sie keineswegs zu früh machen – und keinesfalls sollten Sie oder Ihr Team die gesammelten Daten sogar schon interpretieren (der dritte Schritt, s. Abschn. 6.3).

Recherche, Analyse, Interpretation? Wem das jetzt zu sehr nach akademischem Disput klingt statt nach pragmatischem Vorgehen, dem mag vielleicht folgendes Beispiel helfen:

Beispiel

Einer meiner Kunden, ein einzigartiges Unternehmen der Freizeitindustrie, besaß eine für die Geschäftsentwicklung ideale Quelle an Daten: Man erfasste für jeden Besucher die Postleitzahl und kombinierte diese mit einem gut gemeintem Mix an soziodemografischen Informationen, die sich aus der Art der gekauften Eintrittskarte ergaben.

Nun summierte man die gewonnenen Postleitzahldaten für Land- und Stadtbezirke auf, legte über die Summen eine Landkarte und analysierte diese. Die Erkenntnis war scheinbar trivial: Je dichter jemand am Standort des Unternehmens wohnte, desto größer war die Wahrscheinlichkeit, das Angebot des Unternehmens zu nutzen: Hamburger (die Firma hatte dort ihren Sitz) nutzen das Angebot am häufigsten, dann die Bewohner des Umlandes usw. Und auch innerhalb Hamburgs stellten die Einwohner des Bezirks, in dem das Unternehmen zu Hause war, den größten Besucheranteil. Die Analyse ergab also eine langweilige Statistik, aus der man keinerlei Mehrwert für die Entwicklung von Vertriebs- und Marketingmaßnahmen ziehen konnte. Also wurde die Statistik zwar weiter erhoben, um auf der Zeitschiene Vergleichswerte zu erhalten, allerdings war nur wenig Elan bei der Erhebung zu spüren. ◄

Hier wurden die Daten – Anzahl der Besucher pro Postleitzahl – bereits analysiert, zu Bezirksclustern zusammengefasst und interpretiert („diese Statistik hilft uns nicht weiter"), bevor die Recherche überhaupt begonnen hatte, wenn man die Erfassung der Besucher selbst mal außenvorlässt.

Wenn man Vertriebs- und Marketingmaßnahmen plant, sollte man über seine Käufer und deren Kaufentscheidungsmotivation so viel wissen wie irgend möglich. Diesen Schritt der Recherche hatte das Team beim Kunden schlicht nicht gemacht, und so konnten Analysen eben nur sinnlose Ergebnisse liefern. Zudem hatte man die eigentlich sehr fein granulierten Daten schon gleich zu Beginn des Prozesses unnötigerweise in große Cluster zusammengefasst und damit wertvolle Informationen vernichtet: Alleine im Stadtstaat Hamburg gibt es über 100 Stadtteile und Postleitzahlen. Die Analyse des Kunden nutzte aber nur die sieben Bezirke der Stadt.

Wir recherchierten weitere Daten, wie zum Beispiel die Soziodemografie der jeweiligen, zu den einzelnen Postleitzahlen gehörende Stadtteile, die wir dann mit der Besucherstatistik kombinierten und kamen zu Ergebnissen, die den bisherigen Annahmen des Kunden völlig widersprachen:

- Die scheinbare Wohnortnähe als Faktor entpuppte sich als Statistikfehler: Der Bezirk, in dem das Unternehmen saß, war schlicht der bevölkerungsreichste Teil der Stadt. Es kamen also nicht besonders viele Leute von hier, weil sie einen kurzen Anfahrtsweg hatten, sondern weil es einfach hier die meisten Einwohner gab.
- Tatsächlich zeigte eine Betrachtung der Affinität – Anzahl der Besucher je 1000 Einwohner –, dass dieser Stadtbezirk um den Kundenstandort herum

keineswegs besonders affin war. Vielmehr hatten sich Menschen aus kinder-
reichen Stadtteilen überdurchschnittlich häufig für einen Besuch entschieden
und dafür auch lange Anfahrtswege in Kauf genommen.

- Schließlich konnten wir durch einen Abgleich mit Wetterdaten sogar Vorhersagen über Besucherzahlen in Abhängigkeit von Schlechtwetterperioden
machen.

Leider gibt es immer wieder Unternehmen, die den Wert schneller Ergebnisse
höher einschätzen als eine intensive Beschäftigung mit dem scheinbar bekannten
Markt. Daher mein Vorschlag:

▶   Auch wenn das Endergebnis der Analyse so kondensiert wie möglich sein sollte, vereinfachen Sie Ihre Ausgangsdaten so spät wie
möglich. Jede Datenreduktion vernichtet Informationen, wodurch Sie
Zusammenhänge möglicherweise nicht mehr erkennen können.

6.3   Interpretation

Wer tut es? Der Organisator des Workshops, evtl. mit Unterstützung Ihres
Marketings. Nach Etablierung des Prozesses das Zukunftsmanagement-Team.

Was geschieht? Die Interpretation der Ergebnisse sollten Sie am besten so spät
wie möglich durchführen. Wenn es zeitlich passt, können Sie dies sogar der
Workshop-Gruppe überlassen. Denn dort werden nicht nur Informationen ver-
arbeitet, sondern, wie wir noch sehen werden, auch Strategien entworfen.

Was nun ist genau eine Interpretation der gefundenen Daten? Wenn Ihr Wettbewerber zum Beispiel in den letzten drei Jahren bei fallenden Umsätzen die
Kosten für Forschung und Entwicklung unverändert hoch gelassen hat, könnte
man daraus sehr unterschiedliche Schlüsse ziehen:

a) Hat der Wettbewerber bewusst seine Kostenstruktur in den letzten Jahren
im Bereich F&E nicht angepasst, weil er auf eine kommende strategische
Innovation setzt und hierfür das Know-how der Mitarbeiter braucht?

b) Oder hat er die Struktur möglicherweise deshalb nicht angepasst, weil sich die
Kündigung hochspezialisierter Mitarbeiter nicht so schnell realisieren lässt?

c) Oder hat er die F&E-Abteilung deshalb nicht reduziert, weil diese einer der
wichtigsten Faktoren für einen (geplanten) Einstieg in eine völlig andere
Branche darstellt?

Sie sehen dreimal die gleiche Datenlage, aber drei unterschiedliche Interpretationen, die im folgenden Prozess unweigerlich andere Gegenstrategien ergeben würden. Zur Interpretation gehört ein Überblick über die gesamte Situation, und fehlinterpretierte Daten haben schon etliche Unternehmen den Erfolg gekostet.

▶   Wenn Sie können, überlassen Sie die Interpretation solcher Daten Ihrem Zukunftsprojektteam.

6.4   Reaktionstest – Strategiecheck

Wer tut es? Zeitlich sind wir bei einem der Elemente angekommen, die in dem zentralen Workshop stattfinden sollten. In Abschn. 5.4 hatte ich Ihnen die Mars-Group vorgestellt – das sind die Mitarbeiter, die Teilnehmer des Workshops sein sollten.

Was geschieht? Wenn man sich über die zukünftigen Entwicklungen Gedanken macht und basierend darauf die eigene Unternehmensstrategie entwickelt, ist das, als ob man einen Stein ins Wasser wirft: Die Tatsache, dass Sie eine (neue) Strategie umsetzen, führt unweigerlich zu Reaktionen der anderen Marktteilnehmer wie Kunden, Händler, Presse oder in sehr speziellen Fällen sogar Gesetzgeber und Behörden. Je bedeutender Ihre Rolle aktuell in Ihrer Branche ist, desto größer fallen auch die Reaktionen aus.

Gerade wenn es um langfristige Zukunftsstrategien geht, sollten solche Reaktionen des Marktes aber möglichst mit einkalkuliert werden. Nun kann man jedoch schlecht bei Wettbewerbern anklopfen und fragen, was die denn wohl von den eigenen Gedanken zur Zukunft halten und wie man denn bitte gedenke, darauf zu antworten. Aber es gibt tatsächlich Wege, sich diesem Thema – auch nur basierend auf Ihren Kenntnissen über Ihre Wettbewerber – recht treffsicher nähern zu können. Das Mittel hierfür ist das *Business Wargame,* das Sie bei den Tools in Abschn. 5.4 kennen gelernt haben.

Das Gute an diesem Tool ist, dass es auf jeden geplanten strategischen Zug anwendbar ist und man nach meiner Erfahrung so recht zuverlässig mögliche Gegenzüge vorhersehen und einberechnen kann. Insofern gilt:

▶   Business Wargames sind als Tool für jede Art von Strategiecheck hervorragend geeignet – nicht nur für den Zukunftsprozess!

6.5   Zukunftsszenarien

Wer tut es? Die Workshop-Teilnehmer. Später arbeitet Ihr Zukunftsteam die ersten Szenarien präsentationsreif aus.

Was geschieht? Erst, wenn alle die vorherigen Schritte getan sind, geht es ans Eingemachte – an die Zukunft. Da ich auch diesen Arbeitsschritt bei den Tools in Abschn. 5.3 beschrieben habe, beschränken wir uns hier auf ein wenig Philosophie – oder Science-Fiction – ganz wie Sie wollen.

Wer schon mal entsprechende Bücher mit den Was-wäre-wenn-Geschichten gelesen oder Verfilmungen gesehen hat, ist mit dem philosophischen Ansatz der unendlichen Möglichkeiten sicher vertraut: In jedem Moment treffen wir Entscheidungen, die auch anders hätten ausfallen können: links oder rechts, kaufen oder nicht kaufen, reden oder schweigen. Und mit jeder Entscheidung haben wir uns, ohne das zu wissen, auf eine Vielzahl von Konsequenzen festgelegt, die man, wenn überhaupt, meist erst rückblickend in der vollen Tragweite erkennt.

Das ist, wenn Sie so wollen, der philosophische Hintergrund zum Ereignistrichter, über den wir schon sprachen. Und da eben dieser Trichter auch dafür verantwortlich ist, dass jeder Versuch, *die eine* Zukunft sicher vorherzusagen, schon im Ansatz zum Scheitern verurteilt ist, versuchen wir es gar nicht erst, sondern bedienen uns eines Tricks. Wir erstellen nämlich eine ganze Reihe von Vorhersagen und beschreiben so eine ganze Reihe von Zukünften – ein Plural, den der Duden übrigens als „selten" bezeichnet (Duden 2017).

Wählt und entwickelt man diese verschiedenen Optionen clever weiter, hat man am Ende so etwas wie Eckfahnen eines Fußballfelds bestimmt: Durch diese vier Fahnen wird ein Feld aufgespannt, in dem der Ball (=die Zukunft) sich während eines Spiels vermutlich befinden wird. Das ist gemeint mit dem „Framing" der Zukunft. Mehr zur konkreten Umsetzung … naja, Sie wissen schon (s. Abschn. 5.3).

▶ Geben Sie Kreativelementen wie der Szenariotechnik oder dem Business Wargame unbedingt genügend Raum in Ihrem Workshop. Kreativität lässt sich in solchen Workshops durch straffe Zeitpläne nicht erzwingen. Im Zweifel dauert Ihr Workshop eben länger als geplant…

6.6   Strategieentwicklung & Aktion

Wer tut es? Das Zukunftsmanagement-Team.

Was geschieht? Die eben beschriebenen zwei Prozessschritte (Business Wargame und Entwicklung von Zukunftsszenarien) finden in einem Zukunftsworkshop statt, der Ihre besten Fachleute je nach Aufgabenstellung etwa zwei bis drei Tage aus dem normalen Arbeitsprozess ziehen und nicht wenig belasten wird. Am Ende eines solchen Marathons steht meiner Erfahrung nach die kreative Erschöpfung des Teams. Die Kollegen sind, mit Verlaub, um 17 Uhr am dritten Tag einfach fertig. Wenn Sie also um 17 Uhr grobe Zukunftsszenarien in der Hand halten, haben Sie das Ziel des Workshops erreicht. Haben Sie sogar schon erste Strategieansätze, dann liegen Sie weit über dem Plan.

Ab jetzt sollten Sie die weiteren Aufgaben einem kleinen, internen Team übergeben, das basierend auf den Ergebnissen des Workshops ein regelrechtes Strategiepapier entwickelt. Danach beginnt das Handeln – die eigentliche Aktion. Denn handeln sollten Sie. Sie haben im Laufe des Prozesses viel über die mögliche Zukunft erfahren, haben vermutlich zwischen drei und fünf Szenarien vorliegen und müssen nun diesen Weg auch gehen. Das muss nicht zwangsläufig heißen, dass Sie am Tag nach dem Workshop das große Investment in eine Neuausrichtung Ihrer Forschung vornehmen, nur weil ein Zukunftsszenarium sagt, dass Sie in zehn Jahren mit dem aktuellen Wissen nichts mehr bewegen können. Aber Sie sollten anfangen, proaktiv Ihre Fühler auszustrecken:

a) Gibt es Anzeichen, dass einer Ihrer existierenden Wettbewerber schon eine ähnliche Ausrichtung erkennen lässt?
b) Hat jemand aus Ihrer Branche in letzter Zeit in Stellenanzeigen nach Forschern mit speziellen Fähigkeiten gesucht?
c) Gibt es Kooperationsvereinbarungen zwischen Hochschulen und Ihren Wettbewerbern?

Suchen Sie nach jeder Veränderung im Markt, die die entwickelten Szenarien stützen oder zu Fall bringen können – bestätigen Sie die Grundlagen Ihrer Strategie!

Selbst wenn Ihre Recherche heute noch nichts in diese Richtung ergibt, etablieren Sie eine regelmäßige Suchmethodik, damit Sie Veränderungen schnellstens wahrnehmen können: Lassen Sie sich von Google und deren programmierbaren Suchagenten regelmäßig über die wichtigsten Themen

informieren, buchen Sie interessante Newsletter oder kostenpflichtige Presseclips –
bleiben Sie am Ball. Denken Sie an den Erfolg von Casio! Und wichtig:

▶   Setzen Sie diesen Punkt ganz oben auf die Rechercheliste, wenn Sie
    den Prozess im nächsten Jahr wiederholen!

Literatur

Impulse (2017) Impulse kompakt: Innovation. https://shop.impulse.de/impulse-kompakt-
    nr-5.html. Zugegriffen: 20. Mai 2020
Der Duden (2017) https://www.duden.de/rechtschreibung/Zukunft. Zugegriffen: 20. Mai
    2020

Der Zukunftsworkshop

7

Zusammenfassung

In diesem Kapitel sehen wir uns an, wie es gelingt, die unterschiedlichen Erkenntnisse und Werkzeuge zu einem runden Workshop-Konzept zusammenzubauen. Nicht jeder Markt benötigt immer alle vorgeschlagenen Tools. Anpassungen auf Ihre Situation sind dabei nicht nur erlaubt, sondern notwendig. Bedenken Sie aber, dass Sie den Prozess, der zu Ihrer Zukunftsstrategie führen soll, immer als Ganzes planen sollten – vermeiden Sie „Cherrypicking"! Zukunftsstrategien zu entwickeln, ohne beispielsweise vorab Szenarien definiert zu haben, für die diese Strategien gelten sollen, macht ebenso wenig Sinn wie z. B. Märkte zu bewerten, ohne vorab recherchiert zu haben.

Im ganzen Prozess rund um die Entwicklung guter Zukunftsstrategien stellt der Workshop eine Art emotionales Highlight dar. Hier ergeben sich kreative Ansätze und hoffentlich Hinweise auf Lösungen. Und: Ein guter Workshop motiviert. Weil der Workshop so zentral ist, gehe ich auf dieses Tool ausführlich ein und habe ihm sogar ein eigenes Kapitel gewidmet.

Ich habe Unternehmen angetroffen, bei deren Mitarbeitern der Begriff *Workshop* reflexartig das Bild von 20 Menschen hervorgerufen hat, die bei Kaffee und Keksen mit aufgeschlagenen Laptops an einem Tisch sitzen und hochkonzentriert die Ergebnisse verschiedener Excel-Listen miteinander vergleichen. Bitte nicht! Workshops im Zukunftsprozess müssen zunächst einmal eines erreichen: Sie müssen Kreativität fördern und diese mit dem Fachwissen des Unternehmens zu innovativen Ansätzen verbinden. Die folgende Anleitung soll Ihnen einen Überblick geben, wie man einen solchen Workshop vorbereitet und aufbaut.

© Springer Fachmedien Wiesbaden GmbH, ein Teil von Springer Nature 2020   179
H. Hilbig, *Zukunftsmanagement für den Mittelstand*,
https://doi.org/10.1007/978-3-658-31246-6_7

Anhand eines halbfiktiven Beispiels, das eine Mischung verschiedener realer Cases ist, schauen wir auf die Schritte, die Sie gehen können, um zu ersten Zukunftsszenarien und einem Strategieansatz zu kommen. Was ich mir und Ihnen dabei erspare, ist die Detailbeschreibung klassischer Workshop-Techniken – ich gehe davon aus, dass Sie, wenn Sie sich diesem Thema stellen wollen, Erfahrungen als Moderator eines Workshops haben. Zudem gibt es zu solchen Techniken zahlreiche Bücher und Autoren – und natürlich entsprechende Workshops! Sofern Sie keine einschlägige Erfahrung mitbringen, sollten Sie sich jedoch von einem geübten Moderator unterstützen lassen: Mit normalerweise zwei, höchstens drei Tagen Dauer ist dieser Workshop kein ganz einfaches Projekt.

Beginnen wir nun mit einem Blick auf die Struktur und das Timing (Abb. 7.1).

Die beiden wichtigsten Elemente Ihres Workshops sind das Wargame und die Entwicklung der Zukunftsszenarien. Die Beschreibung dieser beiden Tools finden Sie in Abschn. 4.5.4 Hinzu kommen noch eine vorbereitende Recherche vor sowie die Auswertung nach dem Workshop. Der wichtigste, weil erste Schritt ist jedoch die Vorabinforationen Ihres Auftraggebers.

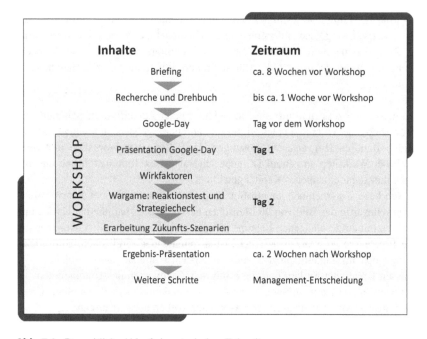

Abb. 7.1 Der zeitliche Ablauf eines typischen Zukunftsprozesses

7.1 Das Briefing

Am Anfang jeder Maßnahme steht wie immer das Briefing. Das wird eine leichte Aufgabe für Sie, wenn es jemanden gibt, der für diesen Prozess Sponsor oder Auftraggeber in Ihrem Unternehmen ist: Fragen Sie ihn einfach! Komplexer wird es, wenn Sie selbst die Idee hatten und diese jetzt auch noch selbst umsetzen müssen. In diesem Fall rate ich unbedingt zu einem Ko-Moderator, der alle Ihre Schritte kritisch hinterfragen muss. Nichts ist so gefährlich, wie Auftraggeber und Moderator gleichzeitig zu sein, denn dann arbeiten Sie unterbewusst während der Vorbereitung und der Durchführung immer schon auf das Ziel hin. Sie erinnern sich an die Mustererkennung? Die beginnt auch hier zu wirken. Sie laufen damit Gefahr, zum Beispiel bei der folgenden Recherche die Relevanz von Informationen schon bei der Auswahl zu beurteilen und den Workshop damit einseitig zu steuern. Abgesehen davon, dass Sie so die Bandbreite möglicher Erkenntnisse Ihres Workshops einschränken und ungeahnte Optionen verschenken, kann es Ihnen passieren, dass Workshop-Teilnehmer diese unbewusste Steuerung wahrnehmen und ungnädig mit ihrem Moderator werden, weil sie sich benutzt fühlen. Und bitte glauben Sie mir, nichts möchten Sie weniger, als mitten im Workshop so eine Diskussion zu führen. Deshalb mein persönlicher Rat: Bereiten Sie diesen Prozess am besten zu zweit vor und prüfen Sie sich und das Vorgehen immer wieder auf Neutralität.

Kommen wir nun also zum Briefing. Die folgenden Fragen sollten Sie also idealerweise Ihrem Auftraggeber stellen:

Fragen an den Auftraggeber des Workshops
1. **Welche Marktsituation haben Sie: Nachfrage- oder Angebotsmarkt?**
   Über die Bedeutung dieser Frage haben wir in Abschn. 4.5.9 schon ausführlich gesprochen.
2. **Welche Veränderungsbedingungen sollen zwingend geprüft werden?**
   Nach über 100 Seiten Beschäftigung mit Zukunftsmanagement ist Ihnen inzwischen sicher bewusst, dass der Zukunftsworkshop keinesfalls eine pauschale Antwort auf die generische Frage „Was soll ich tun?" geben kann (für die anderen kommt die Erkenntnis dann jetzt). Wir brauchen eine oder mehrere Anfangsannahmen – die Urveränderungen des Marktgleichgewichts sozusagen. Im Falle der strategischen Überprüfung

innerhalb eines Angebotsmarktes ist die Sache einfach: Sie müssen diese neue Strategie bzw. das neue Produktkonzept kennen. Im Fall des Nachfragemarktes müssen Sie wenigstens eine sich veränderte Rahmenbedingung definieren. Das könnten sein:

- Für ein Unternehmen der Medienwirtschaft: Welche Auswirkungen hat die medienübergreifende Informationsbeschaffung der Menschen für Tageszeitungen?
- Für Automobilhersteller: Welchen Einfluss haben die batteriegetriebenen Fahrzeuge, selbstfahrende Automobile oder Carsharing auf das Geschäftsmodell Kfz?
- Für Anbieter von Fototechnik: Wie verändert sich das Angebot für Fotografie im Allgemeinen, wenn Smartphones irgendwann einmal selbst durch eine neue Technologie ersetzt werden?

Natürlich können Sie für einen Workshop auch mehrere oder komplexere Rahmenbedingungen definieren. Wenn Sie sogar schon höchstwahrscheinlich eintretende Szenarien kennen – siehe Automobil-Beispiel zuvor – sollten Sie diese unbedingt alle berücksichtigen.

3. Für welchen Zeitrahmen soll der Workshop arbeiten?

Denken Sie unbedingt an den Ereignistrichter: Je mehr Rahmenbedingungen Sie betrachten, desto größer wird die Schwankungsbreite möglicher Ergebnisse. Und je weiter Sie in die Zukunft schauen, desto mehr öffnet sich der Trichter ebenfalls. Wenn Sie also zehn Rahmenbedingungen prüfen und ebenso viele Jahre in die Zukunft schauen wollen, werden Ihre Workshop-Teilnehmer sich zwar köstlich amüsieren, das Ganze im Laufe des Prozesses aber als Science-Fiction abtun. Bleiben Sie deshalb unbedingt realistisch und modellieren Sie für Ihren ersten Workshop keine Szenarien, die mehr als fünf Jahre umspannen.

4. Haben Sie jetzt alle Fakten?

Es mag ein wenig merkwürdig klingen, diese Frage in einem Briefing zu stellen – tun Sie es trotzdem! Zukunftsworkshops können auf viele Arten scheitern – auch daran, dass über die relevanten Punkte nicht gesprochen wurde. Solche fehlenden Informationen kommen natürlich dadurch zustande, dass man nicht fragt – deshalb dieser Punkt auf der Liste –, aber eben auch gerne, weil einzelne Teile des Unternehmens darüber (noch) nicht sprechen möchten.

Lassen Sie uns mal ein wenig fantasieren: Sie planen einen Zukunftsworkshop, weil Ihr Unternehmen den Antrieb für ein fliegendes Auto in Vorbereitung hat? Toll, was für schöne Szenarien lassen sich da erdenken! Aber leider durfte die Information noch nicht weitergegeben werden, dass die Techniker nur von Flughöhen bis 10 cm über Grund sowie Geschwindigkeiten bis 150 km/h sprechen. Statt eines wirklich fliegenden Autos reden wir also über ein Fahrzeug, das die Straßen eher entlang schwebt, statt auf Autoreifen zu rollen – der strategische Produktvorteil reduziert sich durch diese Beschränkungen in Geschwindigkeit und Flughöhe auf ein Minimum. Sie sehen, Ihr Workshop wäre völlig unsinnig ohne diese entscheidende Information. Sie hätten völlig andere Szenarien erdacht und bewertet als die, die sich aus dem tatsächlich geplanten Fahrzeug ergeben.

Wenn Sie die Sache mit dem fliegenden Auto weglassen – der Rest ist leider allzu häufig Realität: Sensationelle Produkte, die die Zukunft des Unternehmens verändern können, haben genau bei dem entscheidenden neuen Feature eine Limitierung oder benötigen eine Software/App, die nur auf einer Plattform läuft (wahlweise Windows/Mac/Android/iPhone). Oder, sogar besonders häufig: Sie sollen ein wirklich revolutionäres Produkt zum Leben bringen, aber Ihr Zukunftsplan scheitert, weil Produktionskapazitäten von Anfang an viel zu klein ausgelegt sind und man das – unglücklicherweise – auch nicht ändern kann. Deshalb stellen Sie unbedingt sicher, dass Sie alle Informationen für Ihren Workshop haben – und dass es keine blinden Flecken gibt, über die man in Ihrem Unternehmen nicht reden mag oder reden darf. Wenn Sie zu Anfang fehlerhaft oder unvollständig briefen, werden Sie am Ende keine sinnvolle Zukunftsstrategie entwickeln können.

7.2 Die Vorab-Recherche und das Ei der Oetkers

Gleich geschafft! Bevor es an den Workshop selbst geht, müssen Sie als Organisator nur noch einen Schritt machen: Es gilt, die Zukunftsszenarien vorab zu recherchieren. Versetzen Sie sich dafür in die Situation eines Workshop-Teilnehmers, der von Ihnen die Aufgabe erhält, die Zukunftsszenarien zu erarbeiten, und stellen Sie sich drei Fragen, die Sie auch im Workshop stellen werden:

- Welche Faktoren sind für die Entwicklung Ihrer Branche ausschlaggebend – welche haben den größten Einfluss auf die Gestaltung Ihrer Unternehmenszukunft?
- Welche Informationen über diese relevanten Faktoren könnten wichtig sein?
- Wo kann man solche Fakten finden?

Es geht bei diesem Schritt primär darum, die Arbeit der Teilnehmer so effizient wie möglich zu machen, ohne dabei jedoch Ergebnisse zu beeinflussen oder vorwegzunehmen.

Wenn Sie sich die drei Fragen also erarbeiten, achten Sie unbedingt drauf, neutral zu bleiben. Auch aus Ihrer Sicht wenig wahrscheinliche oder gar „falsche" Ansätze sollten Sie unbedingt verfolgen und recherchieren, denn es wäre ja möglich, dass der Workshop völlig ungeahnte Ergebnisse bringt, die „falsch" oder „wenig wahrscheinlich" plötzlich in einem anderen Licht – und damit sogar sehr sinnvoll erscheinen lassen. Ziel dieser Übung ist es, dass Sie möglichst zu jedem Einflussfaktor eine Liste von Quellen finden, die die Teilnehmer für die Bewertung der Szenarien nutzen können. Die Ergebnisse stellen Sie so zusammen, dass Sie zu jedem Einflussfaktor ein separates Dokument mit den möglichen Quellen anlegen.

▶   **Wichtig** Lassen Sie noch Platz für das „Ei": Über die Backmischungen von Dr. Oetker wird immer gerne kolportiert, dass man die Akzeptanz dieser Fertigmischungen dadurch erhöhen konnte, dass der Nutzer (im Original heißt es politisch noch unkorrekt: Hausfrau!) noch ein Ei hinzugeben musste. Durch diesen kleinen „eigenen" Beitrag hätten die Verbraucher das Gefühl bekommen, den Kuchen selbst gebacken zu haben.

Geben Sie deshalb Ihren Workshop-Teilnehmern nur Rechercheansätze – und damit die Möglichkeit, Details selbst zu recherchieren. Wenn Sie beispielsweise als Einflussfaktor der Automobilbranche den Kfz-Bestand in Deutschland identifiziert hätten, wird Ihre Recherche Sie auf die Seite des Kraftfahrt-Bundesamtes führen, die Sie den Teilnehmern direkt als Quelle anbieten könnten. Da diese Seite aber recht weit oben bei Google erscheint, sobald Sie als Suchbegriff „Kfz-Bestand" eingeben, wäre es besser, nur den Link zu dieser Google-Suche anzugeben. In diesem trivialen Beispiel – nicht jeder Faktor lässt sich so leicht recherchieren – wäre es sogar möglich, überhaupt nichts anzugeben, denn der Suchbegriff „Kfz-Bestand Deutschland" liegt so auf der Hand, dass Ihre Teilnehmer ihn ohnehin als erstes eingeben werden.

Aber (irgendwie gibt es ja überall ein gefühltes „aber"!): Unterschätzen Sie diese Vorrecherche bitte nicht und widmen Sie ihr volle Aufmerksamkeit. Bei vielen Einflussfaktoren für Zukunftsszenarien gibt es nur wenig frei zugängliches Datenmaterial, gerne auch sehr versteckt, sodass man ein paarmal um die Ecke denken muss, bevor man es findet. Unter dem Zeitdruck des Workshops kann es daher passieren, dass Teams solche Informationen nicht finden und dann zu falschen Schlüssen kommen – oder sogar frustriert aus dieser Arbeit herauskommen.

Sie helfen mit dieser Vorbereitung also nicht nur den Teilnehmern, sondern stellen zudem sicher, dass der Workshop sowohl vom Ergebnis als auch dem Erlebniswert ein Erfolg wird.

7.3   Der Workshop

Auf den folgenden Seiten gehen wir gemeinsam einen Workshop durch, wie er stattfinden würde bzw. ähnlich auch stattgefunden hat. Verstehen Sie auch diese Aufstellung nur als Hinweis, nicht als festes Drehbuch: Die Zeiten, die Inhalte und die Abläufe können sich naturgemäß verändern und sogar völlig anders aussehen, als hier beschrieben – abhängig von den Umständen, die Sie entwickeln möchten.

Wenn Sie einen Google-Tag einführen wollen, wäre der Vormittag des ersten Tages der ideale Zeitpunkt, um die Ergebnisse präsentieren zu lassen. Die Teilnehmer werden so in eine „kreative Grundstimmung" versetzt.

Google-Day
Inhalt Ergebnisse des Google-Days

Methode Einzelpräsentationen mit Feedback-Runden

Dauer ca. drei Stunden inkl. Kaffeepause

Ablauf Nach einer Vorstellungsrunde und den üblichen Erläuterungen zur Arbeitsweise des Workshops präsentieren alle Teilnehmer die Ergebnisse des Google-Days. Die Ergebnisse werden über Moderationskarten oder Flipchart so dokumentiert, dass sie später ergänzt werden können.

Nach jeder einzelnen Präsentation gibt es eine kurze Feedback-Runde, in der zusätzliche Ideen, Zusammenhänge mit anderen Präsentationen oder sogar Verbindungen zu existierenden Projekten zusammengetragen werden. Auch diese Kommentare werden in den Ergebnissen dokumentiert. Am Ende aller Präsentationen werden durch das Plenum noch einmal alle Präsentationen gesichtet und – falls sinnvoll – ergänzt. Auch sollen die Teilnehmer bewerten, ob einzelne Ideen weiterverfolgt und dazu der Unternehmensführung vorgestellt werden sollen.

Jedoch ist wichtig, dass Sie nicht mit einer zu hohen Erwartung an diesen Teil des Workshops herangehen. Er soll primär der Einstimmung auf das kreative Arbeiten dienen, das wir für die kommenden Teile brauchen. Nützliche, weiterverwertbare Ergebnisse des Google-Days können sich ergeben – sind aber nicht das oberste Ziel!

Szenariotechnik
Inhalt Szenariotechnik – externe Einflussfaktoren

Methode Gruppenarbeit mit Mindmaps

Dauer ca. 45 min (Gesamtbedarf etwa 90 min)

Ablauf Jetzt geht es darum, für die Zukunftsszenarien die externen Einfluss-faktoren zu definieren. Dazu wird in Einzelgruppen – sofern das nicht durch das Briefing vorgegeben wurde – zunächst das Geschäftsmodell definiert, für welches die Szenarien entstehen sollen. Danach werden die externen Einflussfaktoren (Welche Faktoren haben Einfluss auf dieses Geschäftsmodell?) gesucht und in einer Mindmap notiert. Anschließend geschieht das Gleiche noch einmal mit den Folgefaktoren (Was verändert sich im Markt und für die Menschen, wenn sich unser Geschäftsmodell verändert?).

Für einen Anbieter im Kfz-Bereich könnten dies zum Beispiel sein:

a) Mögliche Geschäftsmodelle:
   – Bau und Verkauf von Automobilien
   – Produktion und Vertrieb von Kfz-Teilen
   – Services (Werkstatt/Pflege etc.) für Kfz
b) Externe Einflussfaktoren, die das Geschäftsmodell beeinflussen:
   – Ölvorräte, Kosten für Erdöl, Umweltdiskussion, Technologiefortschritte bei Batterien, Technologiefortschritte bei autonomen Fahrzeugen, Ver-änderungen der sozialen Bedeutung des Autos (Carsharing statt Kauf) etc.
c) Folgeeffekte, die durch das Geschäftsmodell beeinflusst werden: Aus-wirkungen auf
   – Versicherungsmarkt (weil autonome Fahrzeuge wesentlich sicherer fahren als Menschen)
   – Solar-Panels (weil durch batteriegetriebene Fahrzeuge der Strombedarf massiv steigt)
   – Immobilienmarkt (weil durch den Wechsel zum gemieteten Fahrzeug Millionen Standplätze für private Kfz nicht mehr benötigt werden und der Raum anders genutzt wird) etc.

Dies sind natürlich nur unvollständige Listen, die fallgemäß angepasst werden müssen. Dazu sollten bereits Abhängigkeiten solcher Faktoren dargestellt werden (zum Beispiel Ölpreis hängt von den verfügbaren Vorräten ab).

Die Ergebnisse werden gruppenweise im Forum präsentiert, diskutiert und vom Moderator zu einer Gesamtsicht zusammengeführt. Diese Sicht wird die Basis für die nächsten Schritte.

Wargame
Inhalt Wargame (Markt-Reaktionstest)

Methode Gruppenarbeit

Dauer ca. drei Stunden für zwei Iterationen

Ablauf Den Ablauf eines Wargames finden Sie ausführlich in Abschn. 4.5.4 beschrieben. An dieser Stelle könnte dieses Tool sinnvoll eingesetzt werden, wenn Ihr Unternehmen eine zu überprüfende Zukunftsstrategie hat oder sogar einen Strategiewechsel vornehmen will. Dann überprüfen Sie hier, ob diese Strategie unter Berücksichtigung der Einfluss- und Folgefaktoren in Ihrem Markt bestehen würde.

Eine Alternative besteht darin, erst die Zukunftsszenarien zu erarbeiten (nächster Schritt) und erst danach die aktuelle Strategie unter den zukünftigen Bedingungen zu überprüfen. Welchen Weg Sie gehen, bestimmt also Ihre aktuelle Situation.

Zukunftsszenarien
Inhalt: Szenario-Entwicklung

Methode Gruppenarbeit

Dauer ca. vier Stunden

Ablauf Jetzt kommen wir zu den Zukunftsszenarien. Hier wird es darum gehen, unabhängig vom eigenen Tun die denkbaren zukünftigen Entwicklungen, die Einfluss auf das Geschäftsfeld des Unternehmens haben, abzubilden. Ausgangspunkt sind die Ergebnisse des Wargames, bei dem wir praktisch die heutige Marktsituation unverändert in die Zukunft transferiert hatten. Alles in unserem Markt blieb wie es war – Veränderungen sollten nur durch Veränderungen des Handelns der Marktteilnehmer geschehen. Das war sozusagen die Nulllinie, und im

Wargame haben wir eine Möglichkeit gefunden, die Veränderungen der Marktteilnehmer in einem solchen Markt einzuschätzen. So ein Szenario, bei dem man davon ausgeht, dass sich alles nur in dem Maße verändert, wie es sich auch bisher verändert hat, nennt man auch das Trend-Szenario.

Was aber, wenn sich der Markt durch äußere Einflüsse verändern wird? Plattenspieler, Postkutschen, Schreibmaschinen und Faxgeräte sind gute Beispiele dafür. Diese Produkte anzubieten ist kein sinnvolles Geschäftsfeld mehr, weil sich deren Märkte durch externe Faktoren verändert haben. Im folgenden Prozess wird es darum gehen, solche für die Zukunft denkbaren Veränderungen abzuschätzen. Dass ich dabei nicht mehr auf das Handeln der Wettbewerber eingehe, hat nur etwas mit dem Komplexitätsgrad der Überlegungen zu tun: Wollten Sie zum Beispiel vier externe Faktoren mit drei Ausprägungen (schwächt sich ab, bleibt gleich, verstärkt sich) durchspielen, haben Sie schon theoretisch $3^4 = 81$ Szenarien. Jedes minimale Handeln eines Marktteilnehmers (*tut nichts* oder *verändert etwas*) verdoppelt diese Optionen mindestens. Bei drei Wettbewerbern sind wir dann schon bei 648 Szenarien … na ja, und so weiter. Das war der Ereignistrichter, von dem wir schon sprachen. Sie erinnern sich?

In den Workshops, die wir durchführen, versuchen wir deshalb, auf etwa drei bis maximal fünf Ausgangssets zur Entwicklung von Zukunftsszenarien zu kommen, wobei wir die Reaktionen der Marktteilnehmer außer Acht lassen. Es hat sich in der Praxis bewährt, diese erst bei der realen Planung in die entwickelten Zukunftsszenarien einzuarbeiten. Wenn man als VW also zum Beispiel im Wargame die Reaktionen von Opel und Nissan und deren treibenden Faktoren erkannt hat, kann man diese auch leicht auf das Zukunftsszenario „Es gibt keine Kfz mit Verbrennungsmotor mehr" oder „Die Hauptnutzung sind Carsharing-Angebote" einzufädeln.

Außerdem, ganz pragmatisch: Ein Workshop muss Spaß machen, wenn er erfolgreich sein soll. Abwechslungsreiche Workshops kann man so bis maximal drei Tage betreiben – danach werden sie langweilig und anstrengend. Also verschieben wir die Feinplanung der Szenarien doch auf die Zeit danach und in den Aufgabenbereich der Strategen …

Nehmen Sie alle von den Teilnehmern erarbeiteten Einflussfaktoren und überlegen Sie sich, wie diese Faktoren sich verändern könnten. Dies sind die „Ausprägungen". Wenn Sie nun die Einflussfaktoren in den jeweiligen Ausprägungen sinnvoll miteinander kombinieren, haben Sie so ein Set von Annahmen als Ausgangspunkt für Ihr Szenario-Spiel erstellt. Wie so etwas ganz konkret aussehen könnte, sehen wir uns gleich am Beispiel des Kfz-Marktes etwas detaillierter an.

Wählen Sie nun mit den Teilnehmern gemeinsam die „wichtigsten" Sets von sinnvollen Annahmen, maximal jedoch so viele, wie Sie Teams bilden können.

Beauftragen Sie jeweils ein Team mit der Bearbeitung eines Sets. Die Aufgabe lautet:

Aufgabenstellung
Was wird sich für uns und unser Geschäftsmodell verändern, wenn Sie folgende Veränderungen annehmen:
„Hier kommt das Set, das diese Gruppe bearbeiten soll."
Bitte entwickeln Sie diese Annahmen fünf Jahre in die Zukunft fort. Gehen Sie streng logisch vor, limitieren Sie sich aber nicht durch die Betrachtung von Wahrscheinlichkeiten. Auch unwahrscheinliche Ergebnisse sollten Sie berücksichtigen, solange sie sich streng logisch aus diesen Annahmen ableiten lassen.
Bedenken Sie auch indirekte Ableitungen: So könnte zum Beispiel eine auch nur temporär begrenzte radikale Verknappung von Erdöl andere Entwicklungen fördern, die Einfluss auf das Geschäftsmodell „Kfz-Herstellung" haben, weil die Notwendigkeit zur Entwicklung von alternativen Beförderungsmöglichkeiten drastisch ansteigt.

Lassen Sie die Teams frei und offen an diesen Themen arbeiten. Wenn die Energie noch da ist, schieben Sie sogar eine Iteration ein, indem Sie die Teams Zwischenergebnisse kurz präsentieren und sich Feedback und Anregungen geben lassen.

Nach dieser Übung lassen Sie die finalen Szenarien präsentieren und fassen die Erkenntnisse zusammen. Als Ergebnis haben Sie am Ende eine Reihe von Szenarien, die Ihren Geschäftsbereich und das Geschäftsmodell betreffen und die Ihnen den erwähnten Rahmen aufzeigen, in dem sich die für Ihr Geschäft relevante Zukunft bewegen könnte.

Wenn alles gut gelaufen ist, hätten Sie nun am Ende des Workshops:

- eine Einschätzung, wie Ihre aktuelle Strategie von anderen Marktteilnehmern und Wettbewerbern vermutlich eingeschätzt und beantwortet wird – möglicherweise haben Sie zudem kreative Ansätze für eine Anpassung Ihres ursprünglichen Strategieplans, falls sich das als erforderlich herausgestellt hat;
- insbesondere aber ein meist sehr plausibles Ergebnis des Reaktionstests;
- erste Ideen zu möglichen Szenarien, wie sich Ihr Markt in Zukunft entwickeln könnte;
- ein hoch motiviertes Team, das an diesen Themen arbeiten kann;
- und möglicherweise sogar ein paar weitere coole Ideen aus dem Google-Day.

Auch wenn ich aus guten Gründen den Konjunktiv bei der Beschreibung der Ergebnisse nutze – nicht jeder Workshop läuft gleich erfolgreich –, habe ich in der Vergangenheit gute Ergebnisse mit solchen Workshops erzielt, deren Voraussagen insbesondere hinsichtlich der Reaktionen der Wettbewerber für viele Jahre zutreffend waren.

Also: Was für ein erfolgreicher Workshop! Damit sind Sie nun allerbestens gerüstet, um die Zukunft Ihres Unternehmens zu planen. Denn das haben Sie natürlich nicht: einen konkreten, managementfähigen Plan mit Timings, Verantwortlichkeiten und Budgets dahinter. Dieser Schritt – aus einer tollen Rohmasse nun die fertige Torte zu machen – ist tatsächlich die Aufgabe der Mitarbeiter, denen Sie die strategische Planung in die Hand legen wollen oder schon gelegt haben. Der Workshop war das Kick-off für die Grundsteinlegung – eine Art kreativer Katalysator, an den sich nun harte planerische Arbeit anschließen muss. Nein – auch wenn ich am Anfang diesen Eindruck erweckt haben mag – geschenkt bekommen Sie die Zukunft nicht!

Und noch eine Abschlussbemerkung zum Thema Workshop: Halten Sie nun also die perfekte Blaupause für den Aufbau des Workshops für Ihr Zukunftsmanagement in Händen? Nein, auf keinen Fall! Wenn Sie sich nämlich näher damit befassen, werden Sie schnell dahin kommen, dass einiges von dem, was ich hier beschrieben habe, für Sie nicht passt und dass Sie es ändern wollen. Nur zu! Ich glaube nicht, dass ich schon einmal zwei gleich ablaufende Workshops durchgeführt habe. Weshalb sollten Sie also damit anfangen?

Wichtige Fragen und Tipps zum Zukunftsworkshop

1. **Müssen Sie einen Google-Day einplanen?**
   Nicht unbedingt. Wenn aber kreatives Arbeiten nicht zu den Haupttätigkeiten in Ihrem Unternehmen gehört, dann ist das ganz sicher ein sinnvoller Beginn.

2. **Ist das Wargame in dem beschriebenen Umfang erforderlich?**
   Wenn ich den Workshop für den Geschäftsbereich Suchmaschinen bei Google konzipieren müsste (verzeihen Sie mir meine großen Ambitionen!), würde der sicher anders aussehen, weil es einfach keine echten Wettbewerber gibt, in deren Schuhen man gehen sollte. Das Wargame macht aber auf jeden Fall Spaß, wenn die Teams anfangen, „gegeneinander" anzutreten. Und damit ist so etwas definitiv ein gutes Tool für den Workshop.

3. Müssen Sie Zukunftsszenarien so kurz oder so lang einplanen?

Natürlich ist auch das von Ihrer Aufgabenstellung abhängig. Je kurzfristiger der Zeitraum ist, für den Sie Ihre Strategie planen oder eine schon geplante Strategie überprüfen wollen, desto weniger lohnen sich Zukunftsszenarien. Zeitlich ausgeweitete Wargames ergeben dann möglicherweise bessere Ergebnisse.

4. Lohnt es sich, quantitativ an die Zukunftsszenarien heranzugehen?

Ja, mit den bereits erwähnten Einschränkungen schon. Auf keinen Fall – wie schon beschrieben – sollte Sie versuchen, das im Workshop zu machen. Aber nichts spricht dagegen, Ihr Strategieteam im nachfolgenden Prozess auch in Zahlen denken zu lassen. Aber: Stoppen Sie sie, wenn sie anfangen, pseudowissenschaftlich genau zu werden. Eine Zahl, die sich nicht logisch begründen lässt, hat in Ihrem Szenario nichts zu suchen!

Sie sehen: Sie haben die freie Wahl. Nutzen Sie sie!

Damit Ihnen so etwas nie wieder passiert: Kreatives Krisenmanagement für die Zeit nach Corona

8

Zusammenfassung

Krisenmanagement kann man entweder als Kommunikationsthema oder als Aktionsplan im Falle einer Krise verstehen. In diesem Kapitel stelle ich Ihnen eine dritte Variante vor: Sie können sich mithilfe der bereits vorgestellten Tools kreativ auf potenzielle Krisen vorbereiten, denn Krisen – auch völlig unerwartete Pandemien – sind nichts anderes als eine spezielle Form der Zukunft, auf die man sich mit gutem Zukunftsmanagement vorbereiten kann.

Wer die eigene Unternehmenszukunft mithilfe der bisher beschriebenen Techniken vorbereitet, hat bereits alle Werkzeuge in der Hand, um auch das Krisenmanagement mit überschaubarem Aufwand zu professionalisieren. Dabei geht es weniger um die üblichen Teilaspekte einer Krisenbewältigung wie Krisenkommunikation, Qualitätsmanagement oder der Krisenprävention. Stattdessen wird ein ganzheitliches Konzept vorgestellt, mit dem Sie sich auf Krisen vorbereiten und diesen im Ernstfall auch begegnen können. Das Besondere dabei ist, dass Sie alle bisher erarbeiteten Prinzipien, insbesondere die zehn Schritte des erfolgreichen Zukunftsmanagements, direkt einsetzen können.

In der ersten Auflage dieses Buches hatte ich darauf hingewiesen, wie ähnlich sich gutes Krisenmanagement und Zukunftsmanagement eigentlich sind. Doch Corona hat alles verändert, auch dieses Buch – und besonders dieses Kapitel. Wer als Unternehmensführer jetzt noch glaubt, sich auf Krisen nicht vorbereiten zu müssen, hat offenbar aus Corona nichts gelernt! Hätten die Regierungen der Welt Krankenhausbetten und Schutzkleidung vorhalten können? Selbstverständlich! Hätten Unternehmer sich einmal die Frage stellen können, wie man den Totalausfall eines Unternehmens für einen oder zwei Monate überstehen kann? Aber sicher! Aber in beiden Fällen sind die Überlegungen dazu unangenehm und manchmal

H. Hilbig, *Zukunftsmanagement für den Mittelstand*,
https://doi.org/10.1007/978-3-658-31246-6_8

schmerzhaft: Was kosten hervorragende Krankenhäuser und eingelagerte Über-
schüsse an Medikamenten, Geräten und Schutzkleidung, die man mit großer
Wahrscheinlichkeit (!) niemals nutzen wird? Was kostet es, die Gewinne im Unternehmen als Eigenkapitalquote zu belassen, statt Shareholdern einen maximalen
Gewinn zu sichern? Wie teuer bezahlt man für Lieferketten, die nicht auf den
billigsten Lieferanten setzen? Lieferketten, deren Erfolg auf winzigen eigenen
Lägern und auf Just-in-time Lieferungen der Vorlieferanten beruht … Das Problem
mit solchen „vergeblichen Investitionen" in Sicherheit ist, dass im Nachhinein jeder
Kritiker als Besserwisser erklären kann, dass dieses Geld völlig unnütz ausgegeben
und daher verloren ist. Während Krisenmanager, die gut handeln, ehrfürchtig
bestaunt werden, werden Politikern und Managern die Orden für gute Vorsorge ver-
wehrt: Die Folge guter Vorsorge ist ja eben, dass nichts passiert!

Politiker, Unternehmer, CEOs und Shareholder werden lernen müssen, sich
diesen Abwägungen zu stellen und dabei Wahrscheinlichkeiten zu berücksichtigen – auch wenn sie ziemlich unwahrscheinlich sind. Corona hat gezeigt,
dass eine noch so niedrige Wahrscheinlichkeit eben nicht „null" ist. Aber um
diese Abwägungen durchführen zu können, benötigt man Szenarien darüber, was
theoretisch passieren könnte. Ja, genau – Szenarien, wie Sie sie in diesem Buch
für die Zukunftsvorbereitung kennengelernt haben!

> **Aber Achtung** Unter dem Titel „Krisenmanagement" gibt es eine
> große Zahl an Managementliteratur, die sich auf sehr unterschied-
> liche Art mit der Frage befasst, wie man mit Krisen umgehen kann.
> Wenn man genau hinsieht, befassen sich viele der Werke jedoch nur
> mit Teilaspekten des Themas wie zum Beispiel *Krisenkommunikation,
> Krisenprävention* oder *Qualitätsmanagement*. Wer aber schon mal
> eine echte Unternehmenskrise erlebt hat und sie möglicherweise
> selbst meistern musste, weiß, dass es mit der Beachtung solcher Teil-
> aspekte nicht getan ist.

Bei einer echten Krise geht es darum, dass

- die Krise möglich frühzeitig erkannt wird,
- viele Bereiche gut vorbereitet sind und zügig am gleichen Strang ziehen,
- Kommunikation, Abwehrmaßnahmen und Lösungen parallel erarbeitet und
  aufeinander abgestimmt durchgeführt werden.

Das Spannende ist nun, dass man sich auf die Entstehung einer Krise ebenso vorbereiten kann, wie wir es bis hierher für Zukunftsszenarien diskutiert haben, denn

- eine Krise ist per se ein unerwartetes, zukünftiges Ereignis, welches
- sich rückwirkend betrachtet eigentlich immer als logische Konsequenz des eigenen wirtschaftlichen Handels ableiten lässt und
- auf das man sich über eine Reihe gut geplanter Szenarien weitestgehend vorbereiten kann.

Unerwartet – logische Konsequenz des eigenen Handelns – Szenarien: Wenn Ihnen das mal nicht bekannt vorkommt! Und damit lassen sich alle bis hierher diskutierten Mechanismen zur Zukunftsplanung auch analog auf das Krisenmanagement anwenden. Lassen Sie uns kurz einmal die Eigenschaften für ein erfolgreiches Zukunftsmanagement aus Abschn. 3.4 durchgehen und sehen, wie diese sich auf Krisen adaptieren lassen.

8.1 Resilienz: Veränderungsbereit bleiben

Eine der wichtigsten Eigenschaften auch im Krisenmanagement ist es, offen zu sein für potenzielle Krisen. Kaum eine Behauptung hört man bei Kongressen häufiger als: „Uns wird es nicht treffen. Uns ist ja noch nie was passiert." Oder auch: „Wir brauchen so eine Vorbereitung nicht. Wenn eine Krise kommt, kann ich (können wir) ja ganz schnell entscheiden, was wir tun." Sprechen Sie mal mit Kollegen, die schon durch eine echte Krise durch mussten, ob sie diese beiden Thesen unterschreiben würden. Ich frage deshalb immer gerne zurück, ob man sich denn im Flugzeug anschnallen würde, und falls ja, weshalb. Reicht es da nicht, sich anzuschnallen, wenn man in eine Turbulenz kommt? Sind Sie, seit das Virus uns alle in den Griff genommen hat, von solchen Positionen abgerückt?

Krisen sind zugegebenermaßen selten und damit unwahrscheinlich – Pandemien sogar noch seltener – aber wenn sie eintreten, dann mit enormen Folgeschäden. Wie groß war Ihre Einbuße im Geschäftsjahr 2020? Wenn Sie sich also beim nächsten Mal in einem Flugzeug anschnallen, nehmen Sie sich doch eine Minute, um darüber nachzudenken, ob Sie nicht auch Ihr Unternehmen durch ein Krisenmanagement-Konzept absichern sollten.

8.2 In Prozessen denken

Wenn eine Krise schon vor der Tür steht, haben Sie wenig Zeit, sich um geplante Abläufe zu kümmern. Das beginnt schon mit einer Alarmkette, die auch mitten in der Nacht am 25. Dezember funktionieren sollte. Genau an so einem Tag im

Jahr 2004 begann mit dem Seebeben, bei dem wir alle das Wort Tsunami gelernt haben, eine der größten Katastrophen für die Menschen in Asien. Und für den Tourismus vor Ort.

Eines der am besten vorbereiteten Unternehmen war die TUI, die schon am 26. Dezember ein internationales Krisenmanagement-Team zusammengestellt hatte und durch vordefinierte Abläufe am schnellsten und effektivsten den betroffenen Reisegästen helfen konnte. Krisen sind keineswegs alle gleich, können aber meistens nach gewissen Schemata bearbeitet werden. Diese Prozesse muss man aber genauso wie im Zukunftsmanagement etabliert haben, will man nicht von der Krise im Nachthemd überrascht werden. Fragen Sie sich einmal selbst, ob Ihr Unternehmen überhaupt eine Gruppe Entscheider überraschend und unangekündigt am frühen Morgen eines 26. Dezember (!) zusammentrommeln könnte.

8.3   Mitarbeiter sensibilisieren

Wie beim Zukunftsthema sind Sie auch bei der Früherkennung möglicher Krisen darauf angewiesen, dass Sie die Signale, die eine Krise ankündigen, überhaupt wahrnehmen können. Sind Ihre Mitarbeiter mit im Boot? Wissen diese um das Thema Krisenmanagement und haben Sie für eine Alarmkette einen für jeden erreichbaren und bekannten Meldepunkt eingerichtet, dann können Ihre vorbereiteten Prozesse greifen. Stellen Sie sich aber mal vor, Ihr Mitarbeiter am Empfang weiß nicht, was er mit den 20 Polizisten anfangen soll, die morgens um 6:00 Uhr mit einem Durchsuchungsbeschluss wedeln und sich ohne langes Fragen zur Demontage Ihres zentralen Firmenservers aufmachen. Mit einem Hausdurchsuchungsbeschluss fragt die Staatsmacht nicht lange, ob Sie eine komplette Datenkopie zur Verfügung stellen könnten.

8.4   Ganzheitlich arbeiten – Krisen sind kein Thema für eine Abteilung

Bei der Identifikation wie auch bei der Bekämpfung einer Krise ist es erforderlich, dass Sachverstand aus allen Bereichen herangezogen wird. Auch wenn Sie zum Beispiel „nur" eine Produktkrise erwarten, wozu Sie den Sachverstand und die Kreativität des Produktmanagements benötigen, müssen Sie mit Ihren Investoren, Ihren Kunden und der Presse sprechen und dabei für jeden Stakeholder die richtige, glaub- und vertrauenswürdige Nachricht aussenden. Und um mögliche Krisenszenarien erkennen zu können, brauchen Sie ebenfalls die Experten aus allen Funktionsbereichen!

8.5 Szenarien erarbeiten

Nichts macht die Ähnlichkeit der beiden Bereiche in der Vorgehensweise deutlicher als dieser Punkt. Wo Sie im Zukunftsmanagement mögliche Entwicklungen durch externe Einflüsse suchen und durchdeklinieren müssen, um dann eine Handlungsstrategie definieren zu können, geht es mit der gleichen Methodik beim Krisenmanagement darum, sowohl interne auch externe Faktoren zu bedenken, die zu Krisen führen könnten, und diese Fälle dann in der Szenariotechnik durchzuspielen.

Wie bei der Vorbereitung auf zukünftige Märkte müssen Sie stellvertretend für alle denkbaren Krisen eine Auswahl an typischen Krisen finden, für die Sie bei der Strategieentwicklung geeignete Gegenmaßnahmen entwickeln. So ernst dieses Thema ist – die Erarbeitung solcher Szenarien kann durchaus Spaß machen, da sich die Teilnehmer wirklich skurrile Fälle ausdenken müssen.

8.6 Den kleinen Abweichungen Aufmerksamkeit schenken

Wenn sich große Veränderungen im Bereich Zukunftsmanagement durch kleine Dinge ankündigen, die man nur wahrnehmen muss, dann gilt das erst recht für Krisenmanagement. Das Frühwarnmanagement, welches Sie für Ihre Strategieplanung brauchen, können Sie also identisch auch für die Früherkennung von Krisen mobilisieren!

8.7 Auf Randthemen achten

Krisen entstehen häufig aus Themen heraus, denen Sie im normalen Alltag nicht die größte Aufmerksamkeit widmen (können). Das ist völlig logisch, denn bei den Themen, die Sie im Fokus haben, nehmen Sie schließlich jede Veränderung sofort wahr und reagieren entsprechend. Anderseits können Sie gar nicht auf alles achten – kein Unternehmen hat solche Ressourcen – okay, Google Inc. vielleicht mal ausgenommen.

Was also tun? Die sinnvollste Möglichkeit ist es, potenzielle Krisenherde vorher zu identifizieren und Reaktionen darauf durchzuspielen (siehe Abschn. 7.1 Szenarien erarbeiten) und dann die denkbaren Kontaktpunkte einer Krise darauf regelmäßig zu sensibilisieren (siehe Abschn. 6.6 Mitarbeiter sensibilisieren).

8.8   Sich selbst prüfen

Der Schritt „Machen Sie sich selbst Konkurrenz" beinhaltet natürlich die (regelmäßige) Prüfung daraufhin, wo in Ihrem Geschäftsmodell Schwachstellen vorhanden sein könnten, um diese dann selbst anzugehen, bevor es ein Wettbewerber tut. Für das Krisenmanagement durchlaufen Sie den gleichen Prozess der Prüfung – und handeln, wenn Sie Schwachstellen erkennen, selbst, bevor die Krise ausgelöst wird.

Unterschätzen Sie bei beiden Themen – Zukunfts- und Krisenmanagement – diesen Schritt auf keinen Fall: Nur weil eine Option unwahrscheinlich ist, kann sie dennoch eintreten und unglaublichen Schaden anrichten. Obgleich die Chance, im Lotto zu gewinnen, deutlich kleiner ist als die Wahrscheinlichkeit, dass Ihr Unternehmen von der Staatsanwaltschaft durchsucht wird, spielen 29 Mio. Menschen Lotto (Institut für Demoskopie Allensbach 2017). Und das Überraschendste daran ist: Einige davon gewinnen tatsächlich jede Woche Millionenbeträge! Obwohl die Wahrscheinlichkeit einer Pandemie, die weltweit zu wirtschaftlichem Stillstand führen könnte, außerordentlich unwahrscheinlich ist … na ja, Sie wissen schon, worauf das hinausläuft.

8.9   Wachsam bleiben

So, wie sich Zukunft verändert, so ändert sich auch das Krisenrisiko. Dinge, die Sie noch vor zehn Jahren ungehindert tun konnten, können heute – dank der omnipräsenten sozialen Medien – einen vernichtenden Shitstorm auslösen. Noch bis vor 30 Jahren konnte man komplette Einwohnerdaten in Buchform in jeder Telefonzelle finden und Unternehmen und Behörden haben diese damals schon gesammelt, verknüpft und ausgewertet. Heute stehen Unternehmen gefühlt jedes Mal mit dem Rücken an der Wand, wenn irgendwo ein paar Hundert eigentlich unkritische Kundendaten gehackt werden.

Manchmal kommen solche Änderungen der Erwartungen von Kunden und anderen Stakeholdern mit lautem Getöse – häufig jedoch eher schleichend. So leise, dass man es innerhalb der Unternehmen noch gar nicht so wahrgenommen hat. Ein schönes Beispiel dafür ist der Dieselskandal. Ein Stückchen Software, das Messwerte nur ein klitzekleines bisschen verändert, soweit, dass man die gerade noch gerissene Hürde bei der Abgasmessung des TÜV-Mitarbeiters eben noch unterlaufen kann. Ein wirklich winziges Stückchen Schummeln! Dummerweise nur hatte sich die Wahrnehmung der Menschen und Behörden weltweit hinsichtlich der Autoabgase von „ist ja nicht so schlimm" zwischenzeitlich zu „das mit dem Klima meinen wir wirklich ernst" verändert – und aus einem bisschen Schummeln wurde eine unternehmensgefährdende Krise, die neben monetären Werten auch unglaublich viel Vertrauen verspielt hat.

Ganzheitliches, vorsorgendes Krisenmanagement richtig im Unternehmen einzuführen ist natürlich ein Thema, mit dem man ein eigenes Buch füllen kann. Mit diesem kurzen Abstecher in das Thema möchte ich Sie nur einladen, die Tools, die Sie zukünftig für Ihr Zukunftsmanagement praktizieren, auch in diesen Teil der Zukunftsvorsorge zu investieren.

Der Erfinder des Kinderairbags in Autos bekommt vermutlich niemals so viel Applaus, wie jemand, der ein einzelnes Baby aus einem verunfallten Wagen rettet – obwohl er vermutlich Tausenden Kindern das Leben retten wird. Auch wenn eine Krise von vornherein zu verhindern also weit weniger spektakulär ist, als eine Krise aktiv zu meistern – mit gutem Krisenmanagement, bestehend aus Prävention, Früherkennung und szenariobasiertem Krisenmanagement sparen Sie Ihrem Unternehmen mit nur einer einzigen verhinderten Krise mehr Geld, als Ihr Marketing ausgeben kann.

Literatur

Institut für Demoskopie Allensbach (2017) Allensbacher Markt- und Werbeträgeranalyse. https://www.ifd-allensbach.de/fileadmin/AWA/AWA2017/Codebuchausschnitte/AWA2017_Codebuch_Sport.pdf. Zugegriffen: 22. Mai 2020

Hintergrund-Informationen 9

Zusammenfassung

Wer – auch in internen Besprechungen – über Zukunftsstrategien und notwendiges Zukunftsmanagement spricht, braucht gute Argumente, denn über Zukunft lässt sich trefflich und risikofrei diskutieren. Neben hoffentlich vielen Denkanstößen, die Sie in diesem Buch finden, benötigen Sie aber auch Sicherheit in der Argumentation und – manchmal – eine schnelle Replik. In diesem Kapitel finden Sie daher Zitate, Quellen zu den Fallbeispielen sowie Buchempfehlungen zu den wichtigsten Aspekten der Zukunftsplanung.

9.1 Zitate von Menschen, die es scheinbar besser wussten

Ich weiß nicht, wie es Ihnen geht: Mich machen manche Zitate durchaus nachdenklich. Manchmal aufgrund der Weisheit, die in solchen Worten steckt, manchmal aufgrund des – rückblickend betrachtet – offensichtlichen Irrtums. In diesem Buch habe ich absichtlich an jeder sich bietende Stelle versucht, darauf hinzuweisen, dass der Weg in die Zukunft eines Unternehmens im Denken der Führungskräfte beginnen muss. Wer sich absolut sicher ist, alles richtig einschätzen zu können, den wird der Zufall umso härter treffen. Nun scheint es jedoch zu den besonders bevorzugten Managementeigenschaften zu gehören, solche Sicherheit ausstrahlen zu müssen. Sich selbst, seine Erfahrung und sein Wissen immer wieder infrage zu stellen, ist (noch) eher verpönt.

Vielleicht hilft diese kleine Sammlung unnützer Worte großer Menschen ein wenig, solche sinnvollen Selbstzweifel zu wecken. Verwenden Sie sie also auf Ihrem Weg, Ihr Unternehmen auf so einen Zukunftsprozess vorzubereiten, laut und häufig!

© Springer Fachmedien Wiesbaden GmbH, ein Teil von Springer Nature 2020   201
H. Hilbig, *Zukunftsmanagement für den Mittelstand*,
https://doi.org/10.1007/978-3-658-31246-6_9

Ach ja, falls Ihnen hier die Zitate der Gegenwart fehlen: Das sind die Prognosen, die wir heute noch ernsthaft diskutieren – und über die unsere Enkel dann herzhaft lachen werden!

- **1876 – Ein frühes internes Papier der Western Union zum Thema Telefon:** „This ‚telephone‘ has too many shortcomings to be seriously considered as a means of communications. The device is inherently of no value for us."
- **1896 – Sir William Preece, Chefingenieur der britischen Post zu Graham Bell, als dieser ihm die praktische Verwendbarkeit des Telefons demonstriert hatte:** „No, Sir. Die Amerikaner brauchen vielleicht das Telefon, wir aber nicht. Wir haben sehr viele Eilboten."
- **1897 – William Thomson (Lord Kelvin), Präsident der Royal Society:** „Radio hat keine Zukunft."
- **1899 – C. H. Duell, Beauftragter des US-Patentamts:** „Alles, was erfunden werden kann, ist erfunden worden."
- **1902 – Kaiser Wilhelm II:** „Ich glaube an das Pferd, das Automobil ist eine vorübergehende Erscheinung."
- **1911 – Ferdinant Foch, Marschall in der französischen Armee und Professor für Militärtaktik:** „Flugzeuge sind eine interessante Spielerei, aber ohne militärischen Nutzen."
- **1927 – Harry M. Warner, Warner Brothers:** „Wer will Schauspieler sprechen hören?"
- **1943 – Thomas Watson, Präsident der IBM:** „I think there is a world market for maybe five computers."
- **1949 – Computer-Experte John von Neumann, US-Wissenschaftler und einer der Väter der modernen Informatik:** „It would appear that we have already reached the limits of what is possible to achieve with computer technology, although one should be careful with such statements, as they tend to sound pretty silly in 5 years."
- **1962 – Decca Records (als man die Beatles abgelehnt hatte):** „We don't like their sounds. Groups of guitars are on the way out."
- **1977 – Kenneth Olsen, Präsident Digital Equipment Corp.:** „Es gibt keinen Grund für irgendjemanden, zuhause einen Computer haben zu wollen."
- **1989 – Bill Gates, Microsoft:** „We will never make a 32-bit operating system."
- **1991 – Brad Silverberg, Microsoft:** „DOS will be with us forever. We've learned how passionate people are about DOS."
- **1993 – Bill Gates, Microsoft:** „Internet, das ist doch nur ein Hype."
- **2005 – Sir Alan Sugar, Gründer des Elektronikunternehmens Amstrad:** „Next Christmas the iPod will be dead, finished, gone, kaputt."

- **2007 – Steve Balmer (Microsoft-Chef):** „There's no chance that the iPhone is going to get any significant market share. No chance."
- **2015 – Matthias Müller, damals Vorstandvorsitzender Porsche AG (später Vorstandschef VW AG):** „Das autonome Fahren stellt für mich einen Hype dar, der durch nichts zu rechtfertigen ist."
- **2016 – Matthias Horx (Gründer des Zukunftsinstitut) über autonomes Fahren:** „Erst, wenn wir den Fahrersitz umdrehen können und im Auto völlig ungestört arbeiten, lesen oder lieben können, entsteht tatsächlich ein neues Autozeitalter. Das wird nicht vor 20 Jahren der Fall sein …"

9.2 Zum Nachlesen: Links und Quellen der Fallbeispiele

Ich kann schlecht davor warnen, Beispiele leichtfertig und ohne intensive Recherche für Ihre Zukunftsplanung heranzuziehen, ohne Ihnen Gelegenheit zu geben, sich selbst ein Bild dieser Fallstudien zu machen. Nicht alles, was ich recherchieren konnte, hat Platz auf den vorhergehenden Seiten gefunden. Vieles des Ausgelassenen könnte aber durchaus Relevanz für Ihre eigene Planung haben. Daher finden Sie hier eine fast vollständige Liste der nachlesbaren Quellen.

Veränderung des Markenkerns (Apple)

Unternehmen:	Apple Inc
	www.Apple.com
Handelnde Personen:	Steve Jobs, CEO
Strategischer Ansatz:	Innovation selbst schaffen. Dabei: sich immer wieder selbst infrage stellen sowie auch radikale Entscheidungen hinsichtlich des Produktangebotes
Quellen:	Auch für Apple gibt es natürlich eine Unmasse an Quellen, die man leicht über eine einfache Suchanfrage im Netz finden kann. Deshalb seien hier nur drei Beispiele für Quellen genannt. Die weitestgehend auf Produkten basierende Geschichte des Konzerns lässt sich (neben vielen anderen Quellen) gut hier ablesen: http://www.mac-history.de/zeitleiste-die-entwicklung-von-apple-seit-1976 Mehr Hintergründe zu Entscheidungen im Laufe der Produktentwicklungen lassen sich aus der autorisierten Biografie von Steve Jobs von Walter Isaacson (Verlag: C. Bertelsmann Verlag; 2011) Die langfristigen Umsatz- und Gewinnzahlen Apples sowie wirtschaftliche Bedeutung der einzelnen Produktgruppen – und damit die Tragweite verschiedener Entscheidungen Jobs – kann man sehr gut hier nachvollziehen: https://www.macprime.ch/wissen/article/apple-geschaeftszahlen-analysen-grafiken-umsatz-gewinn-verkaufszahlen

Konzeptänderung einer Marke (Casio G-Shock)

Unternehmen:	Casio Computer Co Ltd, Japan
	www.Casio.com
Handelnde Personen:	Kazuo Kashio, Präsident und Chairman Kikuo Ibe, Watch Designer
Strategischer Ansatz:	Nah am Markt, auf neue Produkttrends schnell erkennen und mutig reagieren
Quellen:	Die Geschichte der G-Shock wird hier weitgehend treffend erzählt: https://www.g-central.com/g-shock-history/ Zu der Idee und der Entwicklung der Uhr gibt Designer Ibe hier ein Interview: https://www.youtube.com/watch?v=pqHy3h9IsaE Die Geschichte des Unternehmens selbst wird hier recht übersichtlich dargestellt: https://www.watchonista.com/articles/history/history-quartz-weekend-part-3-casio-digital-revolution Die Vielfalt der Produkte, die Casio im Laufe der Jahrzehnte entwickelt hat, kann man hier ganz gut nachvollziehen: https://world.casio.com/corporate/history/chronology/ Alle weiteren Details der Geschichte stammen aus persönlichem Erleben: Ich war zwischen 1985 und 1995 Marketingleiter bei Casio

Digitalisierung (Eastman Kodak)

Unternehmen:	Eastman Kodak Ltd
	www.Kodak.com
Handelnde Personen:	Steven Session
Strategischer Ansatz:	Nutzung der eigenen Marktstellung zur Stabilisierung des Marktes
Quellen:	Zu Kodak gibt es eine Vielzahl Quellen, sodass ich hier nur ein exemplarisches Beispiel nenne: How Kodak failed Forbes, Januar 2013 www.forbes.com/sites/chunkamui/2012/01/18/how-kodak-failed/3/#14966544a97PersönlichkeitsprofilInsightsdiscovery Die Geschichte der Digitalkamera hat der Erfinder Steven Sasson in vielen Interviews selbst erzählt: Der Mann, der die Zukunft erfand Spiegel Online, Oktober 2015 http://www.spiegel.de/einestages/digitalkamera-erfinder-steve-sasson-ueber-kodaks-pleite-a-1057653.html David LaChapelle Talks with the Inventor of the Digital Camera About the Death Of Film Photography Papermag.com, Mai 2015 http://www.papermag.com/david-lachapelle-talks-with-the-inventor-of-the-digital-camera-about-t-1439209397.html Life Lecture von Steven Sasson at Linda Hall Library, 2011: https://vimeo.com/31404047

Innovationsmanagement bei Schreibmaschinen (Olympia)

Unternehmen:	Olympia Büromaschinenwerke AG
	AEG, DaimlerBenz
	Keine Onlinepräsenz (Firma existiert nicht mehr)
Handelnde Personen:	diverse
Strategischer Ansatz:	Markt wird als evolutionär und stabil betrachtet
Quellen:	Auch bei Olympia war der Niedergang ein langjähriger Prozess mit vielen Faktoren. Details dazu habe ich mir aus Hintergrundgesprächen mit ehemaligen Olympia-Mitarbeitern gezogen.
	Einen guten Überblick verschaffen dazu folgende Seiten:
	Angst vor dem Urlaub
	Zeit Online, Mai 1992
	http://www.zeit.de/1992/21/angst-vor-dem-urlaub/komplettansicht
	Die Chronik der Olympia Werke AG, Werk Leer
	Zeitschrift der ehemaligen Olympia-Mitarbeiter, September 2007
	http://beispiele.elkat.de/olympia/aktuell/pdf/10009.pdf
	In die Pleite statt in die Zukunft
	Nwzonline.de, Mai 2011
	https://www.nwzonline.de/wirtschaft/weser-ems/in-die-pleite-statt-in-die-zukunft_a_1,0,610885597.html
	Die Geschichte der Olympia-Werke selbst ist weitestgehend authentisch in dem aktuellen Artikel bei Wikipedia beschrieben:
	https://de.wikipedia.org/wiki/Olympia-Werke

Änderung der Produktausrichtung (Rügenwalder Mühle)

Unternehmen:	Rügenwalder Mühle Carl Müller GmbH und Co. KG
	https://www.ruegenwalder.de/
Handelnde Personen:	Christian Rauffus, Inhaber und Geschäftsführer
	Bodo Göben, Geschäftsführer, Leiter Produktion & Marketing
Strategischer Ansatz:	Sich selbst Konkurrenz machen, bevor der Markt es tut
Quellen:	Eine Vielzahl der Details zum strategischen Move der Rügenwalder Mühle stammen aus einem persönlichen Interview mit dem Geschäftsführer Godo Röben im Juni 2017.
	Außerdem:
	Es geht um die fleischlose Wurst
	Handelsblatt, August 2016
	http://www.handelsblatt.com/my/unternehmen/handel-konsumgueter/ruegenwalder-muehle-meica-herta-es-geht-um-die-fleischlose-wurst/14448496.html?ticket=ST-605477-JdhiPvTs3KXNnzwKugeD-ap4
	Ein Wurstfabrikant will weg vom Fleisch
	FAZ, November 2016
	http://www.faz.net/aktuell/wirtschaft/unternehmen/ruegenwalder-muehle-will-trend-zur-vegetarischen-wurst-ausbauen-14527466.html
	Schwein gehabt
	Zeit Online, Mai 2015
	http://www.zeit.de/2015/19/ruegenwalder-muehle-vegetarische-wurst
	Die Wurst ist die Zigarette der Zukunft
	Spiegel Online, April 2015
	http://www.spiegel.de/wirtschaft/ruegenwalder-muehle-verkauft-vegetarische-wurst-a-1023898.html

Perfekte Anpassung (Ikea)

Unternehmen:	Ikea
	http://www.ikea.com
Handelnde Personen:	Ingvar Kamprad, Gründer und Vorstand
Strategischer Ansatz:	Perfekte Adaption an jede Marktveränderung
Quellen:	Vermutlich die meisten Onlineinformationen zur Geschichte des Aufstiegs von Ikea stammen von Ikea selbst. Die ausführlichste Variante dürfte es bei Wikipedia geben: https://de.wikipedia.org/wiki/IKEA Eine leichte Variante gibt es sogar als animiertes Video auf YouTube: https://www.youtube.com/watch?v=e-kfzCcYruU Dabei muss man deutlich unterscheiden zwischen den Anfangsjahren (denen sich das Kapitel in diesem Buch widmet) und den späteren Konzernjahren. Insbesondere über diese gibt es durchaus recht kritische Beiträge: Reicher, armer Mann Spiegel Online, März 2006 http://www.spiegel.de/wirtschaft/ikea-gruender-kamprad-wird-80-reicher-armer-mann-a-408621.html Die ungeschminkte Wahrheit über den Ikea-Gründer Welt Online, November 2009 https://www.welt.de/wirtschaft/article5345916/Die-ungeschminkte-Wahrheit-ueber-den-Ikea-Gruender.html

Weiterführende Literatur

Naturgemäß gibt es zu den in diesem Buch angesprochenen Themen eine schier unglaubliche Auswahl an Hintergrundliteratur. Die folgende, sehr kleine Liste sollte daher eher als Lesevorschlag verstanden werden, wenn Sie tiefer in dieses Thema eintauchen möchten.

Über die Unberechenbarkeit der Zukunft

Brater J (2012) Keine Ahnung, aber davon viel – die peinlichsten Prognosen der Welt. Ullstein, Berlin
Ebert V (2016) Unberechenbar – warum das Leben zu komplex ist um es perfekt zu planen. Rowohlt Polaris, Reinbek
Silver N (2012) Die Berechnung der Zukunft – Warum die meisten Prognosen falsch sind und manche trotzdem zutreffen. Heyne, München

Ideen und Prognosen für die Zukunft

Gassmann et al (2018) Smart City – Innovationen für die vernetzte Stadt. Hanser, München

Hermann A Brenner W (2018) Die autonome Revolution – wie selbsfahrende Autos unsere Straßen erobern. Fazit Communication, Frankfurt a. M.

Harari YN (2016) Homo Deus – eine Geschichte von Morgen. Beck, München

Herger M (2018) Der letzte Führerscheinneuling ist schon geboren. Börsen Medien AG, Kulmbach

Keese C (2017) Silicon Germany – Wie wir die digitale Transformation schaffen. Knaus, München

Levine R et al (2000) Das Cluetrain Manifest. Econ, Berlin

Yogeshwar R (2017) Nächste Ausfahrt Zukunft. Kiepenheuer & Wisch, Köln

Walsh T (2017) It's alive! Artificial intelligence from the logic piano to killer robots. University Press & Black, Melbourne

Walker M (2015) Germany 2064. Diogenes, Zürich

Untersuchungen über die (Miss-)Erfolgsgeheimnisse erfolgreicher Unternehmen

Barabba VP (2011) The decision Loom. Triarchy Press, Devon UK

Barabba VP, Zaltmann G (1992) Höre auf die Stimme des Marktes. Harvard Business School Press & Ueberreuter, Wien

Carroll PB, Mui C (2009) Billion dollar lessons. Pengiun Group, New York

Collins J (2002) Der Weg zu den Besten: Die sieben Management-Prinzipien für dauerhaften Unternehmenserfolg. Deutsche Verlagsanstalt, Stuttgart

Kirsh K (2012) How to kill your company. 50 ways your'e bleeding your organisation and damaging your caree. iUniverse, Bloomington

Denkfehler und Mustererkennung

Chang D-S (2016) Mein Hirn hat seinen eigenen Kopf: Wie wir andere und uns selbst wahrnehmen. Rowohlt Polaris, Reinbek

Dobelli R (2012) Die Kunst des klugen Handelns – 52 Irrwege, die Sie besser anderen überlassen. Hanser, München

Dueck G (2015) Schwarmdumm – so blöd sind wir nur gemeinsam. Campus, Frankfurt a. M.

Hilbig H (2015) Marketing sucht Zielgruppe oder Was macht der Gorilla am POS? Springer Gabler, Wiesbaden

Kahneman D (2014) Schnelles Denken, langsames Denken. Pantheon, München

Lindstrom M (2016) Small Data: Was Kunden wirklich wollen – wie man aus winzigen Hinweisen geniale Schlüsse zieht. Plassen, Kulmbach

Workshop- und Organisationskonzepte

Albers O (2001) Zukunftswerkstatt und Szenariotechnik: Schnell und innovativ die Unternehmenszukunft gestalten. Walhalla und Praetoria, Regensburg

Gilad B, Junginger MG (2010) Mit Business Wargaming den Markt erobern. Redline, München

Hirschmann W (2016) Gebrauchsanweisung für die Zukunft. Haufe Gruppe, Freiburg

Ihre Zukunft: Ein Schlusswort

Sich um die Zukunft zu kümmern, kann Spaß machen. Insbesondere, wenn Ihnen auch Technologie Spaß macht. Aber: Zukunft gestalten zu wollen ist auch harte Arbeit und erfordert Mut. Meiner Erfahrung nach ist der wichtigste – und schwierigste – Schritt der erste: Als Unternehmensführer oder Bereichsleiter muss man sich klar machen, dass man weder seinen Markt noch seine Branche wirklich kennt. Zumindest nicht in der Zukunft.

Das klingt arg esoterisch, möglicherweise sogar pathetisch, ist aber die Grundvoraussetzung für den zukünftigen Erfolg. Wenn Sie hier anderer Meinung sind, also insbesondere meinen, Ihr Geschäft im Griff zu haben, lassen Sie mich ein paar Fragen stellen.

Woher stammen Ihre Erfahrung und Ihr Wissen über Ihr Geschäft?
Es stammt aus der Vergangenheit! Versuchen Sie bitte, sich das immer wieder klar zu machen: Ihre Erfahrung hat Sie bis heute erfolgreich sein lassen. Aber Erfolg in der Vergangenheit ist kein Garant für Erfolg in der Zukunft. Und ob die Methoden, mit denen Sie Ihr Geschäft aufgebaut und erfolgreich haben werden lassen, auch in zwei, fünf oder zehn Jahren noch funktionieren, oder ob Ihr Wissen und Ihre Erfahrung in fünf Jahren noch den gleichen Marktwert haben, ist mindestens fraglich.

Ihre Branche und Ihr Geschäft sind stabil und keinen modischen Schwankungen unterworfen?
Seien Sie versichert, das ist ein Trugschluss. Gleich, ob Sie bisher erfolgreich Burger, Apps oder Flüssigbeton verkaufen: Das Bessere ist immer der Feind des Guten. Kodak war in der Liste der teuren Unternehmen weltweit auf Platz 9, Olympia der drittgrößte Hersteller für Büromaschinen und Nokia unschlag-

© Springer Fachmedien Wiesbaden GmbH, ein Teil von Springer Nature 2020
H. Hilbig, *Zukunftsmanagement für den Mittelstand*,
https://doi.org/10.1007/978-3-658-31246-6

barer Marktführer bei Mobiltelefonen – alle agierten in selbstbeherrschten, sogenannten „stabilen" Märkten („Menschen werden immer fotografieren, schreiben und telefonieren"). Und alle drei haben trotz aller verfügbaren Ressourcen und Manpower den vernichtenden Einschlag nicht kommen sehen. Mit die letzten, die nach der Viruskrise 2020 aus dem Stillstand wieder in normales Business wechseln können, werden Restaurants und Fluglinien sein. Wie viele der großen Airlines und Food-Ketten werden diese Krise unbeschadet überstehen?

Sind Sie also wirklich sicher, dass so etwas ausgerechnet in Ihrer Branche nicht möglich ist?
Haben die bei Ihnen praktizierten kurzen Entscheidungswege in der Vergangenheit immer geholfen, Krisen und Veränderungen positiv zu meistern? Herzlichen Glückwunsch. Dann haben Sie viel richtig gemacht. In der Vergangenheit! Ich habe mal einem Unternehmensführer dringend dazu geraten, sich um den Aufbau eines Krisenmanagements zu kümmern, da sein Geschäft höchst anfällig für Vertrauenskrisen war. Der Kollege war jedoch nicht zu überzeugen, weil er meinte, im Falle einer Krise sich nur mit seinem Co-Geschäftsführer absprechen zu müssen – was schließlich kein Hexenwerk sei. Und bei so kurzen Wegen könne man dann doch schnellstens reagieren. Etwa sechs Monate nach diesem Gespräch kam eine Krise aus einer völlig unerwarteten Richtung, die binnen Tagen 80 % des Aktienwertes vernichtete.

Ihr Geschäft läuft so erfolgreich, dass Sie sich mit zerstörerischen Kräften immer noch beschäftigen können, wenn es Zeit dafür ist?
Dies ist sicher einer der gefährlicheren Gedanken, denn er verführt dazu, den Status quo behalten zu wollen. Nach einer Keynote hatte ich vor kurzem entsprechende Rückfragen eines Zuhörers, der den Punkt „sich selbst Konkurrenz machen" als kontraproduktiv empfand. Als Geschäftsführer habe er schließlich den Auftrag, das Wohl des Unternehmens, der Mitarbeiter und Shareholder zu mehren. Wenn er da existierendes Geschäft aufgeben würde, würde er diesem Auftrag doch zuwiderhandeln. Meine Rückfrage in solchen Fällen lautet, ob man sich denn schon mit dem ersten Teil der Frage auseinandergesetzt habe – solche Ideen erst einmal ausfindig zu machen, die das eigene Geschäftsmodell zerstören könnten. Erst nachdem man solche Ideen identifiziert hat, kann und muss man sich entscheiden, wie man damit umgehen will. Beschäftigen Sie sich auf jeden Fall mit diesen Ideen – wenn Sie es nicht tun, wird es ein (zukünftiger) Wettbewerber tun!

Und dann gibt es unter Mathematikern noch den nicht wirkliche lustigen Witz darüber, wie man als Passagier am besten verhindert, dass ein Flugzeug durch eine mitgenommene Bombe an Bord in die Luft gesprengt werden könnte? Man nimmt selbst eine mit an Bord – denn dass auf einem Flugzeug zwei Bomben eingeschmuggelt werden, sei extrem unwahrscheinlich – praktisch unmöglich. Mathematiker unter sich eben!

Jeder Gedanke daran, dass es so eine Situation wie die Corona-Pandemie in absehbarer Zeit keinesfalls noch einmal geben könne, ist eine Illusion! Schon morgen könnte von irgendwoher ein neuer, völlig anderer Virus den Planeten erobern. Deshalb mein dringender Rat:

► Warten Sie nicht, bis das nächste unerwartete Ereignis Ihr Unternehmen erreicht. Bereiten Sie sich und Ihr Unternehmen vor – jetzt ist der richtige Zeitpunkt dafür.

Ich wünsche Ihnen dafür viel Glück!
Heino Hilbig

Stichwortverzeichnis

© Springer Fachmedien Wiesbaden GmbH, ein Teil von Springer Nature 2020   213
H. Hilbig, *Zukunftsmanagement für den Mittelstand*,
https://doi.org/10.1007/978-3-658-31246-6